दी रॉयल रिट्रीट होटल

Administrative Building (प्रशासनिक भवन)

सिद्धार्थ विश्वविद्यालय

उत्तर प्रदेश का स्वतंत्रता संग्राम

सिद्धार्थनगर

संरक्षण

योगी आदित्यनाथ

माननीय मुख्यमंत्री, उत्तर प्रदेश

मार्गदर्शन

श्री जयवीर सिंह

माननीय मंत्री, संस्कृति एवं पर्यटन विभाग, उत्तर प्रदेश

निर्देशन

श्री मुकेश कुमार मेश्राम

प्रमुख सचिव, संस्कृति एवं पर्यटन विभाग, उत्तर प्रदेश

अध्यक्ष-संस्थान

श्री शिशिर

निदेशक, संस्कृति निदेशालय, उत्तर प्रदेश

उपाध्यक्ष-संस्थान

राज्य स्तरीय परामर्श समिति

श्री मुकेश कुमार मेश्राम

प्रमुख सचिव, संस्कृति विभाग, उत्तर प्रदेश शासन—अध्यक्ष

श्री शिशिर

निदेशक, संस्कृति निदेशालय, उत्तर प्रदेश—सदस्य

श्री आनन्द कुमार

विशेष सचिव, संस्कृति विभाग, उत्तर प्रदेश शासन—सदस्य

प्रो. आर.के.पी. सिंह

कुलपति, डॉ. शकुंतला मिश्रा राष्ट्रीय पुनर्वास वि.वि., लखनऊ—सदस्य

प्रो. आलोक कुमार राय

कुलपति, लखनऊ वि.वि., लखनऊ—सदस्य

डॉ. आनन्द कुमार सिंह

निदेशक, उत्तर प्रदेश संग्रहालय निदेशालय, लखनऊ—सदस्य

प्रो. सूर्य प्रसाद दीक्षित

पूर्व अध्यक्ष, हिंदी विभाग, लखनऊ विश्वविद्यालय—सदस्य

डॉ. विद्याबिंदु सिंह

वरिष्ठ साहित्यकार, लखनऊ—सदस्य

प्रो. डी.पी. तिवारी

पूर्व अध्यक्ष, प्राचीन भारतीय इतिहास विभाग, लखनऊ विश्वविद्यालय—सदस्य

डॉ. रवि भट्ट

इतिहासवेत्ता, लखनऊ—सदस्य

डॉ. लवकुश द्विवेदी

निदेशक, अयोध्या शोध संस्थान, संस्कृति विभाग, उत्तर प्रदेश—सदस्य/सचिव

उत्तर प्रदेश का स्वतंत्रता संग्राम

सिद्धार्थनगर

डॉ. अरुण कुमार त्रिपाठी

कार्यकारी संपादक

डॉ. आनन्द कुमार सिंह

राजकमल प्रकाशन

उत्तर प्रदेश
संग्रहालय निदेशालय
(संस्कृति विभाग, उ. प्र.)

उत्तर प्रदेश संग्रहालय निदेशालय, लखनऊ (संस्कृति विभाग, उ.प्र.) के सहयोग से

ISBN : 978-93-94902-70-1

मूल्य : ₹500

पहला संस्करण : 2023

प्रकाशक : राजकमल प्रकाशन प्रा. लि.
1-बी, नेताजी सुभाष मार्ग, दरियागंज
नई दिल्ली-110 002

शाखाएँ : अशोक राजपथ, साइंस कॉलेज के सामने, पटना-800 006
पहली मंजिल, दरबारी बिल्डिंग, महात्मा गांधी मार्ग, प्रयागराज-211 001

वेबसाइट : www.rajkamalprakashan.com
ई-मेल : info@rajkamalprakashan.com

शब्द संयोजन : राजकमल प्रकाशन प्राइवेट लिमिटेड, दिल्ली-110 002

मुद्रक : बी.के. ऑफसेट
नवीन शाहदरा, दिल्ली-110 032

Uttar Pradesh Ka Swatantrata Sangram : SIDDHARTHNAGAR
by Dr. Arun Kumar Tripathi
Executive Editor : Dr. Anand Kumar Singh

भूमिका

15 अगस्त, 2021 से देश आजादी के 75वें वर्ष में प्रविष्ट हुआ। देश के माननीय प्रधान मंत्री नरेंद्र दामोदरदास मोदी द्वारा 12 मार्च, 2021 से 15 अगस्त, 2022 के मध्य चलनेवाले 75 सप्ताह के अमृत महोत्सव कार्यक्रम को आरंभ किया गया। 12 मार्च के अपने संबोधन में मोदी जी ने यजुर्वेद के मंत्र 'मृत्योर्मुक्षीय मामृतात' का उल्लेख किया जिसका तात्पर्य 'मृत्यु से मुक्त होकर अमृत अर्थात अमरता की ओर अग्रसर हो' रहा है। देश भर में चल रहे अमृत महोत्सव की संकल्पना इसी दृष्टिकोण से की जा रही है।

अमृत मार्ग के समाधान अथवा उस ओर अग्रसर होने का मार्ग क्या है? इसके लिए स्वाधीनता के इतिहास का पुनरावलोकन अनिवार्य है। जब देश की आजादी के लिए क्रांतिवीरों एवं सेनानियों ने अपना सर्वस्व उस अग्नि में अर्पित किया तो उन्होंने एक ही स्वप्न देखा था। देश में सुराज या 'स्व' का राज्य अर्थात् अपने लोगों का राज्य। उस समय के क्रांतिवीरों ने जिस भारत की आकांक्षा की थी उसमें अपनी संस्कृति, भाषा, शिक्षा प्रणाली, सामाजिक संरचना तथा अपनी राजनीतिक अवस्था की ही संकल्पना थी। इसीलिए शहीद रामप्रसाद बिस्मिल ने गोरखपुर में फाँसी पर चढ़ने के पूर्व अंग्रेजों द्वारा उनकी अंतिम इच्छा पूछने पर उन्होंने कहा था—'I wish downfall of the British Empire' (मैं अंग्रेजी शासन का अंत चाहता हूँ)।

आजादी का अमृत महोत्सव (देश की आजादी का 75वाँ वर्ष) ने हमारे लिए एक स्वार्णिम अवसर प्रदान किया है, जब हम देश के स्वाधीनता संघर्ष के इतिहास लेखन में जिन महत्त्वपूर्ण घटनाओं, तथ्यों एवं क्रांतिकारियों को अब तक उपेक्षित या भूल गए थे, उन्हें एक बार पुनः देश के समक्ष उद्घाटित कर सकें और उस क्रांति का सत्यपरक इतिहास देश में पुनः उजागर हो।

यह सुअवसर ऐसे समस्त अज्ञात क्रांतिकारियों को पुनः संज्ञान में लाने, उन्हें उजागर करने का है जिनको अभी तक प्रकाश में नहीं लाया गया अथवा उनको इतिहास में वह स्थान नहीं प्राप्त हुआ जिसके वह हकदार थे। देश की आजादी के 75वें वर्ष में मनाया जा रहा 'आजादी का अमृत महोत्सव' देशवासियों को यह अवसर दे रहा है कि आजादी के लिए हुए संघर्षपूर्ण इतिहास का जो ज्ञान हमसे छूट गया था, उसे हम पुनः प्राप्त करने हेतु दृढ़ प्रतिज्ञ हैं। यह अवसर है अपने क्रांतिकारी पूर्वजों को जानने का अर्थात् अपनी जड़ों से जुड़ने का, जिससे 'स्व' तंत्र का अभिमान जागृत हो और वह पूरी तरह जागृत हो।

इस विशाल लक्ष्य को प्राप्त करने के लिए उत्तर प्रदेश में माननीय योगी आदित्यनाथ के निर्देश पर उत्तर प्रदेश सरकार ने प्रदेश के समस्त मित्रों की स्वतंत्रता संग्राम में भूमिका, भागीदारी एवं उसको प्राप्त करने के लिए सर्वस्व न्योछावर करनेवाले क्रांतिकारियों पर अलग-अलग पुस्तक प्रकाशित करने का पुनीत निर्णय लिया है। जिसके लिए उत्तर प्रदेश सरकार प्राणपण से लगी हुई है।

पूर्वी उत्तर प्रदेश की पावन भूमि प्रथमतः प्राचीन इतिहास काल से ही पुण्य भूमि रही है। यह भूमि धार्मिक आंदोलनों के प्रणेता महात्मा गौतम बुद्ध, महायोगी गोरखनाथ एवं कबीर साहब की भूमि रही है। तत्पश्चात् विदेशी आक्रांताओं, मुगलों से अपनी रक्षा करने में आगे आनेवाले सतासी राज्य के गौरवपूर्ण इतिहास से भी हम भलीभाँति परिचित हैं। उसी प्रकार ईस्ट इंडिया कंपनी तत्पश्चात् ब्रिटिश सरकार को उखाड़ फेंकने के लिए 1857 ई. में हुई देशव्यापी क्रांति में 'सिद्धार्थनगर' बनने से पूर्व बस्ती जनपद के राजा उदय प्रताप नारायण सिंह, रानी तलाश कुँवरि, राजा शिव गुलाम सिंह, राजा देवी बख्श सिंह एवं मेंढ़ू खाँ ने अंग्रेजी शासन की चूलें हिला दी थीं। 19वीं सदी के अहिंसक आंदोलनों में भी इस जनपद ने देश के साथ कंधे से कंधा मिलाकर अंग्रेजों की नींद हराम कर दिया था।

चौरी-चौरा जनक्रांति के पश्चात् इस जनपद के लोगों के आंदोलित होने पर शोहरतगढ़ में कांग्रेस कार्यालय को तत्कालीन अधिकारियों ने जला दिया। पं. परमेश्वर दत्त को कोड़ों से पीटते-पीटते बेहोश कर दिया। शहीद बुधई का स्वर्गवास इसी अत्याचार के कारण हुआ। शहीद हबीबुल्लाह ने जेल में अनशन कर प्राण त्याग दिए। सन् 1942 के भारत छोड़ो आंदोलन में उस्का, विस्कोहर,

डुमरियागंज, शोहरतगढ़, बाँसी, इटवा, चिल्हिया, तेतरी बाजार एवं बढ़नी सहित अनेक गाँवों के लोगों ने बढ़-चढ़कर भाग लिया।

आजादी की लड़ाई में सिद्धार्थ नगर जनपद के योगदान को उजागार करने का प्रस्तुत पुस्तक एक सराहनीय कदम है। इसे विद्वान लेखक डॉ. अरुण कुमार त्रिपाठी ने सम्यक अध्ययन एवं विश्लेषण उपरांत लेखनीबद्ध किया है। वास्तव में आजादी के अमृत महोत्सव (आजादी के 75वें वर्ष का आयोजन) में लेखक द्वारा इस जनपद के अनाम नायकों का नाम उजागर कर उन्हें सच्ची श्रद्धांजलि दी गई है, जिसके लिए लेखक डॉ. अरुण कुमार त्रिपाठी तथा इस पुस्तक के प्रकाशन का उत्तर प्रदेश शासन द्वारा स्तुत्य प्रयास किया गया है। भारतीय स्वाधीनता संघर्ष में 'सिद्धार्थनगर' जनपद के गौरवमयी इतिहास की थाती को सँजोए रखने के क्रम में इस पुस्तक को देश, प्रदेश एवं आमजन के समक्ष लाने का प्रयास किया गया। इस पुस्तक का प्रकाशन निश्चित रूप से प्रशंसनीय एवं नई ऊर्जा का संचार करनेवाला है।

—डॉ. कृष्ण कुमार पांडेय
इतिहासकार एवं मुद्राशास्त्री
पूर्व प्राचार्य, डी.ए.वी.पी.जी. कॉलेज गोरखपुर

आत्मनिवेदन

भारत की स्वाधीनता के 75वें वर्ष के अवसर पर संकल्पित यह अमृत महोत्सव हमारे लिए स्वर्णिम अवसर लेकर आया है। स्वाधीनता संघर्ष के इतिहास लेखन में जिन महत्त्वपूर्ण तथ्यों को उपेक्षित कर दिया गया या रणनीतिबद्ध तरीके से पूरे विमर्श को असंतुलित कर दिया गया था, उसकी सत्यता को उद्घाटित करके स्वाधीनता संघर्ष का सत्यपरक विमर्श देश के सामने लाने का अवसर है। इस अवसर पर हमें अज्ञात या अल्पज्ञात क्रांतिवीरों के सर्वोच्च बलिदान को प्रकाशित करके लोगों के समक्ष लाना है। इसी बृहत लक्ष्य के संधान की कड़ी में उत्तर प्रदेश पांडुलिपि संग्रहालय निदेशालय, लखनऊ के द्वारा जनपद सिद्धार्थनगर के स्वतंत्रता संघर्ष का इतिहास लेखन की जिम्मेदारी मुझे दी गई है।

सिद्धार्थनगर को केंद्र बिंदु बनाते समय मेरा ध्यान वर्तमान सिद्धार्थनगर पर न केंद्रित होकर बस्ती सहित उस विशाल गोरखपुर पर चला जाता है जो अतीत में एक विस्तृत भूखंड के रूप में उद्धृत किया गया है। सनातन धर्म के अनुसार त्रेता युग के रामायण काल में इसे कारूपथ, द्वापर के महाभारत काल में मल्लराष्ट्र और वर्तमान कलयुग में बौद्ध काल के समय यह क्षेत्र महाजनपदों के पश्चात् गणतंत्रात्मक प्रणाली के उदय के समय कपिलवस्तु के शाक्यों, राम ग्राम के कोलियों, कुसीनारा और पावा के मल्लों, पीपलीवन के मोरियों का गणतंत्र था। डॉ. राजबली पांडेय ने गोरखपुर जनपद और उसकी क्षत्रिय जातियों का इतिहास में इस क्षेत्र को रामराज्य का अंग बताया है, जिसे श्री रामचंद्र ने अपने राज्य के विभाजन कर अपने पुत्र लव को तारावती तथा कुछ को कुशावती में विभाजित कर सौंप दिया। बौद्ध ग्रंथों के अनुसार चंद्रगुप्त मौर्य गोरखपुर के प्राचीन मोरिय गणराज्य कुल का कुलज था जिसने आचार्य चाणक्य के साथ

मिलकर विशाल मगध साम्राज्य स्थापित किया था। मौर्य शासक चंद्रगुप्त के पश्चात् बिंदुसार के पुत्र सम्राट अशोक के शासनकाल में गोरखपुर क्षेत्र प्रकाश में आया। उसने क्षेत्र की धर्म यात्राएँ की थीं तथा स्तूप निर्माण करवाया था।

अबुल फजल ने आईने-अकबरी में लिखा है कि गोरखपुर को गोरखपुर सरकार नाम से एक क्षेत्र के रूप में मान्यता प्रदान की गई। आईने-अकबरी के अनुसार गोरखपुर सरकार में 24 परगने या महाल थे। इतिहासकारों के अनुसार खलीलुर्रहमान ने गोरखपुर से अयोध्या तक सड़क के साथ-साथ अनेक तालाब एवं बाग-बगीचे लगवाए।

मुगल काल में 'गोरखपुर सरकार' के अंतर्गत गोरखपुर, बस्ती, देवरिया, कुशीनगर, सिद्धार्थ नगर, संत कबीर नगर, महराजगंज के अतिरिक्त चकला आजमगढ़ एवं चकला माहुल के 17 परगने, गोंडा के चकला नवाबगंज के 6 परगने तथा खैरीगढ़ के सात परगने समाहित थे। सन् 1920 में चकला आजमगढ़ एवं चकला माहुल के अधिकांश अंश गाजीपुर एवं जौनपुर को सौंप दिए गए। सन् 1857 के स्वतंत्रता आंदोलन को कुचलने में आई कठिनाइयों के कारण विद्रोह के समाप्त होने के पश्चात् 1865 ई. में परगना मगहर, परगना विनायकपुर तथा छह अन्य छोटे परगनों को लेकर गोरखपुर के पश्चिमी भाग में बस्ती जनपद का सृजन किया गया। सन् 1946 ई. में गोरखपुर के पूर्वी भाग की चार तहसीलों को अलग कर देवरिया जनपद का गठन किया गया। देश के आजाद होने के पश्चात् प्रशासनिक सुधारों के अंतर्गत अंग्रेजी शासन काल के जनपदों को विभाजित कर बस्ती को बाँटकर 1988 में उत्तरी भाग में सिद्धार्थनगर जिला का सृजन किया गया।

सिद्धार्थनगर जनपद का इतिहास बौध धर्म के संस्थापक भगवान गौतम बुद्ध के जीवन से जुड़ा हुआ है। इनके पिता शुद्धोधन की राजधानी कपिलवस्तु इसी जिले में है। इस जनपद का नामकरण गौतम बुद्ध के बाल्यावस्था के नाम राजकुमार 'सिद्धार्थ' के नाम पर रखा गया है। अतीत काल में वनों से आच्छादित हिमालय की तलहटी का यह क्षेत्र साकेत अथवा कौशल राज्य का हिस्सा था। ईसा पूर्व छठी शताब्दी में शाक्यों ने अपनी राजधानी कपिलवस्तु में बनाई और यहाँ एक शक्तिशाली गणराज्य की स्थापना की। काल के थपेड़ों से यह क्षेत्र फिर उजाड़ हो गया। यह पूरा भू-भाग पूर्व में जनपद गोरखपुर में समाहित था। सन् 1801 में जनपद गोरखपुर परिक्षेत्र को अवध के नबाव से

ईस्ट इंडिया कंपनी को स्थानांतरित होने के समय इसकी उत्तरी सीमा नेपाल में बुटवल तक पूर्वी सीमा विहार राज्य से एवं दक्षिणी सीमा जौनपुर, गाजीपुर व फैजाबाद तथा पश्चिमी सीमा गोंडा व बहराइच से मिलती थी। सन् 1816 में युद्ध के उपरांत एक समझौते के अंतर्गत विनायकपुर व तिलपुर परगनों को नेपाल को सौंपा गया। अंग्रेजी शासन में अंग्रेज जमींदारों ने यहाँ पर पैर जमाया। सन् 1865 में मगहर परगने के अधिकांश भाग व परगना विनायकपुर के कुछ भाग को जनपद गोरखपुर से पृथक कर जनपद बस्ती का सृजन हुआ, जिससे यह क्षेत्र बस्ती जिले में आ गया। पिपरहवा स्तूप की खुदाई 1897-98 ई. में डब्ल्यू.सी. पेपे ने की थी। सन् 1898 ई. में ही इसे जर्नल ऑफ रायल एशियाटिक सोसायटी में प्रकाशित किया गया। तत्पश्चात् 1973-74 में इस स्थल की खुदाई प्रो. के.एम. श्रीवास्तव के निर्देशन में हुई तथा खुदाई में प्राप्त अवशेषों से पिपरहवा को कपिलवस्तु होने पर मुहर लगाई गई। गौतम बुद्ध के जीवन से जुड़ी अनेक महत्त्वपूर्ण घटनाएँ इसी क्षेत्र में घटित हुईं। कपिलवस्तु में शाक्यों का राजप्रासाद और बुद्ध के काल में निर्मित बौद्ध विहारों का खँडहर तथा शाक्य मुनि के अस्थि अवशेष पाए गए है।

सांस्कृतिक एवं ऐतिहासिक दृष्टि से महत्त्वपूर्ण सिद्धार्थनगर के स्वतंत्रता संग्राम सेनानियों ने बढ़-चढ़कर हिस्सा लिया। यहाँ पर अंग्रेजों के साथ जमींदारों का भी आतंक फैला हुआ था। आतंक का दमन करने के लिए सेनानियों ने अपनी जान की बाजी लगाते हुए देश को आजाद कराया। इतना ही नहीं प्रसिद्ध स्वतंत्रता संग्राम सेनानी चंद्रशेखर आजाद को इस क्षेत्र में चंगेरा नामक अंग्रेजों के सहयोगी जमींदार की हत्या करने के लिए वेश बदलकर आना पड़ा था। यहाँ के किसानों ने भी स्वतंत्रता संग्राम में बढ़-चढ़कर भाग लिया था। स्वतंत्रता संग्राम की इन्हीं गाथाओं का संकलन प्रस्तुत ग्रंथ में किया गया है।

प्रस्तुत ग्रंथ में सिद्धार्थनगर के इतिहास, भौगोलिक स्थिति, महत्त्व एवं सांस्कृतिक पृष्ठभूमि पर चर्चा करते हुए स्वतंत्रता संग्राम की बलिवेदी पर चढ़नेवाले अमर शहीदों के साथ-साथ स्वतंत्रता संग्राम सेनानियों का विशद् वर्णन किया गया है। यह पुस्तक सिद्धार्थनगर जनपद के स्वतंत्रता संघर्ष के इतिहास के जिज्ञासुओं के लिए अत्यंत उपयोगी है।

इस पुस्तक लेखन हेतु मुझे चुनने के लिए उत्तर प्रदेश पांडुलिपि निदेशालय लखनऊ के निदेशक डॉ. अमित कुमार सिंह जी का आभार है। साथ ही इस

पुस्तक लेखन में मेरा सहयोग करनेवाले प्रो. रजवंत राव, डॉ. कृष्ण कुमार पांडेय, अचिंत्य लहरी सहित सिद्धार्थनगर के विद्वानों का आभार है, जिनके बताए गए विषय वस्तु पुस्तकों के संपर्क के द्वारा मेरा यह कार्य पूर्ण हुआ तथा उन सभी लेखकों एवं पुस्तकों के लेखक जिनसे हमने इस कार्य में सहयोग लिया है उनका भी आभारी हूँ। इसके अतिरिक्त सिद्धार्थनगर के जिलाधिकारी, एस.पी. सहित उन सभी संस्थाओं को जिनसे हमने सहयोग लिया है उनको भी धन्यवाद। अंत में मैं इस ग्रंथ को महात्मा गौतम बुद्ध के श्री चरणों में समर्पित करता हूँ। इस ग्रंथ के टंकण में सहयोग हेतु कृष्णा कंप्यूटर संस्थान के श्री ब्रह्मानंद मिश्र जी को धन्यवाद।

—डॉ. अरुण कुमार त्रिपाठी

क्रम

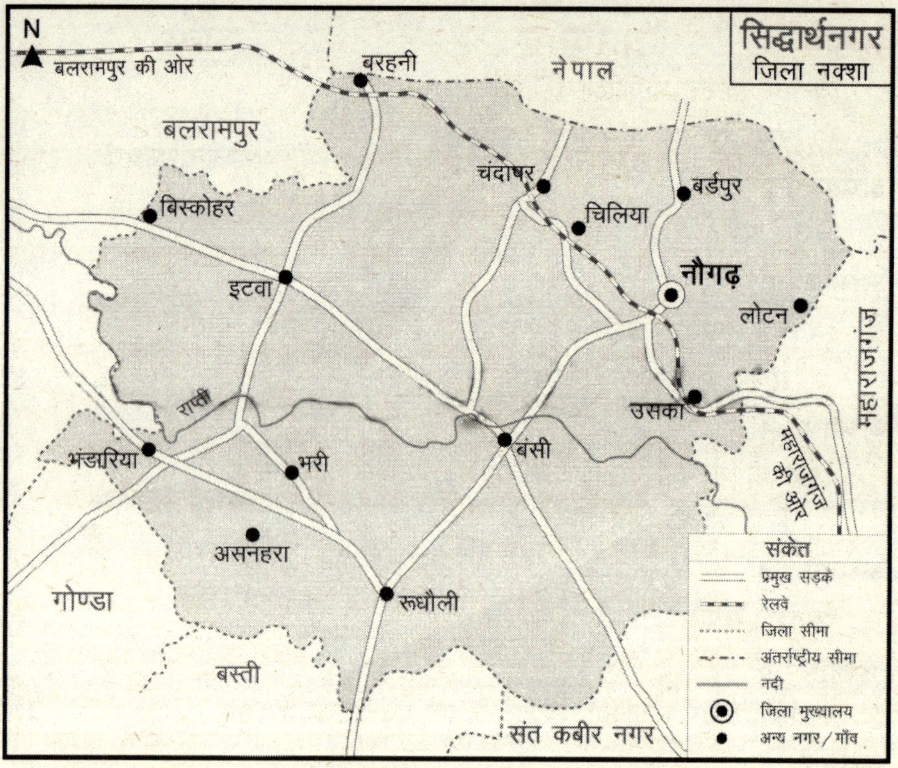

सिद्धार्थनगर
जिला नक्शा
N
बलरामपुर की ओर
बरहनी
नेपाल
बलरामपुर
चंदोषर
बर्डपुर
चिलिया
बिस्कोहर
इटवा
नौगढ़
लोटन
महाराजगंज
राप्ती
उसका
महाराजगंज की ओर
भंडारिया
बंसी
भरी
असनहरा
गोण्डा
रूधौली
बस्ती
संत कबीर नगर
संकेत
प्रमुख सड़कें
रेलवे
जिला सीमा
अंतर्राष्ट्रीय सीमा
नदी
जिला मुख्यालय
अन्य नगर / गाँव

अध्याय : 1

जिले के महत्त्व, भौगोलिक स्थिति, इतिहास, नामकरण एवं सांस्कृतिक पृष्ठभूमि

सिद्धार्थनगर जनपद की स्थापना 29 दिसंबर, 1988 को तत्कालीन मुख्यमंत्री नारायण दत्त तिवारी के हाथों हुई थी। उत्तर प्रदेश के 75 जिलों में यह अति पिछड़ा जिला होने के बावजूद भी भारत के महत्त्वपूर्ण जिलों में से एक है। शाक्य वंश के राजा शुद्धोधन की राजधानी गनवरिया कपिलवस्तु में थी जो मुख्यालय से मात्र 19 किमी. दूर है। भगवान बुद्ध ने अपने जीवन के प्रथम 29 वर्ष यहीं पर गुजारे थे। **भगवान बुद्ध के बचपन का नाम सिद्धार्थ होने की वजह से जिले का नाम सिद्धार्थनगर रखा गया।** नेपाल से सटे होने के कारण इसके सामरिक एवं व्यापारिक महत्त्व बढ़ जाते हैं। नेपाल से 68 किलोमीटर खुली सीमा होने की वजह से यह जिला और भी महत्त्वपूर्ण हो जाता है। वर्तमान में यहाँ पर एसएसबी की दो बटालियन पूरी जिम्मेदारी के साथ अपने कार्यों का निर्वहन कर रही हैं।

जिले का काला नमक चावल बेहद मशहूर है, जिसकी माँग सिर्फ देश में ही नहीं बल्कि विदेशों में भी है। इस चावल की सबसे बड़ी खासियत यह है कि यह औषधि गुणों से भरपूर है तथा खाने में स्वादिष्ट एवं खुशबूदार है। इसे मधुमेह में भी खाया जाता है। इसके साथ ही यह भगवान बुद्ध का प्रसाद भी है, बौद्ध देशों में प्रसाद के रूप में इसका इस्तेमाल किया जाता है। वन डिस्ट्रिक्ट वन प्रोडक्ट के तहत सरकार द्वारा इसकी उपज को बढ़ाने के लिए कार्य किए जा रहे हैं। यहाँ पर त्रेता युग से जुड़े कुछ मंदिर हैं, जिनके बारे में काफी मान्यताएँ हैं। जैसे पलटा देवी, भारत भारी शिव मंदिर, सिंघेश्वरी मंदिर, डाला देवी, कठेला देवी एवं योग माया आदिकाल के पुराने एवं सिद्ध मंदिर हैं। बिस्कोहर में आदिकाल से 101 शिव मंदिरों का निर्माण करके विष हरण करने का कार्य किया जाता था, जिससे उस कस्बे का नाम बिस्कोहर पड़ा। भारत भारी शिव मंदिर

(डुमरियागंज) के बारे में कहा जाता है कि भगवान राम के भाई भरत ने इस मंदिर को बनवाया था और पांडवों द्वारा इस मंदिर की पूजा की जाती थी।

केंद्र सरकार द्वारा दो राष्ट्रीय राजमार्ग ककरहवा से बस्ती एवं बढ़नी से बस्ती तक बनने से जिले में आवागमन सुलभ हुआ है। वहीं गोरखपुर से बढ़नी तुलसीपुर होते हुए बलरामपुर तक जानेवाले नए राजमार्ग के बनने से सीमावर्ती क्षेत्र निवासियों को आवागमन में काफी सुविधा हुई है। केंद्र सरकार के मंत्री नितिन गडकरी द्वारा इसका शिलान्यास एवं लोकार्पण किया गया। वहीं मुख्यमंत्री योगी आदित्यनाथ के विशेष प्रयास से मेडिकल कॉलेज का संचालन कर दिया गया है। ओडीओपी के तहत काला नमक चावल को विशेष बढ़ावा दिया जा रहा है, जिससे इसकी उपज बढ़ रही है। सिद्धार्थनगर जनपद बस्ती से अलग करके स्वतंत्रता पश्चात् बनाया गया। इसलिए सिद्धार्थनगर को जानने के लिए पूर्व बस्ती को जानना आवश्यक है।

प्राचीन काल में बस्ती को भगवान राम के गुरु वशिष्ठ ऋषि के नाम पर वाशिष्ठी के नाम से जाना जाता रहा। कहा जाता है कि उनका यहाँ आश्रम था। अंग्रेजों के जमाने में जब यह जिला बना तो निर्जन, वन और झाड़ियों से घिरा था। लोगों के प्रयास से यह धीरे-धीरे बसने योग्य बन गया। वर्तमान नाम राजा कल्हण द्वारा चयनित किया गया था। यह बात 16वीं सदी की है। 1801 में यह तहसील मुख्यालय बना और 6 मई, 1865 को गोरखपुर से अलग होकर नया जिला मुख्यालय बनाया गया।

अयोध्या से सटा बस्ती जिला प्राचीन काल में कोशल देश का हिस्सा था। रामचंद्र राजा दशरथ के ज्येष्ठ पुत्र थे, जिनकी महिमा कौशल देश में फैली हुई थी, जिन्हें एक आदर्श राज्य, लौकिक राम राज्य की स्थापना का श्रेय जाता है। परंपरा के अनुसार राम के बड़े बेटे कुश कौशल के सिंहासन पर बैठे जबकि छोटे लव को राज्य के उत्तरी भाग का शासक बनाया गया, जिसकी राजधानी श्रावस्ती थी। इक्ष्वाकु से 93वीं पीढ़ी और राम से 30वीं पीढ़ी में बृहद्रथ था। यह इक्ष्वाकु शासन के अंतिम प्रसिद्ध राजा थे, जो महाभारत युद्ध में चक्रव्यूह में मारे गए थे। भगवान बुद्ध के काल में भी यह क्षेत्र शेष भारत से अछूता न रहा। कोशल के राजा चंड प्रद्योत के समय यह क्षेत्र कोशल के अधीन रहा। गुप्त काल के अवसान के समय यह क्षेत्र कन्नौज के मौखरी वंश के अधीन हो गया। 9वीं शताब्दी में यह क्षेत्र पुन: गुर्जर प्रतिहार राजा नागभट्ट के अधीन हो गया। 1225 ई. में इल्तुतमिश का बड़ा बेटा नसीरुद्दीन महमूद अवध का गवर्नर बन गया और इसने लोगों के सभी प्रतिरोधों को पूरी तरह कुचल डाला। 1479 में बस्ती और आसपास के जिले जौनपुर राज्य के शासक ख्वाजा जहान के उत्तराधिकारियों के नियंत्रण में थे।

बहलूल खान लोधी ने अपने भतीजे काला पहाड़ को इस क्षेत्र का शासन दे दिया। उस समय महात्मा कबीर, प्रसिद्ध कवि और दार्शनिक इस जिले के मगहर में रहते थे।

अकबर और उनके उत्तराधिकारी के शासनकाल के दौरान बस्ती अवध सूबे गोरखपुर सरकार का एक हिस्सा बना हुआ था। 1680 में मुगलकाल के दौरान औरंगजेब ने एक दूत काजी खलील उर रहमान को गोरखपुर भेजा था। उसने ही गोरखपुर से सटे सरदारों को राजस्व भुगतान करने को मजबूर किया था। अमोढ़ा और नगर के राजा, जिन्होंने हाल ही में सत्ता हासिल की थी, राजस्व का भुगतान करने को तैयार हो गए। रहमान मगहर गया, यहाँ उसने चौकी बनाई और राप्ती के तट पर बने बाँसी राजा के किले को कब्जा कर लिया। नवनिर्मित जिला संत कबीर नगर का मुख्यालय खलीलाबाद शहर का नाम खलीलुर्रहमान के नाम पर पड़ा, जिसकी कब्र मगहर में मौजूद है। उसी समय गोरखपुर से अयोध्या सड़क का निर्माण हुआ था।

एक महान और दूरगामी परिवर्तन तब आया जब 9 सितंबर, 1772 में सआदत खान को अवध सूबे का राज्यपाल नियुक्त किया गया, जिसमें गोरखपुर का फौजदारी भी निहित था। उस समय बाँसी और रसूलपुर पर सर्नेट राजा का, बिनायकपुर पर बुटवल के चौहान का, बस्ती पर कल्हण शासक का, अमोढ़ा पर सूर्यवंश का, नगर पर गौतम का, महुली पर सूर्यवंश का शासन था। अकेले मगहर पर नवाब का शासन था। मुस्लिम शासन काल में यह क्षेत्र कभी जौनपुर तो कभी अवध के नवाबों के हाथ रहा। अंग्रेजों ने मुस्लिमों से जब यह इलाका प्राप्त किया तो गोरखपुर को अपना मुख्यालय बनाया। शासन सत्ता सुचारु रूप से चलाने और राजस्व वसूली के लिए अंग्रेजों ने 1865 में इस क्षेत्र को गोरखपुर से अलग किया। प्रथम स्वतंत्रता संग्राम का इतिहास छावनी के अमोढ़ा में आज भी बिखरा पड़ा है जहाँ राजा जालिम व महारानी तलाश कुँवरी की शौर्य गाथा गर्व से सुनी और सुनाई जाती है। महात्मा गांधी के आंदोलन से लगातार देश के आजाद होने तक यह क्षेत्र सदैव सक्रिय रहा। आजादी के पश्चात् 1988 में बस्ती के उत्तर, नेपाल से सटे बस्ती जनपद के हिस्से को अलग करके सिद्धार्थनगर बनाया गया।

भौगोलिक स्थिति

सिद्धार्थनगर जनपद हिमालय की तलहटी में स्थित है। इसे तराई क्षेत्र कहते हैं। सिद्धार्थनगर जनपद का विस्तार 27° N से 27°28′ N और 82° 45′ E से 83° 10′ E के मध्य उत्तर प्रदेश के उत्तर-पूर्वी सीमा के सन्निकट नेपाल राष्ट्र के दक्षिणी सीमा से सटा हुआ

है। अतीत काल में वनों से आच्छादित हिमालय की तलहटी का यह क्षेत्र साकेत अथवा कौशल राज्य का हिस्सा था। हिमालय के नजदीक होने के कारण यहाँ पर इसकी अक्षांशीय स्थित की अपेक्षा हिमालय पर्वत का प्रभाव अधिक है। सिद्धार्थनगर ज़िला भारत के उत्तर प्रदेश राज्य का एक ऐतिहासिक जिला है। इस जनपद में पश्चिमी हवाएँ नवंबर से मई तक चलती हैं। स्थलीय क्षेत्र में प्रवाहित होने के कारण यहाँ हवाएँ शुष्क होती हैं। जून से अक्टूबर तक इस जनपद में दक्षिणी-पश्चिमी मानसून हवाएँ प्रवाहित होती हैं। इनकी उत्पत्ति समुद्र से होने के कारण वाष्प से भरी होती है, और इनसे ग्रीष्म ऋतु में वर्षा होती है। इस जनपद की जलवायु उपोष्ण मानसूनी है।

इस जनपद में मई एवं जून का औसत तापमान क्रमंश 30.38 अंश सेंटीग्रेट तथा 29.64 सेंटीग्रेट है। मई मास का तापमान 40.30 अंश सेंटीग्रेट रहता है। जनवरी माह का सर्वाधिक 21.75 अंश सेंटीग्रेट तथा औसत तापमान 13.81 अंश सेंटीग्रेट रहता है। मई से अक्टूबर तक का दैनिक औसत तापमान 18 अंश सेंटीग्रेट से कम नहीं होता है। अप्रैल से सितंबर माह का सर्वाधिक न्यूनतम तापमान 19.82 अंश सेंटीग्रेट से अधिक रहता है। कभी-कभी मई एवं अप्रैल के महीनों में पश्चिमी विक्षोभ के कारण तापमान में विषमता पाई जाती है।

हिमालय की तलहटी के निकट होने के कारण जनपद की वार्षिक वर्षा प्रदेश के अन्य भागों से अधिक है। जनपद के उत्तरी भाग में वर्षा की मात्रा अधिक है। किंतु दक्षिण भाग में वर्षा की मात्रा क्रमशः कम होती है। दक्षिण-पश्चिमी मानसून का प्रभाव मध्य जून से प्रारंभ होता है, तथा मध्य जुलाई तक संपूर्ण जनपद मानसून के प्रभाव में आ जाता है। जुलाई, अगस्त तथा सितंबर में मानसून का प्रभाव अधिक रहता है। बंगाल की खाड़ी से उत्पन्न होनेवाले चक्रवात उत्तर-पश्चिम दिशा की ओर से इस जनपद में प्रवेश करते हैं। इनके प्रभाव से जनपद की वर्षा प्रभावित होती है। संपूर्ण जनपद मध्य अक्टूबर से उत्तर-पूर्वी शीत ऋतु की मानसून के प्रभाव में आ जाता है। नवंबर माह का औसत तापमान 20.6 डिग्री से.ग्रे. तथा दैनिक तापांतर 16.51° से.ग्रे. कम रहता है। इस ऋतु में पश्चिम से आनेवाले चक्रवातों से कुछ वर्षा हो जाती है। यह वर्षा इस जनपद के रबी के उत्पादन के लिए वरदान है।

मार्च के प्रारंभ होते ही तापमान में क्रमशः वृद्धि होने लगती है। मार्च माह का औसत तापमान 22.63 डिग्री से.ग्रे. रहता है। इस माह का उच्चतम तापमान 32.05 डिग्री से.ग्रे. तथा न्यूनतम तापमान 13.88 डिग्री से.ग्रे. है। ऋतु अप्रैल माह का दैनिक तापांतर 17.93 डिग्री से.ग्रे. तथा मई का दैनिक तापांतर 18.24 डिग्री से.ग्रे. है। इस ऋतु में होनेवाली वर्षा जायद फसल के लिए अच्छी होती है।

सिद्धार्थनगर की मिट्टी हल्की बलुई पीलापन लिए हुए भूरी और हल्की दोमट मिट्टी है। हल्के रंग के दोमट मिट्टी अपनी उपजाऊ क्षमता के लिए प्रसिद्ध है। इस प्रकार यहाँ की प्रमुख मिट्टी बलुई दोमट मटियार दोमट मिश्रित जलोढ़ है। जनपद को मूलत: दो प्रकार से विभाजित किया जा सकता है—बाँगर और खादर। राप्ती और उसकी सहायक नदियों की पर्वती भूमि में बृहद कछारी प्रदेश फैला हुआ है, जो अत्यधिक उपजाऊ है। बाँगर पुरानी जलोढ़ मिट्टी होती है। इस मिट्टी का विस्तार जनपद के अधिकांश क्षेत्रों पर है।

यह जनपद भूकंप जोन C तृतीय में स्थित है, जो 4 से 6.5 परिमाण वाला क्षेत्र है।

सिद्धार्थनगर का तापमान जनवरी माह में जाड़ा, मध्य नवंबर से फरवरी गर्मी, मार्च से मध्य जून वर्षा, मध्य जून से सितंबर तथा अक्टूबर से मध्य नवंबर तक आद्र मौसम बना रहता है। दक्षिण पूर्वी मानसून मध्य जून तक पूरी तरह से छा जाता है। गर्मी के महीने में तीव्र पश्चिमी हवाएँ चलती हैं, जिन्हें लू कहते हैं। यह अत्यंत गर्म और शरीर को झुलसा देनेवाली होती हैं। सिद्धार्थनगर में पश्चिमी प्रांतों की तरह न तो कड़ाके की सर्दी पड़ती है न ही गर्मी। इसका प्रमुख कारण जनपद से हिमालय की निकटता और वर्षा का आधिक्य है।

सिद्धार्थनगर की जलवायु का उसकी वनस्पति पर गहरा प्रभाव पड़ा है। सिद्धार्थनगर में मुख्य रूप से साल, खैर, शीशम, सेमल, तेंदू, महुआ, जामुन, ढाक, नीम, बहेरा, हल्दू, इमली, अमलतास, असीम, सागवान के वृक्ष अधिक मात्रा में पाए जाते हैं।

जनपद में कई प्रकार के अन्न उत्पन्न होते हैं। यहाँ रवि और खरीफ दोनों फसलें उगाई जाती हैं। यहाँ मुख्य रूप से कालानमक चावल, गन्ना, गेहूँ, मटर, अरहर, मक्का, मूँग, मसूर, जौ आदि फसलें प्रमुख रूप से उगाई जाती हैं।

सिद्धार्थनगर की प्राकृतिक बनावट के कारण अनेक प्रकार के पशु-पक्षी पाए जाते हैं। सूअर, नीलगाय, लंगूर, लाल बंदर, गीदड़, लोमड़ी, खरगोश, जंगली बिल्लियाँ आदि जंगली जानवर पाए जाते हैं। जलचर जंतुओं में घड़ियाल, सूँस, नाक, कछुए, मछलियाँ, साँप, मेढक, जोंक आदि पाए जाते हैं।

सिद्धार्थनगर की तहसीलें

1. सिद्धार्थनगर (नौगढ़)
2. शोहरतगढ़
3. बाँसी
4. इटवा
5. डुमरियागंज

यहाँ महात्मा बुद्ध के नाम से एक राजकीय विश्वविद्यालय यथा—"सिद्धार्थ विश्वविद्यालय" स्थित है।

जिले का मुख्यालय, सिद्धार्थनगर, नौगढ़ तहसील के अंतर्गत आता है। यह जनपद ऐतिहासिक शाक्य जनपद के खँडहरों के लिए प्रसिद्ध है, जो नौगढ़ से 18 कि.मी. दूर पिपरहवा में है। सिद्धार्थनगर हिंदू धर्म की स्मृतियों का संग्रह है, जिनमें पल्टादेवी मंदिर शामिल है। यह शोहरतगढ़ तहसील के ग्राम पंचायत पल्टादेवी में अतिप्राचीन मंदिर है। सिद्धार्थनगर जिला बौद्ध धर्म का भी बहुत बड़ा पर्यटन स्थल है। यहाँ पर भगवान बुद्ध का राजमहल स्थित है। कहा जाता है कि जब भगवान बुद्ध की माता गर्भावस्था में थी तो वो सिद्धार्थनगर से अपने मायके नेपाल में जा रही थी तो वहीं रास्ते में लुंबिनी में भगवान बुद्ध का जन्म हुआ। इस जिले में ही सिद्धार्थ विश्वविद्यालय है। इस जिले की सीमा महराजगंज, गोरखपुर, संत कबीर नगर, बस्ती, गोंडा व बलरामपुर जिले से तथा नेपाल देश से मिलती हैं। इस जिले की प्रमुख नदियाँ राप्ती, बूढ़ी राप्ती, बाणगंगा आदि हैं।

राप्ती नदी

मध्य नेपाल के दक्षिणी भाग की निचली पर्वतश्रेणियों में प्यूथान नगर के उत्तर से निकलती है। गंगा के मैदान में उतरने से पूर्व यह कुछ दूर तक शिवालिक पर्वत के समानांतर पश्चिम दिशा में बहती है और मैदानी भाग में पूर्व एवं दक्षिण-दक्षिण-पूर्व दिशाओं में प्रवाहित होकर बरहज नगर (जिला देवरिया, उत्तर प्रदेश) के समीप घाघरा नदी से मिलती है। यह उत्तर प्रदेश के बहराइच, श्रावस्ती, बलरामपुर, सिद्धार्थनगर एवं गोरखपुर जिलों के धान एवं गन्ना उत्पादक क्षेत्रों के मध्य से होकर बहती है। बाँसी, डुमरियागंज एवं गोरखपुर इस नदी पर स्थित मुख्य नगर हैं। इसकी सहायक नदियों में मुख्यत: उत्तर के तराई प्रदेश से निकलनेवाली छोटी-छोटी अनेक नदियाँ हैं। नदी की कुल लंबाई 600 किलोमीटर है। यह गोरखपुर से नीचे की ओर बड़ी नौकाओं द्वारा नौगम्य है।

सिद्धार्थनगर जिले में चार बड़े रेलवे स्टेशन सिद्धार्थनगर, बढ़नी, शोहरतगढ़ व उसका है। इस जिले में 5 तहसील, 14 ब्लॉक व 6 नगर हैं। यहाँ की मुख्य भाषा हिंदी, अवधी, उर्दू व भोजपुरी है। मुख्य व्यवसाय कृषि है। उपजाऊ मिट्टी के पाए जाने के कारण यहाँ पर धान (प्रसिद्ध काला नमक), गेहूँ व गन्ने की खेती बड़े पैमाने पर की जाती है।

सिद्धार्थनगर की जनसंख्या

2011 की जनगणना के अनुसार जनसंख्या

2011 में सिद्धार्थ नगर की कुल आबादी	25,59, 297
पुरुषों की जनसंख्या	12,95, 095
महिलाओं की जनसंख्या	12,64, 202
क्षेत्र (प्रति वर्ग कि.मी.)	2, 895
घनत्व (प्रति वर्ग कि.मी.)	884
लिंग अनुपात	976
बच्चों का लिंग अनुपात 0-6 वर्ष	935
कुल साक्षर	12,28, 926
साक्षर पुरुष	7,40, 718
साक्षर महिलाएं	4,88, 208
साक्षरता (प्र.)	59.25%
साक्षरता पुरुष (प्र.)	70.92%
साक्षरता महिलाएँ (प्र.)	47.41%
बच्चों की जनसंख्या 0-6 वर्ष	4,85, 138
लड़कों की जनसंख्या 0-6 वर्ष	2,50, 683
लड़कियों की जनसंख्या 0-6 वर्ष	2,34, 455
बच्चों की आबादी 0-6 वर्ष	18.96%
लड़कों की आबादी 0-6 वर्ष	19.36%
लड़कियों की आबादी 0-6 वर्ष	18.55%
2011 में सिद्धार्थ नगर की कुल आबादी	25,59, 297
पुरुषों की जनसंख्या	12,95, 095

2022 की अनुमानित जनसंख्या

2020 में सिद्धार्थ नगर की अनुमानित जनसंख्या	29,65, 202
2022 में पुरुषों की अनुमानित जनसंख्या	15,00, 497
2022 में महिलाओं की अनुमानित जनसंख्या	14,64, 705

जिला का नाम बुद्ध के पूर्व-ज्ञान नाम राजकुमार सिद्धार्थ के नाम पर रखा गया था, क्योंकि उन्होंने कपिलवस्तु में अपने प्रारंभिक वर्षों (29 वर्ष की उम्र तक) बिताए थे, जिनमें से कुछ हिस्सों में इस जिले में क्षेत्र शामिल था। सिद्धार्थनगर जिला 27 डिग्री सेल्सियस के बीच है 27 डिग्री 28´ एन और 82 डिग्री 45´ ई से 83 डिग्री 10´ ई। जिला उत्तर में नेपाल के जिला कपिलवस्तु और पूर्वोत्तर में रूपंदेही सीमा से है। अन्यथा यह उत्तर प्रदेश के अन्य जिलों से घिरा हुआ है : पूर्व में महराजगंज, दक्षिण में बस्ती और संत कबीर नगर, और पश्चिम में बलरामपुर। सिद्धार्थनगर का क्षेत्र 2,895 किमी. वर्ग है।

इस जिले के भीतर 5 विधान सभा निर्वाचन क्षेत्र स्थित हैं। ये शोहरतगढ़, कपिलवस्तु, बांसी, इटवा और डुमरियागंज हैं। इस जिले में एकमात्र लोकसभा निर्वाचन डुमरियागंज है।

2011 की जनगणना के अनुसार सिद्धार्थनगर जिले की आबादी 25,59,297 है। जिले में प्रति वर्ग किलोमीटर 884 निवासियों की आबादी घनत्व है। 2001-2011 के दशक में इसकी जनसंख्या वृद्धि दर 25.4% थी। सिद्धार्थ नगर में प्रत्येक 1000 पुरुषों के लिए 976 महिलाओं का लिंग अनुपात और 59.2 की साक्षरता दर है।

इतिहास

सिद्धार्थनगर का इतिहास बौद्ध धर्म के संस्थापक भगवान गौतम बुद्ध के जीवन से जुड़ा हुआ है। इस जनपद का नामकरण गौतम बुद्ध के बाल्यावस्था के नाम राजकुमार 'सिद्धार्थ' के नाम पर हुआ है। अतीत काल में वनों से आच्छादित हिमालय की तलहटी का यह क्षेत्र साकेत अथवा कौशल राज्य का हिस्सा था। ईसा पूर्व छठी शताब्दी में शाक्यों ने अपनी राजधानी कपिलवस्तु में बनाई और यहाँ एक शक्तिशाली गणराज्य की स्थापना की। काल के थपेड़ों से यह क्षेत्र फिर उजाड़ हो गया। यह पूरा भू-भाग पूर्व में जनपद गोरखपुर में समाहित था। सन् 1801 में जनपद गोरखपुर परिक्षेत्र को अवध के नवाब से ईस्ट इंडिया कंपनी को स्थांतरित होने के समय इसकी उत्तरी सीमा नेपाल में बुटवल तक, पूर्वी सीमा बिहार राज्य से एवं दक्षिणी सीमा जौनपुर, गाजीपुर व फैजाबाद ज़िलों तथा पश्चिमी सीमा गोंडा व बहराइच जिलों से मिलती थी। सन् 1816 में युद्ध के उपरांत एक समझौते के अंतर्गत विनायकपुर व तिलपुर परगनों को नेपाल को सौंपा गया। अंग्रेजी शासन में अंग्रेज जमींदारों ने यहाँ पर पैर जमाया। सन् 1865 में मगहर परगने के

अधिकांश भाग व परगना विनायकपुर के कुछ भाग को जनपद गोरखपुर से पृथक कर जनपद बस्ती का सृजन हुआ। जिससे यह क्षेत्र बस्ती जिले में आ गया। पिपरहवा स्तूप की खुदाई 1897-98 ई॰ में डब्ल्यू॰ सी॰ पेपे ने की थी। सन् 1898 ई. में ही इसे जर्नल ऑफ रायल एशियाटिक सोसायटी में प्रकाशित किया गया। तत्पश्चात 1973-74 में इस स्थल की खुदाई प्रो. के.एम. श्रीवास्तव के निर्देशन में हुई तथा खुदाई में प्राप्त अवशेषों से पिपरहवा के कपिलवस्तु होने पर मुहर लगाई गई। गौतम बुद्ध के जीवन से जुड़ी अनेक महत्त्वपूर्ण घटनाएँ इसी क्षेत्र में घटित हुईं। कपिलवस्तु में शाक्यों का राजप्रासाद और बुद्ध के काल में निर्मित बौद्ध विहारों का खँडहर तथा शाक्य मुनि के अस्थि अवशेष पाए गए हैं। कपिलवस्तु की खोज के बाद उत्तर प्रदेश सरकार, राजस्व अनुभाग-5 के अधिसूचना संख्या-5-4 (4)/76-135—रा.-5(ब) दिनांक 23 दिसंबर, 1988 के आधार पर दिनांक 29 दिसंबर 1988 को जनपद-बस्ती के उत्तरी भाग को पृथक कर सिद्धार्थनगर जिले का सृजन किया गया।

पर्यटन स्थल

(1) पिपरहवा स्तूप

पिपरहवा उत्तर प्रदेश राज्य के सिद्धार्थनगर जिले में बर्डपुर क़स्बा के पास एक गाँव है। इस क्षेत्र में सुगंधित कालानमक चावल का उत्पाद होता है। पिपरहवा अपने पुरातात्विक स्थल एवं खुदाई के लिए जाना जाता है। एक विशाल स्तूप और कई मठों के खंडहर का अवशेष अवस्थित है। कुछ विद्वानों का मत है कि पिपरहवा गंवरिया शाक्य साम्राज्य की राजधानी कपिलवस्तु के प्राचीन शहर की जगह है जहाँ भगवान बुद्ध ने अपने जीवन काल के पहले 29 साल व्यतीत किए थे।

(2) भारत भारी मंदिर

भारत भारी मंदिर उत्तर प्रदेश राज्य के सिद्धार्थनगर जनपद के डुमरियागंज ब्लॉक में स्थित है। यह जिला मुख्यालय सिद्धार्थनगर से पश्चिम की ओर 65 किलोमीटर की दूरी पर स्थित है। यह डुमरियागंज से 05 किमी. दूर और राज्य की राजधानी लखनऊ से 210 किमी. की दूरी पर स्थित है। माधली (2 किमी.), समदा (2 किमी.), महुरा (4 किमी.), औसान कुइयान (4 किमी.), अजगरा (5 किमी.) भारत भारी मंदिर के पास के

गाँव हैं। भारत भारी दक्षिण में रामनगर ब्लॉक उत्तर की ओर खुनियाँव ब्लॉक, पूर्व की तरफ मिठवल ब्लॉक तथा दक्षिण की ओर रुधौली ब्लॉक है। यह स्थान सिद्धार्थनगर और बस्ती जिले की सीमा पर स्थित है।

(3) दी रॉयल रिट्रीट होटल

दी रॉयल रिट्रीट होटल एक शाही बंगला है जो घने पेड़ों और हरी घास के मनमोहक दृश्य से घिरा हुआ है। यह होटल मोहाना चौराहा के पास शिवपति नगर ग्राम में पर्यटकों के लिए रुकने का एक अच्छा स्थल है जो प्रमुख बौद्ध स्थलों के नजदीक है। यह होटल साल भर पर्यटकों से गुलज़ार रहता है।

(4) सिद्धार्थ विश्वविद्यालय कपिलवस्तु

सिद्धार्थ व़िश्वविद्यालय, कपिलवस्तु, सिद्धार्थनगर 17 जून, 2015 को कपिलवस्तु, सिद्धार्थनगर में उत्तर प्रदेश सरकार द्वारा स्थापित एक राज्य विश्वविद्यालय है। विश्वविद्यालय ने 2015-16 में सिद्धार्थनगर, महराजगंज, संत कबीर नगर, बस्ती, श्रावस्ती और बलरामपुर के कॉलेजों में अपना पहला सत्र शुरू किया। ये कॉलेज पहले दीन दयाल उपाध्याय गोरखपुर विश्वविद्यालय और डॉ. राम मनोहर लोहिया अवध विश्वविद्यालय, फैजाबाद से संबद्ध थे। प्रत्येक वर्ष यह विश्वविद्यालय मार्च के महीने में वार्षिक परीक्षा आयोजित करता है।

(4) योगमाया मंदिर

जनपद सिद्धार्थनगर के जोगिया गाँव में योगमाया मंदिर एक प्रसिद्ध मंदिर है और यह माना जाता है कि देवी योगमाया माता का विशेष रूप से सोमवार और शुक्रवार को दर्शन करने से भक्तों की इच्छाएँ पूरी होती हैं। यहाँ पर बच्चों का मुंडन संस्कार भी होता है। मंदिर के पास स्थित नदी में डुबकी लगाने से सारे कष्टों से छुटकारा पाया जा सकता है।

(5) कपिलवस्तु

कपिलवस्तु, शाक्य गण की राजधानी था। गौतम बुद्ध के जीवन का प्रारंभिक काल खंड यहीं पर व्यतीत हुआ था। भगवान बुद्ध का जन्म इस स्थान से 10 किमी.

पूर्व में लुंबिनी में हुआ था। आर्कियोलाजिक खुदाई और प्राचीन यात्रियों के विवरण अनुसार अधिकतर विद्वान् कपिलवस्तु नेपाल के तिलौराकोट को मानते हैं, जो नेपाल की तराई के नगर तौलिहवा से दो मील उत्तर की ओर है। विंसेंट स्मिथ के मत से यह उत्तर प्रदेश के सिद्धार्थनगर जिले का पिपरहवा नामक स्थान है जहाँ एक स्तूप पाया गया है।

बुद्ध, शाक्य गण के राजा शुद्धोदन और महामाया के पुत्र थे। उनका जन्म लुंबिनी वन में हुआ था। जिसे अब रुम्मिनदेई कहते हैं। रुम्मिनदेई तिलौराकोट (कपिलवस्तु) से 10 मील पूर्व और भगवानपुर से दो मील उत्तर में है। यहाँ अशोक का एक स्तंभ लेख मिला है जिसका आशय है कि भगवान् बुद्ध के इस जन्मस्थान पर आकर अशोक ने पूजा की और स्तंभ खड़ा किया।

गौतम बुद्ध ने बाल्य और यौवन के सुख का उपभोग कर 29 वर्ष की अवस्था में कपिलवस्तु से महाभिनिष्क्रमण किया। बुद्धत्व प्राप्ति के दूसरे वर्ष वे शुद्धोदन के निमंत्रण पर कपिलवस्तु गए। इसी प्रकार 15वाँ चातुर्मास भी उन्होंने कपिलवस्तु में न्यग्रोधग्राम में बिताया। यहाँ रहते हुए उन्होंने अनेक सूत्रों का उपदेश किया, 500 शाक्यों के साथ अपने पुत्र राहुल और वैमात्र भाई नंद को प्रवज्जा दी तथा शाक्यों और कोलियों का झगड़ा निपटाया।

बुद्ध से घनिष्ठ संबंध होने के कारण इस नगर का बौद्ध साहित्य और कला में चित्रण प्रचुरता से हुआ है। इसे बुद्धचरित काव्य में 'कपिलस्य वस्तु' तथा ललितविस्तर और त्रिपिटक में 'कपिलपुर' भी कहा है। दिव्यावदान ने स्पष्टत: इस नगर का संबंध कपिल मुनि से बताया है। ललितविस्तर के अनुसार कपिलवस्तु बहुत बड़ा, समृद्ध, धनधान्य और जन से पूर्ण महानगर था जिसकी चार दिशाओं में चार द्वार थे। नगर सात प्रकारों और परिखाओं से घिरा था। यह वन, आराम, उद्यान और पुष्करिणियों से सुशोभित था और इसमें अनेक चौराहे, सड़कें, बाजार, तोरणद्वार, हर्म्य, कूटागार तथा प्रासाद थे। यहाँ के निवासी गुणी और विद्वान् थे। सौंदरानंद काव्य के अनुसार यहाँ के अमात्य मेधावी थे। पालि त्रिपिटक के अनुसार शाक्य क्षत्रिय थे और राजकार्य 'संथागार' में एकत्र होकर करते थे। उनकी शिक्षा और संस्कृति का स्तर ऊँचा था। भिक्षुणीसंघ की स्थापना का श्रेय शाक्य स्त्रियों को है।

फ़ाह्यान के समय तक कपिलवस्तु में थोड़ी आबादी बची थी पर युआन्च्वाग के समय में नगर वीरान और खँडहर हो चुका था, किंतु बुद्ध के जीवन के घटनास्थलों पर चैत्य, विहार और स्तूप 1000 से अधिक संख्या में खड़े थे।

पौराणिक ऐतिहासिक एवं सांस्कृतिक पृष्ठभूमि

सिद्धार्थनगर का ऐतिहासिक एवं सांस्कृतिक दृष्टि से अत्यधिक महत्त्व है। ऋषियों के तप, यज्ञ तथा संबोधी प्राप्त ज्ञानियों एवं संतों आचार्यों का उपदेश साथ ही समाज की जागृत ऊर्जा वाली भूमि होने के कारण इस क्षेत्र में विचार वाणी और क्रिया से संबंधित संस्कृति का चिंतन और जीवन के विकास में प्रयोग की प्राचीन परंपरा विद्यमान रही है।

रामचंद्र

त्रेतायुग के प्राय: अंत में दशरथ के पुत्र रामचंद्र हुए।[1] ये भारतीय इतिहास के सबसे बड़े महापुरुष और हिंदू-धर्म में विष्णु के अवतार माने जाते हैं। व्यक्तिगत, पारिवारिक, सामाजिक और राजनैतिक जीवन में जो आदर्श अपने व्यवहार से भगवान् राम ने उपस्थित किया वह अब भी भारतीय जनता को शिरोधार्य है। इसीलिए रामचंद्र मर्यादा पुरुषोत्तम कहलाते हैं। अपनी विमाता कैकेयी के षड्यंत्र से अपने भाई लक्ष्मण और श्री सीता के साथ ये अयोध्या से अपने पिता द्वारा निर्वासित किए गए। अपने वनवास के समय प्रयाग, चित्रकूट आदि स्थानों में घूमते हुए वे पंचवटी में आए। इसके पहले ही दक्षिणपथ के पश्चिमी भाग में आर्य क्षत्रियों के उपनिवेश और राज्य स्थापित हो गए थे, किंतु पूर्व का भाग अभी उनके अधिकार में नहीं था। इसका अधिकांश तो जंगल था और नदियों की घाटियों और जनस्थानों में वानर, ऋक्ष, राक्षस आदि अर्द्धसभ्य और बर्बर जातियाँ बसती थीं। परंतु आर्य क्षत्रियों और राजाओं से पूर्व वहाँ ब्राह्मण ऋषि-मुनि पहुँच गए थे। ये लोग तपस्या करते और अपने धर्म और संस्कृति के प्रचार में लगे रहते थे। इनको इस प्रचार कार्य में राक्षसों से बड़ी बाधा पहुँचती थी। भगवान राम ने इनकी रक्षा की प्रतिज्ञा की और दंडकारण्य में बहुत से राक्षसों को मारा भी। इससे लंका के राक्षस राजा रावण से उनका बैर हो गया और उसने छल से सीता का अपहरण किया। रामचंद्र ने दक्षिण की वानर, ऋक्ष आदि जातियों के नेता हनुमान, सुग्रीव, जाम्बवंत इत्यादि से मैत्री करके लंका पर आक्रमण किया। युद्ध में रावण मारा गया और सीता वापस आईं। इस सारी कक्षा का ऐतिहासिक महत्त्व यह है कि सारा दक्षिणापथ (लंका तक) राजनैतिक और सांस्कृतिक दृष्टि से रामचंद्र के द्वारा आर्यप्रभाव में लाया गया वनवास से लौटने पर उन्होंने अश्वमेध यज्ञ किया और भारतवर्ष के प्राय: सभी राजाओं ने उनका आधिपत्य स्वीकार किया।

रामचंद्र और गोरखपुर परिक्षेत्र

रामचंद्र के समय में ही गोरखपुर-जनपद विशेष प्रकाश में आया। अश्वमेध यज्ञ के बाद उन्होंने अपने साम्राज्य को अपने भतीजों और पुत्रों के बीच मांडलिक राज्यों में बाँट दिया। केकय-देश के राजा युधाजित के निमंत्रण और सहायता से भरत ने अपने दो पुत्रों तक्ष और पुष्कल के साथ सिंधु नदी के दोनों तट पर स्थित गंधर्व देश (गंधार) जीता था। वह सारा प्रदेश भरत के पुत्रों को मिला। तक्ष ने तक्षशिला और पुष्कल ने पुष्कलावती नाम की राजधानी बसाई और वहीं पर राज्य करने लगे।[2] शत्रुघ्न ने यमुना के पश्चिम सात्वतों को हराया और माधव लवण नामक राक्षस को मारकर मथुरा को अपनी राजधानी बनाया। वहाँ पर उनके पुत्र सुबाहु और शूरसेन ने राज्य किया। शूरसेन के नाम पर वह प्रदेश शूरसेन कहलाया। लक्ष्मण के पुत्रों को जब मांडलिक राज्य देने की बात आई तब रामचंद्र ने लक्ष्मण से कहा—

"हे सुमित्रा के पुत्र! ये तुम्हारे दोनों कुमार अंगद और चंद्रकेतु धर्म के तत्त्व को समझनेवाले और राज्यशासन के लिए आवश्यक दृढ़ पराक्रम वाले हैं। राज्य में इनका अभिषेक करने की मेरी इच्छा है। ऐसा देश बतलाओ जो रमणीय और बाधारहित हो और वहाँ पर ये दोनों धनुषधारी आनंद से विचरण कर सकें। वह ऐसा प्रदेश हो जहाँ न तो राजा को पीड़ा और न आश्रमों का विनाश हो। हे सौम्य! ऐसा ही देश बतलाओं जिसको (इन कुमारों को) देकर हम अपराधी न कहलावें।"[3]

राम के ऐसा पूछने पर भरत ने कहा—"यह कारूपथ देश रमणीय और निरापद है। वहाँ पर महात्मा अंगद का पुर (राजधानी) और चंद्रकेतु का सुंदर और निरापद चंद्रकांत नामक पुर स्थापित कीजिए।"[4]

भरत का कथन रामचंद्रजी ने मान लिया। उस देश को अच्छी तरह सुशासित करके (पहले) अंगद का वहाँ प्रवेश कराया। उनके लिए अंगदीया नाम की सुंदर पुरी निवेशित (स्थापित) हुई। यह पुरी अत्यंत सुंदर और सुंदर कर्म करनेवाले राम से भलीभाँति सुरक्षित थी। मल्ल चंद्रकेतु की मल्लभूमि में स्वर्गपुरी के समान सुंदर प्रसिद्ध चंद्रकांता नाम की नगरी बसाई गई।[5]

इसके पश्चात् यह प्रबंध करके युद्ध में दुराधर्ष राम, लक्ष्मण और भरत बहुत प्रसन्न हुए और कुमारों का राज्याभिषेक कर दिया। अभिषेक करके उन दोनों राजकुमारों को अंगद को पश्चिमी भूमि और चंद्रकेतु को उत्तर की भूमि में—सावधानीपूर्वक स्थिर कर दिया।[6]

अंगद और चंद्रकेतु के राज्यलाभ का जो वर्णन वाल्मीकि-रामायण में दिया हुआ है उसका समर्थन महाकवि कालिदास अपने महाकाव्य रघुवंश[7] में इस प्रकार करते हैं—"रामचंद्र जी की आज्ञा से लक्ष्मण ने अपने पुत्र अंगद और चंद्रकेतु को कारापथ

(वास्तव में कारूपथ) का राजा बनाया।" वायु और विष्णु पुराण भी इस बात से सहमत हैं कि लक्ष्मण ने अपने दो पुत्रों अङ्गद और चंद्रकेतु को हिमालय के निकट दो प्रदेश राज्य करने के लिए दिया जिनकी राजधानियाँ क्रमश: अंगदीया और चंद्रचक्रा (चंद्रकांता) थी।

अब प्रश्न यह है कि उपर्युक्त 'रुचिर, निरापद, राजा को पीड़ा न देनेवाला और आश्रमों का विनाश न करनेवाला' कारूपथ प्रदेश कहाँ था? पुराणों के अनुसार यह हिमालय की तलहटी में होना चाहिए। रामचंद्र के युग में, पूर्व में प्रागज्योतिष (कामरूप) से पश्चिम में गांधार तक दृष्टि डालने से, उस काल के राज्यों की स्थिति और हिमालय की तलहटी का भावी इतिहास ध्यान में रखते हुए, यही निष्कर्ष निकलता है कि जहाँ आधुनिक बस्ती जनपद का पूर्वी और गोरखपुर का पश्चिमी भाग है वहाँ कारूपथ स्थित था। इसके पक्ष में सबसे बड़ा प्रमाण यह है कि वाल्मीकि-रामायण में कारूपथ के पूर्वोत्तरी भाग को, जहाँ चंद्रकेतु की राजधानी चंद्रकांता बसाई गई थी, मल्लभूमि कहा गया है। भारतीय इतिहास में एक ही मल्लभूमि या मल्लराष्ट्र मालूम है और वह है गोरखपुर-जनपद का मल्लराष्ट्र जिसका विस्तृत वर्णन बौद्ध साहित्य में भरा पड़ा है।

मल्लराष्ट्र की स्थापना

उपर्युक्त के विवेचन से स्पष्ट है कि अयोध्या के सूर्यवंश के दो राजकुमार अङ्गद और चंद्रकेतु ने कारूपथ (बस्ती का पूर्वी और गोरखपुर का पश्चिमी भाग) में अपना मांडलिक राज्य स्थापित किया। उनके साथ बहुत से सूर्यवंशी क्षत्रिय यहाँ आकर अवश्य बसे होंगे। कारूपथ प्रदेश में अंगदीया और चंद्रकांता नामकी दो सुंदर राजधानियाँ बसाई गई थीं। किंतु प्रचीन बस्तियों के भग्नावशेषों से उनका पता लगाना बहुत कठिन है। शाक्यों के इतिहास से मालूम होता है कि वे सूर्यवंशी थे और कारूपथ के पश्चिमी भाग में बसे हुए थे। संभवत: वे अंगद के ही वंशज थे।

इस संबंध में एक और बात विचारणीय है। कारूपथ का पूर्वी भाग मल्लभूमि क्यों कहलाया? इसका उत्तर वाल्मीकि-रामायण में स्पष्ट दिया हुआ है। लक्ष्मण के पुत्र चंद्रकेतु की उपाधि 'मल्ल'[8] थी। उनका राज्य कारूपथ के पूर्वी भाग में स्थापित हुआ। इसलिए यह भाग 'मल्लभूमि' या मल्ल-राष्ट्र कहलाया। इसी उपाधि के अनुकरण पर इनके तथा इनके अभिजनों के वंशज 'मल्ल' कहलाए। मल्लभूमि के ऊपर श्री पं. राम प्रसाद जी पांडेय ने अपनी पुस्तक (गोरखपुर जिले का इतिहास) में अपना मत इस प्रकार प्रकट किया है[9]—"कारूपथ के पश्चिमी भाग में अंगद की राजधानी अंगदीया और उत्तरी भाग में मल्लों

के प्रदेश में चंद्रकेतु की राजधानी चंद्रकांता स्थापित हुई। उसी प्रसंग में यह कहा गया है कि इस कार्य के लिए कारूपथ-प्रदेश जीता गया। अन्य प्रदेशों की भाँति इस कारूपथ और मल्लभूमि पर अनेक महाराजाओं का दिग्विजय दिखायी देता है।" इस अवतरण से यह ध्वनि निकलती है कि चंद्रकेतु के मांडलिक राज्य की स्थापना के पहले मल्लराष्ट्र नामक कोई राष्ट्र स्थापित था, जिसको जीत कर चंद्रकेतु को वहाँ का राजा बनाया गया। इस मत का सूर्यवंश के पूर्व इतिहास से मेल नहीं खाता। सभी पुराण इस विषय में एकमत हैं कि मनु ने अपने पुत्र इक्ष्वाकु को मध्यप्रदेश का राजा बनाया। कारूपथ (बस्ती का पूर्व और गोरखपुर का पश्चिमी भाग) प्रारंभ से ही मध्यप्रदेश का अभिन्न अंग था, यह अयोध्या के राज्य का भाग था, साम्राज्य का नही। अत: इसको फिर से जीतने का प्रश्न ही नहीं उठ सकता। इसको पहले से ही 'रम्य, निरापद और राजा को पीड़ा न देनेवाला' कहा गया है। इस प्रसंग में 'वश' करने का अर्थ है सुशासित करना, जीतना नही, गांधार तथा यमुना तटवर्ती (शूरसेन) प्रदेश के जीतने का जहाँ प्रसंग आया है वहाँ युद्ध की तैयारी और वास्तविक युद्ध का वर्णन पाया जाता है। रामचंद्र के पूर्व दशरथ, अज, रघु, आदि कई दिग्विजयी सूर्यवंशी राजा हुए, किंतु किसी के भी दिग्विजय में मल्लराष्ट्र का, स्वतंत्र अथवा अधीन राज्य के रूप में अस्तित्व सूचित नहीं होता।[10] चंद्रकेतु के कारूपथ में जाने के पहले मल्लभूमि और मल्ल जाति का कहीं भी उल्लेख नहीं मिलता। जब चंद्रकेतु की उपाधि स्पष्ट रूप से 'मल्ल' दी हुई है तब इस बात में थोड़ा भी संदेह नहीं रह जाता कि मल्लभूमि अथवा मल्लराष्ट्र के वे ही संस्थापक और क्षत्रिय मल्ल जाति के वे ही पूर्वज थे।

कपिलवस्तु के शाक्य

बौद्धग्रंथ दीघनिकाय[11] में शाक्यों का वंशपरिचय इस प्रकार दिया हुआ है—"शाक्य लोग राजा इक्ष्वाकु को अपना पूर्वज मानते हैं। प्रचीन काल में राजा इक्ष्वाकु की एक प्रिय रानी थी। उससे उत्पन्न राजकुमारों—ओक्कामुख, करकंड हत्थिनिक और सिनीपुर—को राज्य से निर्वासित कर दिया। अपने निर्वास के बाद से राजकुमार हिमालय की तलहटी में एक कमल-सागर के किनारे रहते थे। वहाँ पर एक बड़ा शाक-उपवन था। अपने रक्त के दूषित होने के भय से उन लोगों ने अपनी बहनों से विवाह किया। राजा इक्ष्वाकु ने अपने मंत्रियों से पूछा कि उस समय राजकुमार कहाँ पर थे। मंत्रियों ने उत्तर दिया, "राजन् हिमालय की तलहटी में एक कमलसागर के किनारे एक बड़ा शाक-उपवन है। वहीं पर इस समय वे रहते हैं। अपने रक्त के दूषित होने के भय से अपनी बहनों[12] से

उन्होंने विवाह कर लिया है।" इस पर राजा इक्ष्वाकु वे उत्कंठित शब्द कहे, "ये राजकुमार वास्तव में 'शक्य' हैं। वास्तव में राजकुमार बड़े समर्थ हैं। इसके पश्चात् वे शाक्य कहे जाने लगे। राजा इक्ष्वाकु[13] शाक्य जाति के पूर्वज थे।"

दीघनिकाय पर टीका[14] करते हुए बुद्धघोष ने शाक्यों की वंश-कथा इस प्रकार लिखी है—

कथा का क्रम इस प्रकार है—कहा जाता है कि कृतयुग के राजाओं में राजा महासम्मत के पुत्र राज नामक थे। राज के पुत्र वरराज, वरराज के कल्याण, कल्याण के वरकल्याण, वरकल्याण के मांधाता, मांधाता के वरमांधात, वश्मांधाता के उपोसथ, उपोसथ के चर, चर के उपचर, उपचर के मखादेव पुत्र थे। मखादेव के वंशजों में 84,000 क्षत्रिय हुए। इसके पश्चात् ओंक्काक (इक्ष्वाकु) के तीन वंश हुए। इनमें से तीसरे वंश वाले इक्ष्वाकु की पाँच रानियाँ थीं—भट्टा, चित्ता, जंतु, जालिनी और विशाखा। इनमें से प्रत्येक की पाँच सौ दासियाँ थीं। सबसे बड़ी के चार पुत्र थे—ओक्कामुख, करकंड, हत्थिनिक और सिनीपुर। उसकी पाँच कन्याएँ थीं—पिया, सुप्पिया, आनंदा, विजिता और विजितसेना। नव बच्चों को जन्म देकर बड़ी रानी मर गई। तब राजा ने दूसरी अत्यंत सुंदरी राजकुमारी से विवाह किया और उसको अपनी पटरानी बनाया। उससे जंतु नामक पुत्र उत्पन्न हुआ। पाँचवें दिन रानी ने उसका शृंगार करके उसे राजा को दिखाया। राजा अत्यंत प्रसन्न हुआ और रानी को एक वर देने की प्रतिज्ञा की। रानी ने अपने संबंधियों से परामर्श करके राजा से अपने पुत्र के लिए राज्य माँगा। राजा ने उसकी भर्त्सना करते हुए कहा, "नीच स्त्री! तुम्हारा नाश हो। मेरे पुत्रों का तुम विनाश करना चाहती हो।" किंतु उसने एकांत में राजा को बारंबार उकसाया और कहा, "राजन् वचनभंग आपको शोभा नहीं देता।" इसलिए राजा ने अपने पुत्रों से कहा, "मेरे पुत्रो तुम में से सबसे छोटे जंतु को देखकर उसकी माता को एक वर दिया। वह अपने पुत्र के लिए राज्य चाहती है। तुम हाथी, घोड़े रथ जो कुछ चाहो (राजा के व्यक्तिगत हाथी, घोड़े और रथ को छोड़) लेकर बाहर चले जाओ और मेरी मृत्यु के पश्चात् वापस आकर राज्य पर शासन करो।" ऐसा कहकर राजा ने आठ मंत्रियों के साथ राजकुमारों को बाहर भेज दिया।

राजकुमारों ने शोक और विलाप करते हुए कहा, "पिताजी हमारे अपराध क्षमा करें।" राजा और रानियों से विदा माँगते हुए उन्होंने कहा, "हम सभी भाई बाहर जा रहे हैं।" उसके बाद अपनी बहनों और चतुरङ्गिणी सेना के साथ उन्होंने प्रस्थान किया। बहुत से लोग यह सोचते हुए कि राजकुमार अपने पिता के मरने के बाद वापस आ जाएँगे, उनके साथ हो लिए। पहले दिन सेना एक योजन चली, दूसरे दिन दो और तीसरे दिन तीन।

राजकुमारों ने आपस में परामर्श किया और कहा, "सेना बहुत बड़ी है। यदि किसी पड़ोसी राजा को परास्त करके उसका राज्य लेना हो तो यह पर्याप्त न होगी। फिर हम दूसरों पर अत्याचार क्यों करें? जम्बूद्वीप बड़ा विशाल है। हम लोग कोई जंगल साफ कर नगर बसायें।" इसीलिए हिमालय की ओर चलते हुए नगर के लिए एक उपयुक्त स्थान चुना।

उस समय हमारे बोधिसत्व एक कुलीन ब्राह्मण परिवार में उत्पन्न हुए थे। वे कपिल[15] नाम से पुकारे जाते थे। संसार का परित्याग कर वे यति हो गए। हिमालय की तलहटी में कमल सागर के किनारे शाक-उपवन में पत्तों की कुटी में निवास करते थे। वे भूकंप-विज्ञान जानते थे और अस्सी हाथ ऊपर आकाश और अस्सी हाथ नीचे पृथ्वी के दोषों को देख सकते थे। जब सिंह, बाघ और दूसरे हिंसक जंतु हरिण और शूकरों का पीछा करते हुए और बिल्ली चूहों और मेढकों का पीछा करती हुई उस स्थान पर पहुँचती थी तो उनकी गति रुक जाती थी और वे वापस लौट आते थे। इस स्थान को पृथ्वी पर सर्वोत्तम समझ कर कपिल ने वहाँ पर अपनी कुटी बनाई।

राजकुमारों को एक नगर के लिए उपयुक्त स्थान की खोज में अपने प्रदेश की ओर देखकर कपिल ने उनसे आने का उद्‌देश्य पूछा और जानकर उन पर दया प्रदर्शित करते हुए कहा, "इस पर्णकुटी के स्थान पर बसाया गया नगर जम्बू द्वीप का प्रमुख नगर होगा। यहाँ उत्पन्न होनेवालों में से एक व्यक्ति दूसरे स्थान के एक सौ अथवा एक सहस्त्र मनुष्यों को परास्त करने में समर्थ होगा। नगर यहीं बसाओ और राजप्रासाद पर्णकुटी के ऊपर बनाओ। इस स्थान पर राजभवन बनाने से एक चंडाल-पुत्र भी चक्रवर्ती राजा को पराजित कर देगा।" कुमारों ने पूछा, "भगवन् क्या यह स्थान आपका नहीं है?" कपिल ने उत्तर दिया, "इस बात की बिलकुल चिंता न करो कि यह स्थान हमारा है। किसी पर्वत के ढाल पर मेरे लिए एक कुटी बना दो और इस स्थान पर नगर बसाकर उसका नाम कपिलवस्तु रखो।" राजकुमारों ने वैसा ही किया और वहीं बस गए।

इसके पश्चात् मंत्रियों ने विचारा, "ये नवयुवक बड़े हो गए हैं। यदि ये अपने पिता के साथ होते तो वे विवाह-संबंध की व्यवस्था करते किंतु अब तो यह हमारा काम है।" इसलिए उन्होंने राजकुमारों से परामर्श किया। राजकुमारों ने कहा, "हम लोग न तो ऐसी क्षत्रिय कन्याएँ देखते हैं जो हमारे समान हों और न ऐसे क्षत्रिय कुमार देखते हैं जो हमारी बहनों के समान हों। असमान कुल में विवाह करने से जो पुत्र उत्पन्न होंगे वह मातृ और पितृ दोनों पक्ष में दूषित होंगे। अतएव हम अपनी बहनों से ही विवाह करेंगे।" अपनी जाति दूषित होने के भय से, अपनी बड़ी बहन को माता के स्थान पर रखकर, शेष के साथ उन्होंने विवाह किया। उनके पुत्र और कन्याओं की वृद्धि होने लगी। किंतु उनकी

बड़ी बहन को कुष्ठ रोग हो गया और उसके अंग कोविलार फूल की तरह से दिखाई पड़ने लगे। राजकुमार यह सोचने लगे कि जो कोई इसके साथ बैठेगा, खड़ा होगा, भोजन करेगा उसको यह रोग हो जाएगा। इसलिए एक दिन उसको रथ में बैठा कर, मानो मृगया के लिए वन जाते हों, उसको एक घने जंगल में ले गए। वहाँ पर एक कमल बावली खोदकर उसके नीचे पृथ्वी में एक घर बनाया। उसमें अपनी बड़ी बहन को रख दिया। उसके पास खाने-पीने के पदार्थ रख, ऊपर से मिट्टी भरकर राजकुमार वापस आए। उसी समय बनारस[16] के राजा राम को कुष्ठ रोग हो गया था। वह अपनी स्त्रियों और नाच-गान करनेवाली लड़कियों से उदासीन हो, खिन्नता में राज्य अपने बड़े लड़के को देकर जंगल में चला आया। यहाँ जंगल में रहकर फल-फूल पर निर्वाह करता हुआ शीघ्र स्वस्थ और स्वर्णवर्ण का हो गया। जबकि वह इधर-उधर घूम रहा था, एक खोखला वृक्ष देखा। सोलह हाथ इसके भीतर स्थान बनाकर, उसमें दरवाजे और खिड़की बनाकर उसी में रहने लगा। अँगीठी में कोयले जलाकर, रात में लेटे-लेटे, पशुओं तथा पक्षियों के शब्द सुना करता था। यह देखा करता था कि अमुक स्थान पर सिंह आया था और अमुक स्थान पर बाघ। दूसरे दिन वहाँ जाकर उनके अवशिष्ट मांस को पकाकर खाता था।

एक दिन प्रातःकाल वह आग जला कर बैठा हुआ था। राजा (इक्ष्वाकु) की लड़की के मांस-गंध से आकृष्ट होकर एक बाघ उस तरफ आया और ऊपर से मिट्टी हटाकर ऊपर के आच्छादन में एक छेद कर दिया। छेद के रास्ते से बाघ को देखकर राजकुमारी डरी और चिल्लाने लगी। राजा ने शब्द सुना, उसने पहचाना कि स्त्री की आवाज थी और बड़े तड़के उस तरफ गया। उसने पूछा, "कौन है?" उत्तर आया, "देव, एक स्त्री।" "तुम किस जाति की हो?" "मैं इक्ष्वाकु की पुत्री हूँ, भद्र।" "बाहर आओ।" "मैं बाहर नहीं आ सकती।" "क्यों ?" "मुझको चर्मरोग है।" सारी वार्ता पूछकर और यह जानकर कि वह अपने क्षत्रिय-अभिमान से बाहर नहीं आ रही थी, राजा ने बतलाया कि वह भी क्षत्रिय है और उसके पास तक सीढ़ी डालकर उसको बाहर निकाल लिया। राजकुमारी को वह अपने निवास-स्थान पर ले गया, उसको उस औषध-खाद्य को दिखाया जिसका सेवन कर वह स्वस्थ हो गया था, और थोड़े ही समय में उसको स्वस्थ और स्वर्ण वर्ण की बनाकर उसके साथ विवाह किया। पहली बार राजकुमारी ने दो बच्चों को जन्म दिया, फिर दो और इस प्रकार सोलह बार पुत्र उत्पन्न किया। इस तरह बत्तीस भाई पैदा हुए। वे क्रमशः बड़े होने लगे और पिता ने उनको सभी कलाएँ सिखायीं।

एक दिन राजा राम के नगर के एक निवासी ने, जो उस पर्वत में रत्नों की खोज कर रहा था, राजा को देखा और उसको पहचान कर कहा, "राजन् मैं आपको जानता

हूँ।" राजा ने उससे सब समाचार पूछा। ठीक उसी समय राजपुत्र आ गए। उनको देखकर निवासी ने पूछा कि वे कौन हैं। ऐसा कहे जाने पर कि वे राम के पुत्र हैं, निवासी ने उनकी माँ के परिवार के बारे में पूछा। यह सोचकर कि उसको एक मनोरंजक कथा मालूम हुई वह अपने नगर को वापस आया और राजा से पूरी कथा कह सुनाई। राजा ने अपने पिता को वापस लाने का निश्चय किया, चतुरङ्गिणी सेना के साथ जंगल गया और अपने पिता से पुन: राज्य ग्रहण करने की प्रार्थना की। पिता ने उत्तर दिया, "पुत्र, बहुत राज्य कर लिया। यहाँ पेड़ साफ कराकर मेरे लिए एक नगर बसा दो।"

राजपुत्र ने वैसा ही किया। कोलवृक्षों के काटने और व्याघ्रपथ पर होने के कारण नगर के दो नाम पड़े—कोलनगर और व्याघ्रपद्या। पिता को प्रणाम करके वह अपने नगर को लौट गया। जब राजकुमार बड़े हो गए तो उनकी माता ने कहा, "पुत्रो! कपिलवस्तु में रहनेवाले शाक्य तुम्हारे मामा हैं। तुम्हारी ममेरी बहनों के बाल और वस्त्र उसी प्रकार के हैं जैसे तुम्हारे। जब वे नहाने के घाट पर आवें तब तुम लोग एक-एक को जो तुम्हें पसंद हो ग्रहण करो। राजकुमार वहाँ गए। जब शाक्य कन्याएँ नहाकर अपने बाल सुखा रही थीं प्रत्येक ने एक-एक ग्रहण किया और उनको अपने नाम बताकर वापस चले आए। इस घटना को सुनकर शाक्य राजाओं ने विचारा, "यह ठीक ही हुआ, जब निश्चय है कि वे हमारे सजातीय हैं।" ऐसा कहकर वे चुप हो गए। शाक्यों और कोलियों की उत्पत्ति इस प्रकार हुई। और तभी से दोनों परिवारों में विवाह-संबंध की प्रथा बुद्ध के समय तक चली आई।

दीघनिकाय और उसकी टीका भगवान् बुद्ध के बहुत पीछे लिखी गई और शाक्यों तथा कोलियों की उत्पत्ति और उपर्युक्त कहानियों के बीच में बहुत समय बीत चुका था। अत: इन कथाओं में इतिहास और कल्पना का विचित्र मिश्रण दिखायी पड़ता है। फिर भी यदि कल्पनात्मक अंश को उनसे निकाल दिया जाए तो इतिहास की कई बातें स्पष्ट मालूम होती हैं। इनको निम्नलिखित प्रकार से रखा जा सकता है—

(1) शाक्य लोग इक्ष्वाकुवंश (अयोध्या के सूर्यवंश) की एक शाखा से उत्पन्न हुए।

(2) शाकवन में बसने के कारण ये शाक्य कहलाए।[17]

(3) कपिलवस्तु में उनके बसने के पूर्व वहाँ ब्राह्मणों का उपनिवेश था।

(4) शाक्यों में सगोत्र विवाह होता था।

(5) शाक्यों और काशी के राजा के बीच विवाह-संबंध चलता था।

(6) इस विवाह-संबंध से एक कोलिय वंश की उत्पत्ति हुई।

(7) इन दोनों वंशों में मामा की कन्या से विवाह सम्भव था।

अब प्रश्न यह हो सकता है कि सूर्य अथवा इक्ष्वाकु वंश की शाखा कपिलवस्तु में कब स्थापित हुई। इस संबंध में एक ही प्रामाणिक उल्लेख, जो कल्पना और अतिरंजन से रहित है, वाल्मीकि रामायण[18] में मिलता है। उसके अनुसार लक्ष्मण के बड़े पुत्र अंगद को कारूपथ का पश्चिमी भाग (मोटे तौर पर बस्ती जिले का उत्तरी-पूर्वी भाग) राज्य करने को मिला। उनके साथ सूर्यवंशी सामंत और सेना भी अवश्य ही आई होगी। इस प्रदेश में शाक (साखु) वृक्षों की बहुलता होने से इन सूर्यवंशी क्षत्रियों की स्थानीय उपाधि शाक्य हो गई।[19] ऐसा जान पड़ता है कि आगे चलकर कपिलवस्तु को अधिक उपयोगी समझ कर, अंगदीया छोड़कर शाक्यों ने अपनी राजधानी कपिलवस्तु में बना ली। आजकल के ऊँची जाति के हिंदुओं को सगोत्र तथा मातुलकन्या विवाह असाधारण प्रथा मालूम होगी, किंतु प्राचीन साहित्य में इसके अनेक दृष्टांत भरे पड़े हैं। दशरथ और कौसल्या तथा राम और सीता सभी एक वंश के थे। सुभद्रा अर्जुन की मातुल-कन्या थी। दक्षिणात्यों में मातुल-कन्या-विवाह आज भी सर्वोत्तम विवाह माना जाता है। अत: शाक्यों की ये प्रथाएँ आर्यत्व और कुलीनता के विरुद्ध नहीं थीं। काशी के राजवंश से उनका विवाह-संबंध इस बात का एक स्पष्ट प्रमाण है। कोसल के बुद्धकालीन राजा प्रसेनिजत शाक्यों को अपना सगोत्रीय समझते थे और उनके यहाँ अपने विवाह का प्रस्ताव किया था।[20]

पौराणिक वंशावलियों में भी शाक्यों को सूर्यवंशीय माना गया है और शुद्धोदन और बुद्ध की गणना सूर्यवंशी राजाओं में की गई है।[21] विष्णु पुराण में इक्ष्वाकु वंशी राजा वृहदवल से लेकर बुद्ध तक वंशावली दी हुई है। इससे स्पष्ट है कि पुराणकार और तत्कालीन जनता शाक्यों को सूर्यवंशी क्षत्रिय मानती थी।

शाक्यों का गोत्र पाली साहित्य में गौतम बतलाया गया है। गौतम सात गोत्रऋषियों में से एक ऋषि हैं और वे शुद्ध आर्य-परंपरा में गिने जाते हैं।[22] कहीं-कहीं पर भगवान बुद्ध स्वयं अंगिरस (अंगिरस के वंशज) कहे गए हैं।

आज से पचास वर्ष पहले शाक्यों की राजधानी कपिलवस्तु का पता लगाना बहुत कठिन था। सं. 1932 वि. में श्री ए.सी.एल. कार्यालय ने बस्ती जिले में भुइला नामक स्थान पर अपनी खुदाइयों के आधार पर निश्चय किया था कि भुइला ही प्राचीन कपिलवस्तु है।[23] किंतु बाद के अनुसंधानों ने उनके मत को असिद्ध कर दिया है। ये अनुसंधान कपिलवस्तु के आस-पास के स्थानों में हुए। सन् 1895 ई. के मार्च में बस्ती जिले के उसका बाजार के 38 मील पश्चिमोत्तर, नेपाल राज्य में, निगलीव गाँव के पास, निगली सागर नामक तालाब पर एक स्तंभ के ऊपर मागधी (पाली) भाषा में एक उत्कीर्ण लेख मिला, इसमें लिखा हुआ है कि 'अपने राज्याभिषेक के चौदह वर्ष के बाद राजा (अशोक) प्रियदर्शी स्वयं इस स्थान पर

आया और पूजा की। उसने बुद्ध कोनाकमन (पूर्व बुद्ध) के स्तूप का आकार दूना करा दिया।' फाहियान ने अपने यात्रा-वर्णन में इस स्तूप की चर्चा की है और कपिलवस्तु के भग्नावशेषों को एक योजन (7-8 मील) पूर्व बतलाया है। किंतु दूरी और दिशा ठीक नहीं बतायी जा सकती है। सं. 1953 वि. में नेपाल राज्य में ही निगलीव से 13 मील दक्षिण-पश्चिमी पडरिया नामक गाँव के पास एक दूसरा स्तंभ[24] मिला जिस पर निम्नलिखित उत्कीर्ण लेख है—

"जब देवानांप्रिय प्रियदर्शी राजा के अभिषेक के बीस वर्ष बीत चुके थे, वह स्वयं यहाँ आया और इस स्थान की पूजा की क्योंकि शाक्य मुनि बुद्ध यहीं उत्पन्न हुए थे, उसने एक पत्थर की प्राचीर स्थापित की और एक पत्थर का स्तंभ खड़ा कराया। क्योंकि भगवान् बुद्ध वहाँ उत्पन्न हुए थे इसलिए लुंबिनी ग्राम का कर उठा दिया गया और (उपज का) आठवाँ भाग भी (जिसके ऊपर राजा का अधिकार था) उसी ग्राम को दे दिया गया।"

पाली[25] और संस्कृत[26] साहित्य दोनों में भगवान् बुद्ध के जन्म स्थान का नाम (लुम्मिनी) लुंबिनी है और यह बतलाया गया है कि जब भगवान् बुद्ध की माता मायावती प्रसव कराने के लिए कपिलवस्तु से अपने मायके देवदह जा रही थी। रास्ते में ही लुंबिनी वन में उनका जन्म हुआ। इस स्तंभ के पास ही में एक हिंदू मंदिर में भगवान बुद्ध के जन्म का दृश्य एक पत्थर के ऊपर अंकित है। इस स्तंभ से यह बात निश्चित हो जाती है कि कुछ मील दूर यहाँ से 14 मील उत्तरपश्चिम तिलौरा कोट ही प्राचीन कपिलवस्तु के स्थान पर मालूम होता है।

शाक्यों का राज्य कारूपथ के पश्चिमी भाग (वर्तमान जिले का पश्चिमोत्तर और बस्ती जिला का पूर्वोत्तर) में फैला हुआ था। प्राचीन यूनानी नगर-गणतंत्रों से क्षेत्रफल में काफी बड़ा था। शाक्य-राज्य की पूर्वी सीमा रोहिणी नदी थी। रोहिणी के पूर्व में कोलिय गणतंत्र का राज्य था। धम्मपद-अट्ठकथा नामक बौद्ध ग्रंथ से मालूम होता है कि रोहिणी नदी के पानी के लिए दोनों गणतंत्रों में कभी-कभी झगड़ा भी होता था।[27]

रामग्राम के कोलिय : रामजनपद

दीघनिकाय पर बुद्धघोष की टीका में शाक्य और कोलिय वंश की उत्पत्ति का जो वर्णन है उसके अनुसार कोलिय वंश शाक्य कन्या और काशी के राजा राम के संबंध से उत्पन्न हुआ था। इसमें राम के सजातीय बहुत क्षत्रिय काशी से आकर सम्मिलित हो गए थे किंतु ऐसा जान पड़ता है कि कोलियों का मातृपक्ष से संबंध अधिक था। अत: दिव्यावदान में कोलियों को भी इक्ष्वाकुवंशी कहा गया है। भगवान बुद्ध की राख में भाग लेने के समय

कोलियों ने उनके साथ अपनी सजातीयता प्रकट की थी। काशी के राजा राम किस वंश के थे, यह निश्चित रूप से बतलाया जा सकता है। वे नागवंशी क्षत्रिय थे। काशी का ऐल अथवा चंद्रवंश बहुत पहले नष्ट हो गया था। चंद्रवंश के ह्रास के बाद काशी और मगध दोनों में नागवंशी, राज्यों की स्थापना हुई। नागवंशी शिशुनाग पहले काशी का ही राजा था। यहाँ से मगध में जाकर वहाँ उसने शैशुनाग वंश की स्थापना की। काशी से ही कोलिय भी रामजनपद में आए थे। बौद्ध गाथाओं में लिखा मिलता है कि रामग्राम में भगवान बुद्ध के अवशेष पर जो स्तूप बना था उसकी पूजा नाग करते थे।[28] वास्तव में ये नाग सर्प नहीं, रामग्राम के नागवंशी क्षत्रिय ही थे। दीघनिकाय के परिनिब्बाण सुत्तांत में स्पष्ट लिखा हुआ है कि रामजनपद के निवासी नागवंशी थे।[29]

अधिकांश बौद्धग्रंथों में कोलियों की राजधानी रामग्राम बतलाई गई है। दीघनिकाय के ऊपर बुद्धघोष की टीका में कोलिया के कोलनगर अथवा व्याघ्रपद्या कहा गया है। कोलनगर नाम तो कोलवृक्षों के आधिक्य के कारण पड़ा, और बस्ती होने के पूर्व यहाँ पर व्याघ्र घूमा करते थे, इसलिए इसका नाम व्याघ्रपद्या भी रखा गया था। किंतु ये दोनों ही नाम अशोभन थे। अतः कुछ दिनों के बाद कोलियों के मूलपुरुष राम के नाम पर इसका नाम रामग्राम पड़ा और उनका राष्ट्र रामजनपद कहलाया।

रामग्राम की स्थिति के संबंध में ऐतिहासिकों में मतभेद है। किंतु धम्म-पद-अट्ठकथा के अनुसार यह तो निश्चित है कि यह नगर रोहिणी के पूर्व रहा होगा (रोहिणी के पश्चिम शाक्यों का राज्य था)। इसकी स्थिति रोहिणी की बायीं घाटी के दक्षिण भाग में ही होनी चाहिए, क्योंकि उत्तर की ओर मल्लराष्ट्र फैला हुआ था। एस.सी.एल. कार्यालय के अनुसार रामपुर देवरिया प्राचीन रामग्राम है।[30] यह स्थान मुंडेरा से 1¾ मील दक्षिणपूर्व मरवा ताल के किनारे है। एक स्तूप का भग्नावशेष रामपुर देवरिया से 500 फीट उत्तरपूर्व में है और दो तालों के बीच स्थित है। कार्लायल का विचार है कि यह वही स्तूप है जिसको कोलियों ने भगवान बुद्ध के अवशेष से भाग लेकर उसके ऊपर बनवाया था।

प्रस्तुत लेखक के विचार में रामपुर देवरिया प्राचीन रामग्राम नहीं हो सकता। चीनी यात्री ह्वेनसांग ने रामग्राम स्तूप की यात्रा की थी। उसके यात्रा वर्णन के अनुसार स्तूप रामग्राम के दक्षिण-पूर्व में था।[31] कार्लायल साहब का कहना है कि यात्री ने दिशा भ्रम से लिख दी थी, वास्तव में स्तूप उत्तर-पूर्व था। परंतु ऐसा मानने के लिए कोई यथेष्ट कारण नहीं है। रामपुर देवरिया को रामग्राम सिद्ध करने के लिए कार्लायल को ऐसा मानना पड़ा था। रामग्राम और रामगढ़ताल वास्तव में आधुनिक गोरखपुर ही प्राचीन रामग्राम के स्थान पर बसा हुआ है। रामगढ़ताल का नाम इस बात का द्योतक है। ध्यान देने की बात है कि

नाम 'रामगढ़' है, रामताल नहीं। अतः स्पष्ट है कि इसके किनारे किसी समय का गढ़ (दुर्ग राजधानी वाला नगर) था। ताल नगर से दक्षिण-पूर्व दिशा में था और इसी के किनारे कोलियों ने भगवान् बुद्ध के अवशेष का स्तूप बनाया था। ह्वेनसांग अपने यात्रावर्णन में इसी स्तूप की चर्चा करता है। उसकी बतायी हुई दिशा इससे मेल खाती है। यह सच है कि आजकल रामगढ़ताल के किनारे किसी स्तूप का भग्नावशेष नहीं है। किंतु इसके लिए उत्तरदायी राप्ती नदी और रामगढ़ताल है। लंका के बौद्ध ऐतिहासिक ग्रंथों में लिखा हुआ है कि रामग्राम में बने हुए स्तूप को नदी बहा ले गई।[32] इसलिए ह्वेनसांग ने जिस स्तूप को देखा था वह मूल धातु स्तूप (भगवान बुद्ध के अवशेष पर बना हुआ) नहीं था, किंतु उसके बदले में बना हुआ दूसरा स्तूप था। बौद्धधर्म के ह्रास के बाद जब स्तूप मरम्मत के अभाव में गिरने-पड़ने लगे तो रामग्राम में नवनिर्मित स्तूप की भी वही दशा हुई। राप्ती तथा रामगढ़ताल ने अपना अधिकार उस पर जमा लिया। शताब्दियों से रामगढ़ताल भरता हुआ नगर की ओर से हटता जा रहा है। इसका प्रभाव भग्नावशेषों पर भी पड़ा है।

कोलिय राज्य रोहिणी के पूर्व उसकी दक्षिणी घाटी में और रोहिणी तथा अचिरावती (आधुनिक राप्ती) के संगम के आगे राप्ती के दक्षिण में था। बौद्ध साहित्य में राप्ती के दक्षिण किसी दूसरे राज्य का संकेत नहीं है। जान पड़ता है कि महाभारतकालीन गोपालक राज्य नष्ट हो गया था अथवा कोलिय राज्य में मिल गया था। इस तरह गोरखपुर की सदर तहसील का दक्षिणी भाग और बाँस गाँव तहसील का पश्चिमी भाग रामजनपद में सम्मिलित था।[33]

पिप्पलीवन के मौर्य

जब तक बौद्ध साहित्य का पूरा अध्ययन नहीं हुआ था और केवल पाटलिपुत्र के साम्राज्यवादी मौर्यों का ही पता था तब तक मौर्यों की उत्पत्ति के संबंध में विचित्र कल्पनाएँ की गई थीं। विष्णुपुराण में नंदों के उन्मूलन और मौर्यों के आगमन का वर्णन इस प्रकार दिया हुआ है—

ततश्च नव चैतान्नंदान् कौटिल्यो ब्राह्मणः समुद्धरिष्यति।
तेपामभावे मौर्या : पृथ्वीं भोक्ष्यंति।
कौटिल्य एवं चंद्रगुप्तं उत्पन्नं राज्येऽभिषेक्ष्यति।

(इसके पश्चात् ब्राह्मण कौटिल्य इन नव नंदों का उन्मूलन करेगा। उनके अभाव में मौर्य पृथ्वी का भोग करेंगे। कौटिल्य उत्पन्न (प्रस्तुत) चंद्रगुप्त को राज्य के लिए अभिषिक्त करेगा)।

विष्णुपुराण पर टीका करते हुए श्रीधर स्वामी ने 'उत्पन्नं' की व्याख्या की है—नंदस्यैव भार्यायाँ मुरासंज्ञायाँ सञ्जातम् (अर्थात नंद की मुरा नामक भार्या से उत्पन्न) श्रीधर स्वामी को मौर्यों का प्रचीन इतिहास मालूम नहीं था। इसलिए मौर्य शब्द की व्युत्पत्ति बतलाने के लिए उन्होंने मुरा की कल्पना कर ली।

इनसे बढ़कर ढुंढिराज शास्त्री ने मुद्राराक्षस की टीका करते समय भूमिका में कल्पना के बल पर मुरा की पूरी कथा लिख दी और उसको नापिती कन्या (शूद्रा) बतलाया। फिर क्या था यह बात प्रचलित हो गई कि मौर्य मुरा नामक नाइन से उत्पन्न शूद्र थे। किंतु मौर्यों की व्युत्पत्ति ढूँढ़ निकालने की धुन में न तो उपर्युक्त विद्वानों को और न उनके अनुयायियों को यह बात ध्यान में आई की संस्कृत व्याकरण के अनुसार मुरा का अपत्य मौरेय होगा, मौर्य नहीं। मौर्यों के शूद्र होने के पक्ष में जो दूसरा प्रमाण दिया जाता है कि वह है मुद्रारक्षस नामक नाटक का वृषल शब्द। चाणक्य चंद्रगुप्त को इसी शब्द से संबोधित करता है। वृषल शब्द का कोष और स्मृति में दिया हुआ अर्थ प्राय: व्रात्य अथवा शूद्र है।[34] किंतु सोचने की बात है कि मंत्री चाहे कितना भी शक्तिमान् हो राजा को शूद्र शब्द से बार-बार संबोधित नहीं कर सकता। वास्तव में वृषल शब्द यूनानी बैसिलियस (राजा) का संस्कृत से रूपांतर था जिसका प्रयोग केवल चंद्रगुप्त के लिए होता था। यूनानी राजा सेल्युकस से संबंध हो जाने के बाद उसको यह उपाधि मिली थी। संस्कृत व्याकरण से भी इस मत की पुष्टि होती है (वृषलो गृज्जने शूद्रे चंद्रगुप्तेऽपि राजनि)[35] अर्थात, वृषल शब्द का प्रयोग गृज्जन (लहसुन), शूद्र और चंद्रगुप्त राजा के लिए होता है।

आजकल कोई भी विद्वान मुरा (कल्पित नाइन) से मौर्यों की उत्पत्ति को मानने के लिए तैयार नहीं है। बौद्ध साहित्य में मौर्यों को स्वतंत्र गणतांत्रिक जाति बतलाया गया है और उनके क्षत्रिय होने के कई उल्लेख हैं। बौद्धग्रंथ महावंश[36] में मौर्यों की चर्चा निम्नलिखित प्रकार से की गई है—

मोरियानं खत्तियानं वंसे जातं सिरीधरं।
चंद्रगुप्तो ति पंजतं चणक्को वम्हणो ततो॥

(मौर्य क्षत्रियों के वंश में उत्पन्न चंद्रगुप्त को चाणक्य ब्राह्मण प्रचंड क्रोध से नर्वे धननंद का विनाश कर समस्त जम्बूद्वीप के राजपद पर बैठाया) दूसरे बौद्धग्रंथ दिव्यावदान[37] में चंद्रगुप्त का पुत्र बिंदुसार अपने को मूर्द्धाभिषिक्त क्षत्रिय कहता है—

त्वं नापिती अहं राजा क्षत्रियो मूर्द्धाभिषिक्त:।
कथं मया सार्धं समागमो भविष्यति॥

(तुम नाई की लड़की और मैं मूर्द्धाभिषिक्त क्षत्रिय हूँ। मेरे साथ तुम्हारा समागम कैसे होगा)? इसी ग्रंथ[38] में अशोक भी अपने को क्षत्रिय कहता है—

देवि, अहं क्षत्रियः कथं पलाण्डुं परिभक्षयामि।

(हे रानी, मैं क्षत्रिय हूँ। प्याज कैसे खाऊँगा)? महापरिनिव्वाण सुतान्त[39] में लिखा है कि भगवान बुद्ध के अवशेष में भाग लेने के लिए मौर्यों ने निम्नलिखित संदेश के साथ मल्लों के यहाँ अपना दूत भेजा—

अथ खो पिप्पलिबनिया मोरिया कोसिनारकानं
मल्लानं दूतं पाहेसूं भगवा पि खत्तियो मयं पि खत्तिया।

(इसके पश्चात् पिप्पलीवन के मौर्यों ने कुशीनगर के मल्लों के पास यह कहकर दूत भेजा कि 'भगवान भी क्षत्रिय हैं, हम भी क्षत्रिय हैं।')

महावंश टीका[40] में लिखा हुआ है कि मौर्य लोग उसी जाति के थे, जिस जाति के भगवान् बुद्ध। महावंश, महावस्तु, ललितविस्तर आदि ग्रंथों से प्रमाणित है कि बुद्ध सूर्यवंशी क्षत्रिय थे। अतः मौर्य भी उसी वंश के हुए।

पाली साहित्य में मौर्यों (मोरियों) की राजधानी पिप्पलीवन बतलाई गई है। चीनीयात्री ह्वेनसांग, जो भारतवर्ष में पश्चिम से पूर्व की ओर यात्रा कर रहा था, अपने यात्रावर्णन में लिखता है कि वह मौर्यों की राजधानी पिप्पलीवन से, पूर्वोत्तर दिशा में घने जंगलों और जंगली जानवर तथा डाकुओं से मुठभेड़ करते हुए काफी दूर चलकर, कुशीनगर पहुँचा।[41] इसलिए स्पष्ट है कि पिप्पलीवन कुशीनगर (वर्तमान कसया) से दक्षिण-पश्चिम दिशा में था। यह स्थान शाक्य और कोलिय राज्य के बाहर होना चाहिए। मल्लों की राजधानी कुशीनगर और पावा निश्चय ही है। अतः मौर्य-राज्य कोलियों के रामजनपद के उत्तर-पूर्व और मौर्यों की राजधानी भी उसी के बीच कहीं होनी चाहिए।

सारी परिस्थिति पर विचार करते हुए सबसे पहले कार्लायल[42] ने राजधानी अथवा उपधौलिया के विस्तृत डीहों (=टीलों) को प्राचीन पिप्पलीवन का भग्नावशेष निर्धारित किया, जो बहुत ही उपयुक्त है। यह स्थान गोरखपुर शहर से 14 मील दक्षिण-पूर्व गुर्रा नदी के किनारे है। पश्चिम में राप्ती नदी से लेकर पूर्व में फरेंद नदी तक, चार मील लंबाई और पौने दो मील चौड़ाई में प्राचीन नगर (राजधानी) के अवशेष फैले हुए हैं। यह विस्तार प्रथम डीह घाट से लेकर गुर्रा नदी तक है। फिर गुर्रा नदी के पूर्व में उपधौलिया का डीह है और यहाँ से दो-तिहाई मील की दूरी पर राजधानी नामक गाँव है। राजधानी के उत्तरपूर्व एक विस्तृत आयताकार पुराने दुर्ग का अवशेष है जिसको सहनकोट कहते

हैं। यह अब भी फरेंद के किनारे बरगद, शाल और जामुन के घने जंगल के बीच स्थित है। राप्ती से लेकर फरेंद तक फैला हुआ यह विस्तृत डीह एक ही प्राचीन नगर का भग्नावशेष है। इसका अब भी नाम राजधानी है जो इस बात को प्रकट करता है कि यहाँ पर प्राचीन काल में किसी राज्य की राजधानी थी। लंका के बौद्ध साहित्य के अनुसार न्यग्रोध (वटवृक्ष) वन में स्थित मौर्यों की राजधानी यही थी।[43]

यह गोरखपुर जनपद का मध्यवर्ती राज्य था। इसके दक्षिण-पश्चिम में कोलिय राज्य और उत्तर-पूर्व में मल्लों का राज्य फैला हुआ था। इसकी दक्षिणी सीमा राप्ती और सरयू और उत्तरी सीमा मल्ल राज्य था। यह पश्चिम में राप्ती के किनारे, डीह घाट से लेकर पूर्व में वर्तमान बरहज कस्बे तक विस्तृत था। इसमें बहने वाली नदियाँ राप्ती, गुर्रा, फरेंद (पूर्व में बथुआ) और करुणा (कुर्ना) थी और इन्हीं के किनारे मौर्यों की समृद्ध बस्तियाँ थीं। अब भी इन नदियों के किनारे राजधानी के अतिरिक्त मीठाबेल, नाथनगर, रुद्रपुर, दीनापार, मदनपुर, बराँवसमोगर, महेन, कपरवार, बरहज आदि में प्राचीन नगरों के ध्वंसावशेष हैं।

कुशीनगर और पावा के मल्ल

बौद्ध साहित्य के पढ़ने से यह पता लगता कि मल्ल लोग कहाँ से, कब और कैसे गोरखपुर जनपद में आकर बसे। महापरिनिब्बाणंसुत्त[44] में मल्लों को वासिष्ठ (वसिष्ठगोत्री) कहा गया है। भगवान बुद्ध ने अपने निर्वाण के पूर्व आनंद के द्वारा मल्लों के पास यह संदेश भेजा—"वासिष्ठो आज रात के पिछले पहर तथागत का परिनिर्वाण होगा। चलो वासिष्ठो : चलो वासिष्ठो पीछे शोक न करना कि—'हमारे ग्राम क्षेत्र में तथागत का परिनिर्वाण हुआ, किंतु हम अंतिम काल में तथागत के दर्शन न कर सके।'" इस अवतरण से इतना तो मालूम होता है कि मल्लों के गोत्र-ऋषि वसिष्ठ थे और यह भी विदित है कि अयोध्या के सूर्यवंशी क्षत्रियों के भी गोत्र ऋषि वसिष्ठ थे। अतः मल्लों और अयोध्या के सूर्यवंशियों से स्पष्ट संबंध दिखायी पड़ता है। मल्लों की उत्पत्ति के बारे में परिनिब्बाणसुत[45] से भी साफ उल्लेख दिव्यावदान[46] नामक अन्य बौद्ध ग्रंथ में है। इसमें इक्ष्वाकु से उत्पन्न नौ क्षत्रिय कुल बतलाए गए हैं—(1) मल्ल (2) जनक (3) विदेह (4) कोलिय (5) मौर्य (6) लिच्छवि (7) ज्ञात्रि (8) वज्जि और (9) शाक्य। इस स्थल पर मल्ल स्पष्ट इक्ष्वाकुवंशी (सूर्यवंशी) कहे गए हैं।

किंतु मल्ल लोग मल्ल क्यों कहलाए और कब गोरखपुर जनपद में आकर बसे इसका उल्लेख वाल्मीकि-रामायण[47] में है। इसके अनुसार भगवान राम ने लक्ष्मण के छोटे पुत्र चंद्रकेतु को कारूपथ (बस्ती का पूर्वोत्तर भाग और गोरखपुर का पश्चिमोत्तर भाग) का पूर्वी

भाग राज्य करने को दिया। चंद्रकेतु की उपाधि मल्ल थी, इसलिए जिस प्रदेश में ये बसे वह मल्लभूमि या मल्लराष्ट्र कहलाया। इसी प्रांत में चंद्रकांता नाम की सुंदर नगरी बसाई गई।

चंद्रकेतोश्च मल्लस्य मल्लभूम्याँ निवेशिता।
चंद्रकांतेति विख्याता दिव्यास्वर्गपुरी यथा॥ उत्तर. 102-9

वाल्मीकि रामायण के इस प्रमाण के बाद मल्लों की उत्पत्ति और वंश के संबंध में मतमतान्तर के लिए कोई स्थान नहीं रह जाता।

मल्लों की मूल राजधानी चंद्रकांता कारूपथ के पूर्वी भाग में बसाई गई थी। किंतु आज उसकी स्थिति बताना प्राय: असंभव है। 'ऐसा जान पड़ता है कि चंद्रकांता बहुत दिनों तक राजधानी नहीं रही। मल्लों ने अपनी राजधानी कुशावती (वर्तमान कुशीनगर) को बनाया। यह कुशावती नगर भगवान राम के पुत्र कुश के लिए बसाई गई थी और बड़ी सुंदर तथा समृद्धिवती थी। कुश ने यहीं से कुछ दिनों तक कोसल का राज्य भी किया।[48] किंतु अयोध्यावासियों के आग्रह से उनको कुशावती छोड़कर अयोध्या जाना पड़ा। कुश के छोटे भाई लव शरावती (यह नगरी कुशावती के पूर्व में थी) छोड़कर श्रावस्ती चले गए। इसके बाद कुशावती और शरावती दोनों नगरियाँ चंद्रकेतु के वंशज मल्लों के अधिकार में चली गईं। मल्लों ने कुशावती को कब राजधानी बनाया, यह बतलाना कठिन है, किंतु यह परिवर्तन बौद्ध काल के बहुत पहले हो चुका था।

कुशीनगर की स्थिति तो आज बिलकुल निश्चित हो चुकी है। जहाँ पर इस समय कसया के पास परिनिर्वाणस्तूप और परिनिर्वाण-चैत्य है, वहीं शालवन उपवत्तन था जिसमें भगवान बुद्ध का निर्वाण हुआ था और जिसकी स्मृति में उपर्युक्त धार्मिक इमारतें बनी थीं। यह बात वहाँ खुदाई के समय मिली हुई मुद्राओं पर उत्कीर्ण निम्नलिखित लेखों से स्पष्ट है[49]—

(1) श्री महापरिनिर्वाण बिहारे भिक्षु संघस्य (श्री महापरिनिर्वाण बिहार में रहनेवाले भिक्षु संघ की मुद्रा)।

(2) श्री महापरिनिर्वाणबिहारी आर्य भिक्षु संघस्य (श्री महापरिनिर्वाणबिहार वाले आर्य भिक्षु संघ की मुद्रा)।

(3) कुस नगर (कुशीनगर)।

प्रश्न यह है कि कुशीनगर की स्थिति कहाँ है? ह्वेनसांग (चीनी यात्री) ने अपने यात्रा वर्णन में लिखा है—"मैं कुशीनगर से उत्तर-पश्चिम की दिशा में 3 अथवा 4 मील चलकर अजित नदी के पश्चिमी तट पर शालवन-उपवत्तन में पहुँचा। इस वर्णन के अनुसार कुशीनगर (राजधानी) शालवन-उपवत्तन से दक्षिण-पूर्व दिशा में होनी चाहिए। सब बातों

को ध्यान में रखते हुए अनुरूधता नामक गाँव, जहाँ पर प्राचीन नगर के ध्वंसावशेष अब भी दिखायी पड़ते हैं, कुशीनगर के स्थान पर है।"

पूछा जा सकता है कि कुशीनगर और कसबे के नाम बदलकर क्रमश: अनुरूधवा और कसया कैसे हो गए। इसका उत्तर बड़ा सरल है। मल्लराष्ट्र के पतन के बाद कुशीनगर का राजनैतिक महत्त्व जाता रहा और इसकी धार्मिक प्रतिष्ठा केवल शेष रही। इसलिए बौद्ध संत-महात्माओं के नाम के ऊपर इन स्थानों के नाम पड़े। अट्ठकथा में लिखा हुआ है कि भगवान बुद्ध के निर्वाण के पश्चात् उनके पट्ट शिष्य आनंद भिक्षुसंघ के साथ राजगृह चले गए किंतु मल्लों को सान्त्वना देने के लिए उनके दूसरे शिष्य अनिरुद्ध कुशीनगर में कई दिनों तक रुके रहे। अत: उन्हीं के नाम पर आगे चलकर कुशीनगर का नाम श्रद्धालु जनता में अनिरुद्धपुर पड़ा जो बिगड़ते-बिगड़ते अनुरुधवा हो गया। कसया उस स्थान का नाम पड़ा जहाँ पर महाकाश्यप ने पावानगर से कुशीनगर आते समय दोपहर को विश्राम किया था। काश्यप का ही विकृत रूप कसया है।

पावा

इस नगरी का बुद्धपूर्व कोई संकेत नहीं मिलता। बौद्ध ग्रंथ परिनिर्वाणसुत्त में लिखा हुआ है कि अपने निर्वाण के पूर्व जब भगवान बुद्ध वैशाली (मुजफ्फरपुर जिले का वर्तमान बसाढ़) से कुशीनगर आ रहे थे तो उनका अंतिम पड़ाव पावा नगर में पड़ा। यहाँ पर उन्होंने चुंद कम्मार के घर पर उसका आतिथ्य स्वीकार किया। लंका के बौद्ध ग्रंथ दीपवंश और महावंश के अनुसार कुसीनगर से 12 मील दूर गंडकी नदी की ओर पावा नगरी स्थित थी। इससे यह स्पष्ट है कि पावा कुशीनगर से पूर्व अथवा पूर्व-दक्षिण दिशा में (उस दिशा में वैशाली से कुशीनगर तक आनेवाली सड़क पर) स्थित थी। दीपवंश और महावंश में यह भी लिखा हुआ है कि पावा और कुशीनगर के बीच गंडकी के अतिरिक्त एक और छोटी नदी ककुत्था थी जिसके किनारे भगवान बुद्ध ने ठहर कर जलपान किया था। संभवत: यह वर्तमान घाघी नदी है।

भगवान बुद्ध के मार्ग और दिशा का ध्यान रखते हुए कार्लायल ने आधुनिक फाजिलनगर अथवा चेतिगाँव (चैत्य गाँव) के टीलों को प्राचीन पावा नगरी के भग्नावशेष ठहराया था।[50] यहाँ पर प्राचीन नगर और धार्मिक इमारतों के प्रचुर चिह्न हैं और कुशीनगर से इसकी दूरी और दिशा दोनों ठीक हैं, अत: कार्लायल का निश्चय बहुत ही युक्तिसंगत जान पड़ता है।

कार्लायल के पहले कनिंगहम ने वर्तमान पडरौना को पावा नगरी के स्थान पर बतलाया था।[51] किंतु इस मत के विरुद्ध दो बड़ी आपत्तियाँ हैं। एक तो यह वैशाली और कुशीनगर के बीच वाली सड़क पर नहीं है। यह संभव नहीं जान पड़ता कि भगवान बुद्ध और उनके पीछे काश्यप वैशाली और राजगृह से कुशीनगर आने के लिए 13-14 मील उत्तर-उत्तर-पूर्व जाकर वहाँ लौटे होंगे। दूसरे कुशीनगर से पडरौना की राही दूरी (सीधी दूरी नहीं) बौद्ध ग्रंथों में बतलाई दूरी से अधिक है। पपउर (रामकोला स्टेशन के पास) को पावा ठहराने के संबंध में भी ये ही आपत्तियाँ हैं और दोनों में ध्वनिसाम्य के अतिरिक्त और कोई सादृश्य नहीं है।

मल्ल राष्ट्र का विस्तार

मल्ल राष्ट्र के पश्चिमोत्तर में शाक्य, पश्चिम में कोलिय, दक्षिण में मौर्य तथा पूर्व में वज्जि राष्ट्र थे। और दिशाओं में मल्ल राष्ट्र की सीमा निर्धारित करना कठिन है, किंतु पूर्वी सीमा प्रायः निश्चित है। मल्ल और वज्जि राष्ट्र के बीच सदानीरा (नारायणी अथवा बड़ी गंडक) बहती थी। मल्ल राष्ट्र में गोरखपुर-जनपद सम्मिलित थे। दक्षिण में सरयू के दाहिने तट का कुछ प्रदेश भी इसमें शामिल था। गोरखपुर जनपद के गणतंत्रों में विस्तार की दृष्टि से यह सबसे बड़ा और सबसे अधिक प्रभावशाली था।[52]

भगवान बुद्ध और बौद्ध धर्म

बौद्ध धर्म के प्रवर्तक भगवान बुद्ध का जन्म शाक्य गणतंत्र में हुआ था। इनके पिता शुद्धोदन शाक्यों के गणमुख्य (सभापति) थे। इनकी माता मायावती देवदह (वर्तमान महराजगंज जिले के निचलौल स्थान के पास) के शाक्य कुल के प्रमुख अंजन की कन्या थीं। जब भगवान बुद्ध गर्भ में आए और प्रसव का समय निकट आ गया तब मायावती ने शुद्धोदन से अपने मायके देवदह जाने की इच्छा प्रकट की। जब वे देवदह जा रही थीं, मार्ग में ही कपिलवस्तु और देवदह के बीच लुंबिनी वन में उनको प्रसवपीड़ा हुई। जब वे प्रसवपीड़ा से व्याकुल होकर शालवृक्ष की शाखा पकड़कर खड़ी थीं यहीं पर भगवान बुद्ध का जन्म हुआ। यह स्थान नौतनवाँ स्टेशन (अवध तिरहुत रेलवे) से लगभग आठ मील पश्चिम है। यहाँ पर सम्राट अशोक तीर्थ यात्रा करने आए थे और भगवान बुद्ध की जन्मस्मृति में एक प्रस्तरस्तंभ खड़ा किया जिस पर लिखा है—'हिंद बुधे जाते

साक्यमुनीति' अर्थात् यहाँ शाक्यमुनि बुद्ध जन्म लिए थे। भगवान बुद्ध का जन्म विक्रम संवत् से 566 वर्ष पूर्व हुआ था।

जन्म के सात दिन पश्चात् मायावती का देहान्त हो गया और इसके अनन्तर भगवान बुद्ध की मौसी तथा विमाता प्रजापती ने उनका पालन-पोषण किया।[53] भगवान बुद्ध का लड़कपन का नाम सिद्धार्थ और सर्वार्थसिद्ध था। पिता ने इनकी शिक्षा का समुचित व्यवस्था की और उनका लालन-पालन बड़े सुख और विलास में हुआ।[54] फिर भी ये बाल्यावस्था से ही चिंतनशील थे और संसार की घटनाओं का इनके ऊपर गंभीर प्रभाव पड़ता था। जन्म, मृत्यु, जरा, व्याधि, शोक तथा अशौच के दृश्य इनके जीवन को व्याकुल बना देते थे।[55]

जब कुमार सिद्धार्थ युवा हुए तो इनके पिता ने अत्यंत रूपवती कन्या यशोधरा से इनका विवाह कर दिया। यद्यपि पारिवारिक जीवन में सभी प्रकार का सुख इनको प्राप्त था, फिर भी इनका मानसिक शांति नहीं मिलती थी। कई वर्षों के सुखमय दांपत्य जीवन के पश्चात् सिद्धार्थ पुत्ररत्न की प्राप्ति हुई, परिवार के अन्य सभी लोग प्रसन्न हुए, किंतु सिद्धार्थ ने कहा, "सांसारिक शृंखला की एक कड़ी और आज गढ़ी गई।" पुत्र का नाम राहुल (राहु के समान ग्रसनेवाला) रखा गया। धीरे-धीरे वैराग्य और संसार-त्याग का विचार सिद्धार्थ में दृढ़ होता गया। उनकी अवस्था उनतीस वर्ष की हो गई। एक दिन उन्होंने सत्य और शांत की खोज में पारिवारिक बंधन छोड़ने का निश्चय कर लिया। रात के समय शयनागार में अपनी पत्नी यशोधरा, पुत्र राहुल तथा अन्य नृत्य-ललनाओं और दासियों को सोती छोड़कर अपने घोड़े कंथक पर सवार हो सारथी छंदक के साथ घर को छोड़ कपिलवस्तु से बाहर निकल गए। इस घटना को 'महाभिनिष्क्रमण' कहते हैं।

कपिलवस्तु से प्रस्थान कर शाक्य और कोलिय राज्यों से होते हुए उन्होंने अनोमा (आजकल की आमी नदी) पार किया। मनियों के अनुमौनेय नगर में पहुँचे। वहाँ पर उन्होंने अपना अश्व, आभूषण, वस्त्रादि अपने सारथी के हाथ वापस कर दिये और अपने राजसी बाल कृपाण से काटकर परिव्राजक के पीले वस्त्र पहन लिए।[56]

अपनी ज्ञान-पिपासा तृप्त करने के लिए उन्होंने अपने समय के प्रसिद्ध विद्वानों तथा आचार्यों से भेंट की। मगध की प्रसिद्ध राजधानी राजगृह में उन्होंने प्रसिद्ध पंडित आलार तथा उद्रक का शिष्यत्व ग्रहण किया। किंतु केवल शास्त्र पढ़ने और दार्शनिक शास्त्रार्थों से उनको आंतरिक शांति नहीं मिली। अत: वास्तविक बोध के लिए उन्होंने दूसरे उपाय का अवलंबन करना आवश्यक समझा।

सिद्धार्थ ने समझा कि तपस्या से शरीर तथा इंद्रियों के शिथिल कर देने से संभवतः ज्ञान की प्राप्ति हो जाएगी। इस विश्वास से उन्होंने घोर तप करने का निश्चय किया। पाँच और साधकों ने इनका साथ दिया। मगध के वनों में उरूवेला नामक स्थान पर कठिन तपस्या प्रारंभ हुई। सिद्धार्थ का शरीर क्रमशः क्षीण होने लगा। छह वर्ष के तप के पश्चात् वे केवल अस्थिपंजरमात्र रह गए। किंतु इस तपस्या से भी सिद्धार्थ को कोई लाभ नहीं दिखायी पड़ा। उन्होंने अनुभव किया कि शरीर के दुर्बल होने से मन तथा बुद्धि भी दुर्बल और गंभीर चिंतन में असमर्थ हो रहे थे। अतः उन्होंने तपस्या का मार्ग भी छोड़ दिया और अन्न ग्रहण करने का निश्चय किया। इस पर उनके साथियों ने समझा कि वे अपने पथ से भ्रष्ट हो गए और सुखवाद का अवलंबन किया। किंतु सिद्धार्थ अपने निश्चय पर दृढ़ रहे और मध्यम मार्ग को ही अपनाया।

उरूवेला में निरंजना (वर्तमान फल्गु नदी) के किनारे जब सिद्धार्थ भोजन के इच्छुक हो घूम रहे थे तब उस प्रदेश में आई हुई सेनानी की कन्या सुजाता ने सिद्धार्थ को खीर अर्पित की। एक दिन अश्वत्थ वृक्ष (आगे चलकर बोधि-वृक्ष) के नीचे तृण के आसन पर बैठे हुए सिद्धार्थ जीवन के गंभीर प्रश्नों पर विचार कर रहे थे। उनको ऐसा भान हुआ कि उनको सत्य का साक्षात्कार हो गया। उन्होंने अपने को सम्यक् संबुद्ध समझा। इस घटना को बोधि (ज्ञान) कहते हैं। इसके पश्चात् सिद्धार्थ 'बुद्ध' कहलाने लगे।

भगवान बुद्ध ने अपने ज्ञान को कृपण के धन की भाँति गुप्त नहीं रखा। उन्होंने इसका प्रचार कर संसार को दुःख से त्राण देने का निश्चय किया। वे अपने प्रचार-कार्य को काशी (जो उस समय भी विद्या और धर्म की राजधानी थी) से प्रारंभ करना चाहते थे। बुद्ध काशी के पास ऋषिपत्तन अथवा मृगदाव (आजकल का सारनाथ) में पधारे। यहाँ पर उनके तपस्या के पाँचों साथी उनको छोड़कर पहले आ गए थे। उन्होंने बुद्ध को आते हुए देखा किंतु उन्होंने निश्चय किया कि पथभ्रष्ट सिद्धार्थ का वे समादर करने न उठेंगे। किंतु अमिताभ बुद्ध के निकट आने पर वे अपने निश्चय पर स्थिर न रह सके। उन्होंने उठकर बुद्ध का आदर कर उनका शिष्यत्व ग्रहण किया। भगवान बुद्ध ने सबसे पहले इन्हीं पाँच शिष्यों को सत्य (जिसको बौद्ध साहित्य में चार आर्य सत्य—दुःख, समुदाय, निरोध और मार्ग कहते हैं।) का उपदेश दिया। इस घटना को 'धर्मचक्र-प्रवर्तन' कहते हैं। इसके पश्चात् काशी के अन्य लोग भी उनके शिष्य हुए जिनमें श्रेष्ठिपुत्र यश प्रधान था। उसके परिवार के लोग भी बुद्ध के उपासक (गृहस्थ अनुयायी) हो गए। सब मिलाकर साठ शिष्यों का प्रथम 'बौद्ध संघ' बना। संसार के इतिहास का यह सर्वप्रथम धार्मिक संघ था जिसने संघटित रूप से धर्म के प्रचार का निश्चय किया।[57]

जीवन के शेष पैंतालीस वर्ष भगवान बुद्ध ने भारतवर्ष में अपने धर्म का प्रचार किया। इस प्रचार कार्य में गोरखपुर जनपद से उनका विशेष संबंध रहा। उनका विशेष कार्यक्षेत्र पूर्व में वज्जियों की राजधानी वैशाली तथा मगध की राजधानी राजगृह से लेकर पश्चिम में कोसल की राजधानी श्रावस्ती तक था। गोरखपुर-जनपद इसके केंद्र में पड़ता था। अत: भगवान् बुद्ध ने इसके सभी भागों तथा नगरों—प्राय: इसके पग-पग को अपने दर्शन से पवित्र किया था।

1. मगध में बौद्ध धर्म का प्रचार करने के पश्चात् भगवान बुद्ध अपनी जन्मभूमि कपिलवस्तु में अपने बंधु-बांधवों को अपने धर्म का उपदेश देने के लिए गए। कपिलवस्तु-यात्रा का जो वर्णन बौद्ध साहित्य में मिलता है वह संक्षेप में इस प्रकार है[58]—

"जब भगवान् बुद्ध राजगृह के वेणुवन में बिहार कर रहे थे तब उनके पिता शुद्धोदन ने सोचा—मेरा पुत्र छह वर्ष की कठिन तपस्या के पश्चात् बुद्धत्व को प्राप्त कर धर्मचक्र का प्रवर्तन कर इस समय वेणुवन में बिहार कर रहा है। उन्होंने अपने एक अमात्य (राजपुरुष) को बुलाकर कहा, भद्र मेरी आज्ञा से एक हजार पुरुषों के साथ राजगृह जाओ और—तुम्हारे पिता शुद्धोदन तुमको देखना चाहते हैं, यह कहकर मेरे पुत्र को बुला लाओ। कई एक अमात्य राजगृह गए किंतु जो कोई भी वहाँ जाता था वह बुद्ध के उपदेश से मुग्ध हो उनका शिष्य बन जाता और वहीं रह जाता था। अंत में शुद्धोदन ने हताश होकर सभी राजपुरुषों पर दृष्टि डालते हुए उदायी की ओर देखा। वह राजा का सर्व-अंतरंग, विश्वासपात्र, सर्वार्थसाधक अमात्य था तथा जिस दिन बुद्ध का जन्म हुआ था उसी दिन उत्पन्न और एक ही साथ खेला था। उसको राजा ने राजगृह भेजा। वह भी वहाँ जाकर प्रव्रजित हो गया, किंतु अपने उद्देश्य में दृढ़ संकल्प रहा। उसने अपने आचरण, सेवा तथा प्रेम से बुद्ध को कपिलवस्तु आने के लिए तैयार किया।"

भगवान बुद्ध अंग मगध के दस हजार कुलपुत्रों, और दस हजार कपिलवस्तु के प्रव्रजित निवासी सब बीस हजार निष्पाप भिक्षुओं के साथ राजगृह से धीरे-धीरे चारिका करते हुए कपिलवस्तु पहुँचे। शाक्यों ने भगवान् बुद्ध को ठहराने के लिए न्यग्रोधाराम नामक उपवन चुना। स्वागत के लिए हाथ में गंध, पुष्पादि ले आगे-आगे नगर के छोटे लड़के तथा लड़कियाँ चलीं, और उनके पीछे राजकुमार तथा राजकुमारियाँ। भगवान बुद्ध आदरपूर्वक न्यग्रोधाराम लाए गए और वहाँ स्थापित बुद्धासन पर विराजे। यहाँ से दूसरे दिन भिक्षु जीवन के नियमानुसार बुद्ध नगर में भिक्षाचरण करने निकले। इस दृश्य को देखने के लिए नगर के सभी लोग चकित हो दुतल्ले, तितल्ले पर खिड़कियाँ खोलकर देखने लगे। राहुल-माता यशोधरा ने सोचा—आर्य पुत्र इसी नगर में राजाओं के ठाट-बाट से सोने की

पालकी आदि में सवार हो घूमते थे। आज इसी नगर में 'शिर-दाढ़ी मुड़ा, काषाय वस्त्र पहन हाथ में कपाल लेकर भिक्षाचर कर रहे हैं, क्या यह शोभा दे रहा है? ऐसा सोचते हुए वह शुद्धोधन के पास दौड़ी गई और बोली, "आपका पुत्र भिक्षाचार कर रहा है।" राजा शुद्धोदन घबड़ाये हुए बाहर आए और बुद्ध के पास पहुँचकर बोले—"भन्ते! हमें क्यों लज्जित कर रहे हो? किसलिए भिक्षाचरण करते हो? क्या इतने भिक्षुओं को मैं भोजन नहीं करा सकता?" बुद्ध ने उत्तर दिया, "महाराज! यह मेरे (बुद्ध) वंश की परंपरा है।" शुद्धोदन ने प्रत्युत्तर देते हुए कहा—"भन्ते, हम लोगों का वंश तो महासम्मत (=मनु) का क्षत्रिय वंश है। एक क्षत्रिय भी तो कभी भिक्षाचारी नहीं हुआ।"

राजा शुद्धोदन भगवान् बुद्ध को उनकी परिषद् सहित अपने राजप्रासाद में ले गए और उत्तम खाद्य भोजन कराये। भगवान बुद्ध कई दिन तक कपिलवस्तु में ठहरे और धर्म का उपदेश किए। तीसरे दिन उनके सौतेले भाई नंद, जिनका उसी दिन अभिषेक, गृहप्रवेश और विवाह था, भगवान् बुद्ध से प्रभावित हो प्रव्रजित हुए। सातवें दिन उनके पुत्र राहुल ने भी प्रव्रज्या लेकर काषाय वस्त्र धारण किये। अपने आत्मीयों के विछोह से व्याकुल होकर राजा शुद्धोदन ने भगवान् बुद्ध के पास आकर कहा :

"भगवान के प्रव्रजित होने पर मुझे बहुत दुःख हुआ था, वैसे ही नंद के प्रव्रजित होने पर भी। राहुल के प्रव्रजित होने पर अत्यधिक। भन्ते!, पुत्र-प्रेम मेरी त्वचा छेद रहा है। त्वचा छेदकर चमड़े को छेद रहा है। चमड़े को छेदकर मांस को छेद रहा है। मांस छेदकर नस छेद रहा है। नस को छेद कर हड्डी को छेद रहा है। हड्डी को छेदकर घायल कर दिया है। अच्छा हो, भन्ते! आर्य (=भिक्षुलोग) माता-पिता की अनुज्ञा के बिना किसी को प्रव्रजित न करें।"

राजा शुद्धोदन की बात बुद्ध ने मान ली और भिक्षुओं को संबोधित करके कहा—"भिक्षुओं! माता-पिता की अनुज्ञा के बिना पुत्र को प्रव्रजित नहीं करना चाहिए। जो प्रव्रजित करे, उसे कुक्कट का दोष है।"

भगवान बुद्ध और भी दूसरे अवसरों पर शाक्य प्रदेश और कपिलवस्तु में गए थे, जैसे एक बार जब महा प्रजापति गौतमी (उनकी मौसी तथा विमाता) ने उनको ऊनी चादरों का जोड़ा अर्पित करना चाहा और दूसरी बार अपने तथा अन्य स्त्रियों के प्रव्रज्या लेने का उनके सामने प्रस्ताव किया। तीसरी बार भगवान् बुद्ध ने वहाँ आकर महानाम नामक शाक्य को 'दुःखस्कंध सूत्र' सुनाया। चौथी बार भी वहाँ पधारकर उसी शाक्य प्रमुख को महानामसूत्र का उपदेश किया। एक और भी अवसर पर बुद्ध के कपिलवस्तु में होने का उल्लेख है जब कोसलराज प्रसेनजित वहाँ पर आए हुए थे। शाक्य राष्ट्र के

देवदह नामक नगर (बुद्ध की ननिहाल) में भी भगवान बुद्ध का आना-जाना था। वहाँ पर उन्होंने देवदहसूत्र का प्रवचन किया था।

2. कोलिय राष्ट्र शाक्य राष्ट्र के पास होने के कारण भगवान बुद्ध की चारिका और उपदेश वहाँ अवश्य ही होते रहे होंगे, यद्यपि उनका पर्याप्त उल्लेख बौद्ध-साहित्य में नहीं मिलता है। अपने महाभिनिष्क्रमण के समय इस राष्ट्र से होकर वे आगे बढ़े। दूसरा अवसर, जिसका उल्लेख मिलता है, वह था जब शाक्य और कोलिय रोहिणी नदी के जल के लिए आपस में युद्ध करने जा रहे थे। वह कथा संक्षेप में इस प्रकार है[59] :

"शाक्य और कोलिय दोनों राष्ट्रों के बीच की रोहिणी नदी को एक ही बाँध से बाँधकर खेती करते थे। एक बार जेठ के महीने में खेती को सूखती देखकर दोनों राष्ट्रों के कृषक एकत्रित हुए। पहले कोलियों ने कहा—'यह पानी दोनों तरफ बाँट देने पर न तुम्हारा ही काम पूरा होगा और न हमारा ही। हमारी खेती एक पानी से पूरी हो जाएगी। यह पानी मुझको दे दो।' शाक्यों ने उत्तर दिया—'तुम्हें कोठियाँ भर कर खड़े देख, रत्न, सुवर्ण, नीलमणि, काले, कार्षापण लेकर पच्छि (टोकरे), पसिब्बक (बोरा) आदि लेकर तुम्हारे द्वारों पर हम नहीं घूमेंगे। हमारी भी खेती एक पानी से ही हो जाएगी। यह पानी हम को दे दो।' इस प्रकार की बात बढ़ती गई। पहले कृषकों में हाथा-पाई हुई। फिर राजकुल भी संघर्ष में सम्मिलित हुआ। अंत में शाक्य और कोलिय दोनों ही सेना सजाकर युद्ध के लिए निकले।

"भगवान बुद्ध भी उसी अवसर पर घूमते हुए प्रात:काल रोहणी नदी के किनारे पहुँचे। जातिवालों ने उनको देख, अपने हथियार डाल, वंदना की। बुद्ध ने पूछा—'किस बात का कलह है महाराजो?' सैनिकों ने उत्तर दिया—'हम नहीं जानते।' भगवान ने फिर प्रश्न किया—'कौन जानता है?' उत्तर मिला—'सेनापति जानते हैं।' सेनापति को भी कलह का कारण नहीं मालूम था। अत: उन्होंने कहा—'उपराजा जानते हैं।' इस तरह अंत में कृषकों से पूछने पर मालूम हुआ कि युद्ध का कारण रोहिणी नदी का पानी है।

"बुद्ध—'महाराजो! पानी का क्या मूल्य है?'

"सैनिक—'भन्ते कुछ नहीं।'

"बुद्ध—'क्षत्रियों का क्या मूल्य है?'

"सैनिक—'भन्ते क्षत्रिय अमूल्य हैं।'

"बुद्ध—'तुम लोगो को बेमोल पानी के लिए क्षत्रियों का नाश नहीं करना चाहिए।'

"सैनिक—'(चुप)'

"बुद्ध—'हम बैरियों में अवैरी हो बहुत सुख से जीते हैं। वैरी मनुष्यों में हम अवैरी

ही बिहरते हैं।'"

3. मौर्यों के साथ भगवान् बुद्ध के संपर्क का पूरा विवरण नहीं मिलता है। मौर्यों का राष्ट्र गोरखपुर जनपद के मध्य में था और इसमें कई एक समृद्ध नगर थे। अतः यह संभव नहीं जान पड़ता कि भगवान् बुद्ध और उनका संघ इस राष्ट्र में चारिका तथा उपदेश के लिए नहीं आया। मौर्यों का भगवान बुद्ध के साथ रक्तसंबंध और उनके प्रति भक्ति का स्पष्ट संकेत परिनिर्वाण-सुत्त से मिलता है। परिनिर्वाण के पश्चात् भगवान् बुद्ध के शरीर के भस्मावशेष में भाग पाने के लिए उत्तर भारत के प्रायः गणतंत्रों और कतिपय राजाओं ने दावा किया। उनमें से मौर्यों ने मल्लों के पास अपना दावा इस प्रकार से भेजा[60] :

> *"अस्सो सुं खो पिप्पलिवनिया मोरिया—'भगवा किर कुसिनारायं परिनिब्बुतो' ति। अथ खो पिप्पलिवनिया मोरिया कोसिनारकानं मल्लनं दूतं पाहेसुं—भगवापि खत्तियो मयम्पि खत्तिया। मयम्पि अरहाम भगवतो सरीरानं भागं।"*

(पिप्पलिवन के मौर्यों ने सुना कि भगवान् बुद्ध कुशीनगर में परिनिर्वाण को प्राप्त हुए हैं। तब उन्होंने कुशीनगर के मल्लों के पास इस संदेश के साथ दूत भेजा—'भगवान भी क्षत्रिय थे, हम भी क्षत्रिय हैं। भगवान् के शरीर का भाग पाने के हम भी अधिकारी हैं।'

संयोग से यह संदेश कुशीनगर में देर से पहुँचा। इसके पहले ही द्रोण नामक ब्राह्मण ने भगवान बुद्ध के शरीर के आठ भाग करके आठ दावेदारों में बाँट दिये थे। चिता के केवल अंगार (कोयले) शेष थे। मौर्यों ने उन कोयलों से ही संतोष किया। वे आदरपूर्वक अंगारों को पिप्पलीवन ले गए। कोयलों के ऊपर उन्होंने अंगार-स्तूप बनवाया और उसकी पूजा की। इस स्तूप को राजधानी के आस-पास के टीलों ने अपने गर्भ में छिपा रखा है।

4. मल्ल-राष्ट्र के साथ भगवान् बुद्ध का बड़ा घनिष्ठ संबंध था। वैशाली (मुजफ्फरपुर जिले में बसाढ़) और श्रावस्ती (गोंडा तथा बहराइच की सीमा पर सहेत-महेत) के बीच यह पड़ता था और गोरखपुर जनपद का सबसे बड़ा तथा साधनसंपन्न राष्ट्र था। अतः भगवान् बुद्ध प्रायः इसके बीच से आया-जाया करते थे।[2]

राजगृह से प्रथम बार कपिलवस्तु जाते समय मल्लराष्ट्र होकर भगवान् बुद्ध गए। किंतु ऐसा जान पड़ता है कि विशेष रूप से वे कहीं ठहरे नहीं। कपिलवस्तु से लौटते हुए वे मल्लराष्ट्र के अनूपिया नामक नगर में ठहरे। इसका वर्णन बौद्ध साहित्य में इस प्रकार दिया हुआ है।[61]

अपने पुत्र राहुल को प्रव्रजित कर भगवान् बुद्ध थोड़े ही समय में कपिलवस्तु से मल्ल देश में चारिका करते अनुपिया के आम्रवन में पहुँचे। एक समय भगवान् मल्लों

के निगम (नगर) अनूपिया में विहार कर रहे थे। उस समय बहुत से शाक्य राजकुमार भगवान् बुद्ध के उपदेशों से प्रभावित हो भिक्षु बन चुके थे। महानाम नामक शाक्य ने सोचा—'मेरे परिवार में अभी तक कोई घरबार छोड़कर प्रव्रजित नहीं हुआ। वह अपने छोटे भाई अनिरुद्ध के पास आया और अपना अभिप्राय कह सुनाया। अनिरुद्ध ने उत्तर दिया—'मैं सुकुमार हूँ। घर छोड़कर भिक्षु नहीं बन सकता। तुम्हीं प्रव्रजित हो जाओ।' महानाम ने कहा—'अच्छा मैं तुमको काम-धंधा समझा दूँ। अमुक-अमुक काम इस प्रकार करना।' अनिरुद्ध ने पूछा—'काम कब समाप्त होंगे? क्या इन कामों का अंत भी होगा? कब हम इन कामों से निश्चिंत होकर अनेक प्रकार के भोगों को भोगेंगे? कब स्वतंत्र होकर विचरण करेंगे?' महानाम ने गंभीर होकर उत्तर दिया :

'भाई अनिरुद्ध! काम कभी समाप्त नहीं होते। कामों का कभी अंत नहीं होता। कामों को समाप्त किए बिना ही हमारे पूर्वजों का अंत हो गया।'

यह सुनकर अनिरुद्ध को बड़ी निराशा हुई और उसने भाई से कहा—'परिवार का भार तुम्हीं सँभालो। हम प्रव्रज्या लेंगे।' इसके बाद अपनी माता के पास वह आज्ञा लेने के लिए गया। माता बोली—'तात अनिरुद्ध! तुम दोनों पुत्र मेरे अत्यंत प्रिय हो। मरने पर भी तुम से अनिच्छुक न होऊँगी। जीते जी प्रव्रज्या लेने की आज्ञा नहीं दे सकती।' अनिरुद्ध के बहुत आग्रह करने पर माता ने पुत्र के रोकने का उपाय सोचते हुए कहा—'तुम्हारा मित्र भद्दिय (भद्र) इस समय शाक्यों का राजा है। यदि वह प्रव्रजित हो तो तुम भी प्रव्रज्या ले लो।' माता समझती थी कि राज्य की ममता छोड़कर भद्दिय प्रव्रजित न होगा। किंतु संन्यास के लिए अनिरुद्ध की आतुरता देखकर वह भी भगवान् बुद्ध से प्रव्रज्या लेने को तैयार हो गया। फिर भद्दिय, अनिरुद्ध, आनंद, भृगु, किम्बिल, देवदत्त और उपाली नापित प्रव्रज्या लेने के लिए भगवान् बुद्ध के पास अनूपिया में पहुँचे।

शाक्य कुमार उपाली नाई को आगे करके उस स्थान पर गए जहाँ भगवान् विहार करते थे। भगवान को वंदना करके एक ओर बैठ गए। बैठते हुए उन्होंने भगवान् से निवेदन किया :

"भन्ते! हम शाक्य अभिमानी होते हैं। यह उपाली नाई चिरकाल तक हमारा सेवक रहा है। इसे भगवान् सबसे पहले प्रव्रजित करावें जिससे कि हम इसका अभिवादन, प्रत्युत्थान् वंदना आदि करें। इस प्रकार हम शाक्यों का शाक्य होने का अभिमान मर्दित होगा।"

कुमारों के इच्छानुसार पहले उपाली प्रव्रजित हुआ। उसके पश्चात् कुमार। तब अनिरुद्ध भद्दिय ने उसी वर्ष के भीतर तीनों विद्याओं का संपादन किया। आयुष्मान अनिरुद्ध ने दिव्यचक्षु को प्राप्त किया। आनंद ने सोतापत्ति फल को। देवदत्त ने पृथग्जनोवाली ऋद्धि

को संपादित किया। फिर सभी प्रव्रजित नवयुवक वासना और तृष्णा से रहित, संसार के दु:खों से मुक्त हो आनंद से मल्लराष्ट्र के अरण्यों में विचरण करने लगे। एक दिन भगवान् बुद्ध ने, शाक्य कुमारों के आनंद पर चकित भिक्षुओं के कहने पर, भद्दिय से उनके आनंद का कारण पूछा। भद्दिय ने उत्तर दिया :

"भन्ते! पहले राजा होने का समय अंत:पुर के भीतर भी मेरे शरीर की रखवाली होती थी। नगर के भीतर भी मेरी रक्षा होती थी। नगर के बाहर भी। देश के भीतर भी। देश के बाहर भी। किंतु भन्ते! इस प्रकार रक्षित गोपित होते हुए भी मैं भीत, उद्विग्न, सशंक और त्रासयुक्त घूमता था। परंतु आज भन्ते! अकेला अरण्य में रहते हुए भी, शून्य गृह में रहते हुए भी निडर, अनुद्विग्न, अशंक अवासयुक्त, निश्चिंत हो विहार करता हूँ।"

वास्तव में प्रव्रज्या लेकर संसार की संपत्ति, ममता, मोह, आसक्ति, क्रोध आदि का त्याग करने से ही कुमारों को यह स्थिति प्राप्त हुई थी।

मल्ल राष्ट्र की दूसरी नगरी पावा थी जहाँ भगवान् बुद्ध प्राय: जाया करते थे। यहाँ पर भगवान् बुद्ध तथा उनके शिष्यों के धर्मोपदेश हुआ करते थे।[62]

ऐसा सुना जाता है कि एक समय पाँच सौ भिक्षुओं के महाभिक्षु-संघ के साथ भगवान बुद्ध मल्ल देश में चारिका करते, जहाँ पावा नामक मल्लों की नगरी है, वहाँ पहुँचे। पावा में भगवान कर्मार-पुत्र चुंद के आम्नवन में विहार करते थे। उस समय पावावासी मल्लों का ऊँचा उब्भटक नामक नया संस्थागार (सभाभवन) बना था। उसमें अभी तक किसी ब्राह्मण, श्रमण अथवा मनुष्य ने वास नहीं किया था। मल्ल लोग भगवान् के आगमन् का समाचार सुनकर उनके पास पहुँचे। अभिवादन करके भगवान् से निवेदन किया :

'भन्ते! यहाँ पावावासी मल्लों का नया ऊँचा उब्भटक नाम का संस्थागार बना है। इसमें किसी ब्राह्मण, श्रमण अथवा मनुष्य ने वास नहीं किया। भन्ते! आप उसका प्रथम परिभोग करें। भगवान् के परिभोग कर लेने पर पावावासी मल्ल उसका परिभोग करेंगे। तब वह पावावासी मल्लों के लिए दीर्घरात्र (चिरकाल) तक हित-सुख के लिए होगा।'

भगवान् ने अपने मौन से इसकी स्वीकृति दी। तब पावा के मल्ल भगवान् की स्वीकृति जानकर, उनका अभिवादन तथा प्रदक्षिणा कर, जहाँ संस्थागार था वहाँ गए। जाकर संस्थागार में सब ओर बिस्तर बिछाकर आसन लगाये, पानी के घड़े रखे, तेल के दीपक आरोपित किए और भगवान् को इसकी सूचना दी। भगवान् भिक्षु-संघ के साथ जहाँ संस्थागार था वहाँ पहुँचे। जाकर पैर प्रक्षालन कर, संस्थागार में प्रवेश कर, पूर्व की ओर मुँह कर, बीच के खम्भे के सहारे से बैठे। भिक्षुसंघ भी पैर पखार, संस्थागार में

प्रवेश कर, पूर्व की ओर मुँहकर पश्चिम की भीत के सहारे भगवान् को आगे कर बैठा। पावावासी मल्ल भी पैर पखार, संस्थागार में प्रवेश कर पश्चिम की ओर मुँह कर पूर्व की भीत के सहारे भगवान् को सामने करके बैठे। तब भगवान् ने पावावासी मल्लों को बहुत रात तक धार्मिक कथा से संदर्शित, समादपित, समुत्तेजित, संप्रशंसित कर विसर्जित किया—

"वाशिष्ठो! रात तुम्हारी बीत गई। अब तुम जिसका काल समझो वैसा करो।" "अच्छा भन्ते..." पावावासी मल्ल आसन से उठ, भगवान् को अभिवादन् कर, प्रदक्षिणा कर चले गए। इसी स्थान पर सारिपुत्र ने भिक्षुसंघ के सामने—संगीति-परियाय-सुत्त का उपदेश किया।

दूसरा उल्लेख भगवान बुद्ध के पावा जाने का उस समय है जब वे अपने परिनिर्वाण के पूर्व वैशाली के कुशीनगर की ओर प्रस्थान कर रहे थे[63] :

तब भगवान महाभिक्षु-संघ के साथ जहाँ पावा थी, वहाँ गए। वहाँ पावा में कर्मार-पुत्र चुंद के आम्नवन में विहार करते थे। चुंद ने सुना—भगवान् पावा में आए हैं, मेरे आम्रवन में विहार कर रहे हैं। जहाँ भगवान थे वहाँ जाकर उनको अभिवादन कर वह एक ओर बैठ गया। भगवान् ने धार्मिक कथा से उसको संदर्शित तथा समुत्तेजित किया। इसके पश्चात् उसने भगवान् से निवेदन किया—भन्ते, भिक्षुसंघ के साथ भगवान् कल मेरे यहाँ भोजन स्वीकार करें। भगवान् ने अपने मौन से इस निमंत्रण को स्वीकार किया।

कर्मार-पुत्र चुंद ने रात बीतने पर उत्तम खाद्य-भोज्य और बहुत सा शूकर-मार्दव तैयार कराया। पूरी तैयारी करने के उपरांत भगवान् को भोजन-काल की सूचना दी। भगवान् पूर्वाह्न समय वस्त्र पहन पात्र चीवर ले भिक्षुसंघ के साथ चुंद के घर गए। वहाँ बिछे आसन पर बैठे। भोजन कर एक ओर बैठ गए। कर्मार-पुत्र चुंद को धार्मिक कथा से समुत्तेजित कर अपने आसन से उठकर चल दिये।

(भगवान् रुग्ण और वृद्ध तो थे ही।) कर्मार-पुत्र चुंद के यहाँ (गरिष्ठ भोजन करने से उनको रक्तातिसार का रोग हो गया। बार-बार रक्त के दस्त आने से उनको मरणान्तक पीड़ा होने लगी। किंतु भगवान् ने स्मृति-संप्रजन्ययुक्त हो, बिना दुःखित हुए उस पीड़ा को सहन किया। उसके बाद उन्होंने कुशीनगर जाने की तैयारी की।

2. कुशीनगर में भगवान बुद्ध के जाने के कई उल्लेख मिलते हैं। वहाँ एक बार जाने का उल्लेख निम्नलिखित प्रकार है[64] :

तब आपण में इच्छानुसार विहार कर भगवान् साढ़े बारह सौ भिक्षुओं के भिक्षुसंघ के साथ कुशीनगर की ओर चारिका के लिए चल दिये। कुशीनगर के मल्लों ने सुना-साढ़े बारह सौ भिक्षुओं के भिक्षुसंघ के साथ भगवान् कुशीनगर आ रहे हैं। उन्होंने (संस्थागार

में) नियम बनाया—जो भगवान् के स्वागत के लिए नहीं जाएँगे उनको पाँच सौ (कर्षापण) का दंड दिया जाएगा। उस समय रोज नामक मल्ल आनंद का मित्र था। भगवान क्रमशः चारिका करते हुए कुशीनगर पहुँचे। कुशीनगर के मल्लों ने भगवान् का प्रत्युद्गमन किया (आगे बढ़कर स्वागत किया)। रोज मल्ल भी भगवान् का प्रत्युद्गमन कर, जहाँ आयुष्मान आनंद थे, वहाँ गया। जाकर भगवान् को अभिवादन कर एक ओर खड़ा हो गया। एक ओर खड़े रोज मल्ल को आयुष्मान आनंद ने कहा—

"आवुस रोज! यह तुम्हारा कृत्य बहुत सुंदर है जो तुमने भगवान् की अगवानी की।"

रोज ने उत्तर दिया :

"भन्ते, मैंने बुद्ध, धर्म, संघ का आदर नहीं किया। किंतु भन्ते जाति के दंड के भय से मैंने भगवान् की अगवानी की।"

इस उत्तर से आयुष्मान आनंद को बड़ा असंतोष हुआ और उन्होंने जाकर भगवान् बुद्ध से कहा—

"भन्ते रोजमल्ल वैभवसंपन्न अभिजात मनुष्य है। इस प्रकार के प्रसिद्ध मनुष्यों का इस धर्मविनय में प्रसाद (श्रद्धज्ञ) होना अच्छा है। अच्छा हो भन्ते भगवान् वैसा करें जिससे रोजमल्ल इस धर्मविनय में प्रसन्न (श्रद्धावान्) होवे।"

यह सुनकर भगवान् रोजमल्ल के प्रति मैत्रीपूर्ण चित्त उत्पन्न कर आसन से उठ विहार में प्रविष्ट हुए। तब रोजमल्ल भगवान के मैत्र चित्त के स्पर्श से, छोटे बछड़े वाली गाय की भाँति एक विहार से दूसरे विहार, एक परिवेश से दूसरे परिवेश में जाकर भिक्षुओं से पूछने लगा-

भन्ते इस समय भगवान् अर्हत् सम्यक्-संबुद्ध कहाँ विहार कर रहे हैं? हम उन भगवान् अर्हत सम्यक संबुद्ध का दर्शन करना चाहते हैं।"

भिक्षुओं ने कहा—

"आवुस रोज यह द्वारबद्ध विहार हैं। निःशब्द हो धीरे-धीरे आलिंद (छज्जा) में प्रवेश कर, खाँस कर जंजीर को खटखटाओ। भगवान् तुम्हारे लिए द्वार खोल देंगे।"

रोज मल्ल वहाँ गया जहाँ द्वारबद्ध विहार था। वहाँ निःशब्द धीरे-धीरे जाकर, आलिंद में घुसकर, खाँसकर जंजीर खटखटाई। भगवान् ने द्वार खोल दिया। तब रोजमल्ल विहार में प्रवेश कर, भगवान् को अभिवादन कर, एक ओर बैठ गया। एक ओर बैठे हुए रोजमल्ल को भगवान् ने आनुपूर्विक (प्रसंगानुकूल) कथा कही। रोजमल्ल को उसी आसन पर विरज विमल धर्मचक्षु उत्पन्न हुआ। उसे ज्ञान हुआ—जो कुछ उत्पन्न होनेवाला है, वह सब नश्वर है। धर्म-दृष्टि को प्राप्त कर रोजमल्ल ने कहा—

"अच्छा हो भन्ते आर्य भिक्षु लोग मेरा ही चीवर (वस्त्र), पिंडपात (भोजन), शयनासन (बिस्तर), ग्लान-प्रत्यय-भेषज्य-परिष्कार (औषध तथा पथ्य) स्वीकार करें, दूसरों का नहीं।"

भगवान् बुद्ध ने रोजमल्ल के अभिमान को स्पर्श करते हुए कहा—

"आवुस रोज, तुम्हारी तरह जिन्होंने अपूर्ण ज्ञान और अपूर्ण दर्शन से धर्म को देखा है उनको ऐसा ही होता है—क्या ही अच्छा हो, आर्य भिक्षु लोग मेरा ही चीवर, पिंडपात, शयनासन आदि ग्रहण करें।" रोजमल्ल निरभिमान हो भगवान का परम भक्त हो गया।

कुशीनगर में दूसरी बार भगवान् बुद्ध अपने परिनिर्वाण के समय गए। बौद्ध साहित्य में इस यात्रा का विवरण इस प्रकार मिलता है[65]:

"आओ आनंद जहाँ कुशीनगर है वहाँ चलो।" अच्छा भन्ते तब भगवान् मार्ग से हटकर एक वृक्ष के नीचे गए। जाकर आयुष्मान आनंद से कहा—"आनंद मेरे लिए चौपेती-संघाटी (बिस्तर) बिछा दो। मैं थक गया हूँ बैठूँगा।" आनंद ने वैसा ही किया और भगवान् आसन पर बैठे। उस समय आलार कालाम नामक आचार्य का शिष्य मल्लपुत्र पुक्कुस ने भगवान को एक वृक्ष के नीचे बैठे देखा। वहाँ जाकर भगवान को अभिवादन कर एक ओर बैठ गया। वह भगवान् की कथा से प्रभावित हो, उनका उपासक बनकर घर को प्रस्थान किया।

इसके पश्चात् भगवान् ने आनंद से कहा—"आनंद! आज रात के अंतिम याम में कुशीनगर के शालवन उपवत्तन में जोड़े शालवृक्षों के नीचे तथागत का निर्वाण होगा। आओ आनंद जहाँ ककुत्था नदी है वहाँ चलें। महाभिक्षु-संघ के साथ भगवान ककुत्था नदी के किनारे पहुँचे। नदी में अवगाहन कर, स्नान कर, पान कर उतर कर आम्रवन में गए और आयुष्मान चुंद से बोले, "चुंदक, मेरे लिए चौपेती-संघाटी बिछा दे। थक गया हूँ, लेटूँगा।" भगवान् ने लेटते हुए आनंद से कहा—

"आनंद संभव है कोई कर्मार-पुत्र चुंद को चिंतित करे और कहे—'आवुस चुंद अलाभ है तुझे जो कि तथागत तुम्हारे पिंडपात को खा परिनिर्वाण को प्राप्त हुए।' आनंद, चुंद की इस चिंता को दूर करते हुए कहना, आवुस लाभ है तुझे जो कि तथागत तुम्हारे यहाँ भोजन कर परिनिर्वाण को प्राप्त हुए। मैंने भगवान् के मुख से यह सुना—यह दो पिंडपात समान महाफलवाले हैं—(1) एक वह जिस पिंडपात को खाकर तथागत अनुत्तर सम्यक संबोधि (बुद्धपद) को प्राप्त हुए अर्थात सुजाता द्वारा अर्पित भोजन (2) दूसरा वह पिंडपात जिसको खाकर तथागत दु:खकारणरहित निर्वाण को प्राप्त हुए।"

इसके अनन्तर भगवान् ने आनंद से कहा—"आओ आनंद जहाँ हिरण्यवती नदी का परला तीर है जहाँ कुशीनगर में मल्लों का शालवन उपवत्तन हैं वहाँ चलें।" वहाँ पहुँचकर आनंद ने भगवान् की आज्ञा से जोड़े शालवृक्षों के नीचे निर्वाणमुद्रा में मंचक (चारपाई) बिछाया। भगवान् दाहिनी करवट सिंह-शय्या से लेटते हुए बोले—

"आनंद श्रद्धालुओं के लिए ये चार स्थान दर्शनीय तथा संवेजनीय (वैराग्योत्पादक) होंगे—(1) लुंबिनीवन जहाँ तथागत उत्पन्न हुए (2) बोधगया जहाँ भगवान् बुद्धत्व को प्राप्त हुए (3) सारनाथ जहाँ तथागत ने अनुत्तर धर्मचक्र का प्रवर्तन किया था और (4) कुशीनगर जहाँ तथागत दुःखकारणरहित निर्वाण को प्राप्त हुए थे। आनंद श्रद्धालु भिक्षु-भिक्षुणियाँ, उपासक-उपासिकाएँ भविष्य में यहाँ यात्रा करने आएँगी।"

भगवान् के निर्वाण को बहुत निकट जानकर जब आनंद बहुत कातर हो रहे थे तब तथागत ने यह उपदेश किया—

"नहीं आनंद! मत शोक करो, मत रोओ, मैंने तो पहले ही कह दिया है—सभी प्रियों से वियोग होता है। जो उत्पन्न है वह अवश्य नाश को प्राप्त होता है। आनंद, तुमने चिरकाल तक हित-सुख अप्रमाण मैत्रीपूर्ण कायिक कर्म से तथागत की सेवा की है। तुम कृत-पूण्य हो। निर्वाण-साधन में लग शीघ्र पापरहित हो निर्वाण को प्राप्त हो।"

जब आनंद ने बुद्ध से कहा कि वे छोटे कुशीनगर नामक नगर को छोड़कर किसी महानगर में निर्वाण को प्राप्त हो तब तथागत बोले—

"आनंद, ऐसा मत कहो। पूर्वकाल में यह कुशीनगर राजा सुदर्शन की कुशावती नामक राजधानी थी।...आनंद कुशीनगर में जाकर मल्लों से कहो—वशिष्ठो आज रात के अंतिम प्रहर तथागत का परिनिर्वाण होगा। चलो वाशिष्ठो, चलो वाशिष्ठो, पीछे शोक मत करना—हमारे ग्रामक्षेत्र में तथागत का परिनिर्वाण हुआ, किंतु हम अंतिम काल में तथागत का दर्शन न कर सके।"

भगवान की आज्ञा पाकर आनंद कुशीनगर में प्रविष्ट हुए। उस समय कुशीनगरवासी मल्ल किसी काम में संस्थागार में एकत्रित हुए थे। आयुष्मान आनंद जहाँ मल्लों का संस्थागार था, वहाँ गए। जाकर भगवान का संदेश कह सुनाया। यह सुनकर मल्ल, मल्लपुत्र, मल्लबधुएँ, मल्लभार्याएँ दुःखित दुर्मना हो शोक और विलाप कर जहाँ शालवन उपवत्तन था वहाँ आए। आनंद ने सोचा—यदि एक-एक मल्ल अलग-अलग वंदना करेगा तो बड़ा विलंब होगा और भगवान बहुतों से अवंदित रह जाएँगे, अतः कुल-क्रम से वंदना कराऊँ। उन्होंने बुद्ध के पास जाकर कहा, भन्ते अमुक मल्ल सपुत्र, सभार्य, सपरिपत् सामात्य, भगवान् के चरणों की वंदना करता है।

उसी समय कुशीनगर में सुभद्र नामक परिव्राजक रहता था। वह भगवान का दर्शन करने आया। तथागत के उपदेश से प्रभावित हो उसने बौद्ध धर्म की प्रव्रज्या (दीक्षा) ली। भगवान् बुद्ध का वह अंतिम शिष्य था।

अनेक धार्मिक विषयों पर उपदेश करते-करते रात के अंतिम पहर में भगवान बुद्ध का परिनिर्वाण हुआ। आयुष्मान अनिरुद्ध ने आनंद से कहा—'जाओ आवुस आनंद कुशीनगर में जाकर कुशीनगर के मल्लों से कहो—वाशिष्ठो भगवान् परिनिर्वाण को प्राप्त हो गए। अब जिसका तुम काल समझो करो। अच्छा भन्ते कहकर आयुष्मान आनंद कुशीनगर में प्रविष्ट हुए। उसी समय कुशीनगर के मल्ल किसी आवश्यक काम से संस्थागार (सभा भवन) में एकत्रित थे। आनंद से उनको भगवान् बुद्ध के परिनिर्वाण का समाचार कह सुनाया।

तब कुशीनगर के मल्ल गंधमाला, वाद्य, वस्त्र आदि के साथ जहाँ भगवान् का शरीर था वहाँ गए। जाकर भगवान् के शरीर को नृत्य, गीत, वाद्य, माला, गंध से सत्कार करते, मानते, पूजते, कपड़े का वितान तानते, मंडप बनाते उस दिन को बिता दिया। इस प्रकार पूजा-सत्कार में सात दिन बीत गए। सातवें दिन कुशीनगर के मल्लों ने भगवान् के शरीर को सत्कारपूर्वक नगर के उत्तर—उत्तर से ले जाकर जहाँ मुकुट-बंधन नामक मल्लों का चैत्य था, वहाँ भगवान् के शरीर को रखा। शरीर को वहाँ रखकर उन्होंने आनंद से पूछा—भन्ते हम भगवान के शरीर का संस्कार कैसे करें? आनंद ने कहा, वाशिष्ठो जैसा चक्रवर्ती राजा के शरीर का करते हैं। कुशीनगर के मल्लों ने भगवान के शरीर को नए वस्त्र से लपेटा और चंदनादि सुगंधित काष्ठों की चिता बनाकर उस पर रखा।

उस समय पाँच सौ भिक्षुओं के भिक्षु संघ के साथ महाकाश्यप पावा और कुशीनगर के बीच के रास्ते में थे। वहाँ से वे जहाँ मल्लों का, मुकुट-बंधन चैत्य था, गए। भिक्षुओं के साथ हाथ जोड़कर तीन बार उन्होंने चिता की प्रदक्षिणा और सत्कारपूर्वक भगवान के चरणों की वंदना की। कहा जाता है कि वंदना के पश्चात् चिता अपने आप जल उठी और थोड़ी देर में केवल अस्थियाँ शेष रह गईं। कुशीनगर के मल्लों ने सर्वगंध-जल से भगवान की चिता को शीतल किया। फिर उन अस्थियों को सप्ताह भर संस्थागार में शक्तिपंजर बनवा नृत्य, गीत, वाद्य, माला, गंधादि से उसकी पूजा की।

मगध के राजा वैदेही पुत्र आजातशत्रु ने सुना कि भगवान् परिनिर्वाण को प्राप्त हुए हैं। उसने कुशीनगर के मल्लों के पास दूत भेजा—भगवान् भी क्षत्रिय थे, मैं भी क्षत्रिय हूँ। भगवान् की अस्थियों में भाग पाने का मैं भी अधिकारी हूँ। मैं भी भगवान् के अवशेष पर स्तूप बनाऊँगा और पूजा करूँगा। इसी प्रकार वैशाली के लिच्छवियों ने, कपिलवस्तु

के शाक्यों ने, रामग्राम के कोलियों ने, अल्लकप्प के बुलियों ने, पावा के मल्लों ने, अपने-अपने दूत भेजकर भगवान् के अवशेषों में अपना भाग माँगा। वेठ द्वीप के ब्राह्मणों ने भी अपना भाग माँगा।

कुशीनगर के मल्लों ने उन दूतों के द्वारा राजाओं, गणों और संघों को कहला भेजा—भगवान् हमारे ग्राम क्षेत्र में निर्वाण को प्राप्त हुए हैं। हम उनकी अस्थियों में से किसी को भाग नहीं देंगे। इस प्रत्याख्यान को सुनकर सभी भाग चाहनेवाले क्रुद्ध हुए और अपनी-अपनी सेना लेकर कुशीनगर को घेर लिया। यह देखकर द्रोण नामक ब्राह्मण ने युद्ध के लिए तैयार बुद्ध के अनुयायियों से कहा—

आप सब मेरी एक बात सुनें। हमारे बुद्ध क्षांति (क्षमा)-वादी थे। यह उचित नहीं कि उस शांति के पुजारी की अस्थियों के विभाजन में रक्तपात हो। भगवान की अस्थियों के आठ भाग कर आप लोग आपस में बाँट लें, जिससे अनेक दिशाओं में स्तूपों का विस्तार हों और बहुत से लोग भगवान् बुद्ध में श्रद्धावान हों।

सबों ने अपनी स्वीकृती देते हुए कहा, 'तो ब्राह्मण तू ही भगवान् के शरीर को आठ भागों में बाँट दै।' 'अच्छा भो!'...द्रोण ब्राह्मण ने भगवान् के शरीर को आठ समान भागों में विभक्त कर उन संघों के गणों से कहा—आप सब इस (जिसमें अस्थियाँ रखी गई थीं) कुंभ को मुझे दें। मैं कुंभ के ऊपर स्तूप बनाऊँगा और उसकी पूजा करूँगा। उन्होंने ब्राह्मण को कुंभ दे दिया।

पिप्पलीवन के मौर्यों ने (देर में) सुना भगवान् कुशीनगर में परिनिर्वाण को प्राप्त हुए है। उन्होंने कुशीनगर के मल्लों के पास दूत भेजा—भगवान भी क्षत्रिय थे। हम भी क्षत्रिय हैं। भगवान् की अस्थियों में भाग पाने के हम भी अधिकारी हैं। मल्लों ने उत्तर भेजा—भगवान् के शरीर का भाग नहीं है। भगवान् के शरीर को बाँट चुके। केवल कोयले बचे हुए हैं। यहाँ से कोयले (अंगरा) ले जाओ। मौर्य वहाँ से केवल अंगार ले गए।

सभी ने अपने भागों को लेकर स्तूप बनाया और उसकी पूजा की। मगध के राजा अजातशत्रु ने राजगृह में अस्थियों के ऊपर स्तूप बनवाया। वैशाली के लिच्छवियों ने वैशाली में, कपिलवस्तु के शाक्यों ने कपिलवस्तु में, रामग्राम के कोलियों ने रामग्राम में, पिप्पलीवन के मौर्यों ने पिप्पलीवन में, पावा के मल्लों ने पावा में, कुशीनगर के मल्लों ने कुशीनगर में, अल्लकप्प के बुलियों ने अल्लकप्प में, वेठ द्वीप के ब्राह्मणों ने वेठ द्वीप में और द्रोण ब्राह्मण ने कुंभ के ऊपर स्तूप बनवाया। इस प्रकार कुशीनगर में भगवान बुद्ध की जीवन-लीला समाप्त हुई।

भगवान बुद्ध के उपदेश

जिस धर्मामृत की वर्षा भगवान् बुद्ध ने अपनी की यात्राओं में की उसके मूल सिद्धान्त क्या थे। उनका संक्षिप्त विवरण नीचे दिया जा रहा है।

भगवान् बुद्ध ने ग्रंथों के प्रमाणवाद का, चाहे वह वेद ही क्यों न हो, खंडन किया। उनके मत में मनुष्य की बुद्धि और अनुभव ही सत्य के जानने के सर्वोत्तम साधन हैं। मनुष्य को सम्यक्-संबोधि प्राप्त करने की चेष्टा करनी चाहिए। अतः बौद्ध धर्म का प्राचीनतम बुद्धिवादी धर्म था।

इसका अर्थ यह है कि जिस वस्तु को जैसा देखा जाए उसको वैसा ही कहना। भगवान् बुद्ध ने संसार की परिस्थिति देखकर यह बतलाया कि संसार में दुःख ही दुःख है। इसलिए भगवान् बुद्ध को कुछ लोग निराशावादी कहते हैं। किंतु बात ऐसी नहीं है। जहाँ बुद्ध ने संसार को दुःखमय बतलाया वहाँ उस दुःख को दूर करने का मार्ग भी बतलाया। अतः उन्होंने एक अनुभवी वैद्य की तरह से संसार के रोग का निदान और उसकी चिकित्सा दोनों की।

ईश्वर संबंधी प्रश्न पूछने पर भगवान् बुद्ध प्रायः मौन धारण कर लेते थे। भगवान् बुद्ध नीतिवादी थे। उनके मत में नैतिक जीवन के लिए ईश्वर संबंधी प्रश्न अनावश्यक था। सृष्टिक्रम में ईश्वर के अस्तित्व और उसकी ओर से हस्तक्षेप के लिए कोई स्थान नही।

आत्मा में भी भगवान बुद्ध का विश्वास नहीं था। वह नहीं मानते थे कि मनुष्य के व्यक्तित्व के भीतर कोई स्थायी सत्ता है जो शरीर के नष्ट होने पर बची रहती है। वह मनुष्य को कई संस्कारों का संघात (समूह) मानते थे। इसको एक गाड़ी के उदाहरण से समझाया गया है। गाड़ी अनेक भागों और पुर्जों का एक संघात है। किंतु यदि उसके सभो भाग और पुर्जे अलग-अलग कर दिये जाएँ तो उसमें आत्मास्थानीय कोई पदार्थ नहीं बच रहेगा।

भगवान् बुद्ध संसार को नश्वर और उसके सभी पदार्थों को क्षणिक-क्षण-क्षण में परिवर्तनशील मानते थे। संसार के मूल में कोई स्थायी तत्त्व नहीं, यह प्रवाहरूप है। भ्रम में वह स्थायी और स्थिर दिखायी पड़ता है। उदाहरण के लिए एक नदी के जल को लीजिये। उसके किनारे बैठा हुआ मनुष्य यह समझता है कि एक ही जल नदी में भरा हुआ है किंतु वास्तव में उसे सामने एक क्षण में जो जल वर्तमान रहता है, वह दूसरे क्षण में नहीं। नदी का जल क्षण-क्षण में बदलता रहता है। नदी केवल प्रवाह रूप से स्थायी है। इसी प्रकार संसार भी प्रवाह रूप से, भ्रम के कारण, स्थायी दिखायी पड़ता है।

प्राचीन ब्राह्मण धर्म की भाँति भगवान् बुद्ध भी पुनर्जन्म में विश्वास करते थे। किंतु उनके मत में आत्मा का पुनर्जन्म नहीं होता। (उनके दर्शन में आत्मा है ही नहीं) परंतु संस्कारों से बने हुए मनुष्य के अहंकार का। जब तक मनुष्य का अहंकार वासना या तृष्णा में लिप्त रहता है तब तक वह अपनी वासना के अनुसार शरीर धारण कर बार-बार संसार में जन्म लेता है। वासना-क्षय से मनुष्य का अहंकार भी नष्ट हो जाता है और फिर उसका पुनर्जन्म नहीं होता।

यह कारण-कार्य का सिद्धान्त है। जिस वस्तु के कारण वर्तमान है वह अवश्य कार्य रूप में आएगा। मनुष्य के अस्तित्व और उसके जन्म-मरण का कारण वासना और उससे उत्पन्न हुए कर्मों में आसक्ति है। कर्म-सिद्धान्त के अनुसार जैसी वासना और कर्म वैसे ही उसका फल-वैसा ही जन्म और शरीर-धारण। कारणरूप वासना के नष्ट हो जाने से कार्यरूप जन्म-मरण भी बंद हो जाते हैं।

साधना और तपस्या द्वारा वासना के क्षय होने पर मनुष्य का अहंकार भी नष्ट हो जाता है। इस अवस्था को निर्वाण कहते हैं। निर्वाण का अर्थ है दीपक की तरह से बुझ जाना (निः+वा+क्त)। दीपक में जब तक तेल और बत्ती रहती है तब तक वह जलता रहता है। पहले तेल जलता है। यदि उसमें फिर तेल न डाला जाए तो कुछ समय में वह अवश्य समाप्त हो जाता है। फिर बत्ती भी जल जाती है और दीपक अपने आप बुझ जाता है। इसी प्रकार मनुष्य के मन में जब तक वासनारूपी तेल जलता रहता है तब तक संसार के प्रवाह-जीवन-मरण में उसका जीवन दीप जलता रहता है। वासना क्षय होने पर मनुष्य का संसार-चक्र रुक जाता है और वह सभी दुःखों से रहित हो जाता है। यह उपाधिरहित पद है।

चार आर्य सत्य

मनुष्य के नैतिक जीवन का आधार यह अनुभव है कि संसार दुःखमय है और दुःख के निराकरण का उपाय करना चाहिए। दुःख संबंधी चार सत्यों का अनुभव भगवान् बुद्ध को बोधगया में हुआ था और सारनाथ के अपने धर्मचक्र-प्रवर्तन में सबसे पहले इन्हीं चार सत्यों का उपदेश अपने शिष्यों को किया था।

1. **दुःख**— दुःख पहला आर्य सत्य है। जन्म भी दुःख है जरा भी दुःख है, व्याधि भी दुःख है, मरण भी दुःख है। अप्रियों का संयोग दुःख है, प्रियों का वियोग भी दुःख है। इच्छा होने पर किसी पदार्थ का न मिलना दुःख है। संक्षेप में पाँच उपादान-स्कंध ही दुःख है—रूप, वेदना, संज्ञा, संस्कार और विज्ञान।

2. **दुःख समुदय—**दुःख का समुदय (कारण) दूसरा आर्य सत्य है। दुःख का कारण तृष्णा है—जन्म लेने की, प्रसन्न होने की, रागसहित जहाँ-तहाँ विचरने की—यथा, 1. काम तृष्णा 2. भव (जन्म) तृष्णा और 3. विभव तृष्णा।
3. **दुःख निरोध-मार्ग—**यह तीसरा आर्य सत्य है जो तृष्णा का सर्वथा विराग, निरोध (त्याग) और निस्सर्ग (अनासक्त होना) है।
4. **दुःखमार्ग—**दुःखनिरोध की ओर ले जानेवाला मार्ग चौथा आर्य सत्य है।

दुःख निरोध की ओर ले जानेवाले मार्ग का ही यह नाम है। भगवान् बुद्ध ने दो एकांत मार्गों का निषेध किया—(1) एक तो कामवासनायुक्त विलासिता का मार्ग और (2) दूसरा अनावश्यक ढंग से तपस्या के द्वारा शरीर को कष्ट देने का मार्ग। उन्होंने युक्त आहार-विहार के साथ बीच का मार्ग निकाला जिसमें निम्नलिखित साधना के अंग सम्मिलित हैं—

(1) सम्यक् दृष्टि
(2) सम्यक् संकल्प
(3) सम्यक् वाक्
(4) सम्यक् कर्म
(5) सम्यक् जीविका
(6) सम्यक् व्यायाम
(7) सम्यक् स्मृति
(8) सम्यक् समाधि

संसार में सदाचारपूर्वक जीवन व्यतीत करने के लिए दशशील (आचार के दश नियम) का उपदेश भगवान् बुद्ध ने किया था।

(1) अहिंसा
(2) सत्य
(3) अस्तेय (चोरी न करना)
(4) अपरिग्रह
(5) ब्रह्मचर्य
(6) नृत्य-गान का त्याग
(7) सुगंध, मालादि का त्याग
(8) असमय में भोजन का त्याग
(9) कोमल शय्या का त्याग
(10) कामनी कांचन का सर्वथा त्याग

भगवान् बुद्ध ने अपने जीवन-काल में ही अपने धर्म का प्रचार करने के लिए एक धर्म संघ की स्थापना की। संसार के इतिहास में यह सर्वप्रथम सेवा व्रतधारी प्रचारक संघ था।[66]

मगध के आक्रमण

गोरखपुर जनपद के गणतंत्रों को कोसल की अपेक्षा मगध-साम्राज्य से अधिक संकट था। उस समय मगध में नागवंश (हर्यक कुल तथा शैशुनाग वंश दोनों ही वास्तव में नागवंशी थे) की स्थापना हो चुकी थी। नागवंश के प्रथम राजा बिंबिसार ने कोसल के राजा प्रसेनजित की बहन महाकोसला से विवाह किया। कोसल ने अपने नव विजित राज्य काशी को मगध को दहेज में दे दिया। वास्तव में काशी के ऊपर कोसल के पहले नागवंश का ही अधिकार था, अतः कोसल उसे लौटाकर अपना पुराना संघर्ष दूर करना चाहता था। कोसल और मगध की संधि से उत्तर भारत के गण-संघ घिर गए। किंतु बिंबिसार के समय उनके ऊपर आक्रमण नहीं हुआ।

बिंबिसार की अपेक्षा उसका पुत्र अजातशत्रु अधिक महत्त्वाकांक्षी था। उसने बिहार में गंगा के उत्तर के गणराज्यों पर आक्रमण करना प्रारंभ किया। उसकी ननिहाल वैशाली के लिच्छवियों के यहाँ थी। साम्राज्यलिप्सा के सामने संबंध का कोई स्थान नहीं। अजातशत्रु ने पहले उन्हीं पर आक्रमण किया।[67] लिच्छवियों ने साम्राज्य-वाद का विरोध करने के लिए उत्तर भारत के गण-राज्यों का एक संघ बनाया। इसमें गोरखपुर जनपद के गणराज्य ने भी भाग लिया। जैन कल्पसूत्र के अनुसार इस संघ में नव लिच्छवि और नव मल्लगण थे। यहाँ नव मल्लगण से प्रयोजन है मल्ल-राष्ट्र और गोरखपुर जनपद के अन्य सहायक गण-राज्य।[68] यह युद्ध दस वर्ष तक चला। अंत में साम्राज्यवादी शक्ति के सामने लिच्छवियों को पराधीन होना पड़ा। परंतु गोरखपुर जनपद के गण-राज्य अब भी मगध-साम्राज्य के बाहर रहे।

अजातशत्रु के पश्चात् नागवंश का दूसरा प्रतापी राजा शिशुनाग था। उसने मगध साम्राज्य का और विस्तार किया। पश्चिम में वत्स और अवंति राज्यों को जीत लिया। कुछ विद्वानों[69] का मत है कि उसने कोसल (और उसके निकटवर्ती गण-राज्यों) को भी जीता, किंतु इसका विरोध इस बात से हो जाता है कि आगे चलकर इक्ष्वाकुवंशी (सूर्यवंशी) राज्यों की गणना महापद्म द्वारा जीते हुए प्रदेशों में की गई है।[70]

गोरखपुर जनपद के गण-राज्यों के लिए मगध में नंदवंश का उदय अधिक घातक सिद्ध हुआ। इस वंश के महापद्म ने बड़े पैमाने पर दिग्विजय कर इन राज्यों में कुछ को

समूल नष्ट किया और कुछ को अधीन बनाकर छोड़ दिया। इसका वर्णन कलियुग-राज वृत्तान्त[71] नामक ग्रंथ में इस प्रकार दिया हुआ है—

महानंदेश्च शूद्रायाँ महिष्याँ कलिचोदितः।
उत्पत्स्यते महापद्मो धननंद इति श्रुतः॥
अतिलुब्धोऽतिबलो सर्वक्षत्रांतको नृपः।
ऐक्ष्वाकांश्च पांचालान् कौरव्यांश्च हैहयान्॥
कालकानेक लिंगांश्च शूरसेनर्शिच मैथिलान्।
जित्वा चान्यांश्च भूपालान् द्वितीय इव भार्गवः॥
एकराट् स महापद्मः एकच्छत्रो भविष्यति।
सकृत्स्नामेव पृथ्वीमनुल्लंघितशासनः॥
शासिष्यति महापद्मो मध्ये विन्ध्यहिमालयोः।

कलि के प्रभाव से महानंदी (शैशुनाग वंश का अंतिम राजा) द्वारा शूद्रा रानी से महापद्मनंद (जिसको धननंद भी कहते थे) नामक प्रसिद्ध राजा उत्पन्न हुआ। वह अत्यंत लोभी, अत्यंत बलवान् और सब क्षत्रियों का नाश करनेवाला था। दूसरे परशुराम के समान वह इक्ष्वाकुवंशी, पांचाल, कूरूवंशी हैहय (चंद्रवंश की एक शाखा), कालक, एकलिंग, शूरसेन, मैथिल तथा दूसरे राजाओं को जीत कर एकराट (सम्राट) तथा एकच्छत्र राजा होगा। वह अनुल्लंघित शासन होकर विन्ध्य और हिमालय के बीच संपूर्ण पृथ्वी पर शासन करेगा।)

ऊपर के अवतरण में विजित राज्यों की जो सूची दी गई है उसमें 'ऐक्ष्वाकान्' अर्थात् इक्ष्वाकु (सूर्य) वंशी क्षत्रिय कौन थे? इनमें निश्चित ही कोसल का इक्ष्वाकु वंश तथा गोरखपुर जनपद के शाक्य, मौर्य तथा मल्ल सम्मिलित थे। गोरखपुर के नागवंशी कोलियों का स्वतंत्र उल्लेख नहीं है। किंतु इसमें कोई संदेह नहीं कि वे अन्य राज्यों में शामिल हैं। इस अवतरण से यह भी स्पष्ट होता है कि सबसे पहले (मगध के राजाओं में) महापद्म ने गोरखपुर जनपद पर आक्रमण किया। इसका परिणाम यह हुआ कि शाक्य और कोलियगणतंत्र का राजनैतिक अस्तित्व सदा के लिए नष्ट हो गया। इसके बाद राष्ट्र के रूप में उनकी चर्चा कहीं नहीं मिलती। परंतु ऐसा जान पड़ता है कि मल्ल और मौर्य गणों ने मगध की अधीनता स्वीकार कर अपना अस्तित्व बचाया, क्योंकि मौर्य साम्राज्य के उदय के समय में ये दोनों राज्य जीवित (यद्यपि अधीन) दिखायी पड़ते हैं।[72]

इस प्रकार गोरखपुर जनपद की राजनैतिक स्वतंत्रता, जो कई हजार वर्षों से चली आ रही थी, महापद्मनंद के द्वारा नष्ट हुई। नंदों का साम्राज्य बहुत ही अप्रिय था।

मौर्य साम्राज्य का उदय

जिन दो व्यक्तियों ने नंदवंश के उच्छेद में प्रमुख भाग लिया उनमें से एक तो तक्षशिला का ब्राह्मण आचार्य चाणक्य और दूसरा गोरखपुर जनपद का क्षत्रिय मौर्य राजकुमार चंद्रगुप्त था। चाणक्य अत्याचारी शूद्र नंदवंश और छोटे-छोटे गणराज्यों का सिद्धांत: विरोधी था। उसने चंद्रगुप्त मौर्य को अपना माध्यम बनाया और दोनों का विनाश किया।

चंद्रगुप्त मौर्य के प्रारंभिक जीवन से संबंध रखनेवाली बहुत सी मनोरंजक और कल्पित कहानियाँ बौद्ध तथा जैन साहित्य में मिलती हैं। उसके जीवन की कुछ घटनाओं के उल्लेख यूनानियों के यात्रावर्णन और संस्कृत साहित्य में भी पाए जाते हैं। बौद्ध साहित्य के आधार पर, जो अधिक स्वाभाविक और ऐतिहासिक जान पड़ता है, चंद्रगुप्त के प्रारंभिक जीवन का संक्षिप्त वर्णन नीचे दिया जाता है। प्रसिद्ध बौद्ध-ग्रंथ महावंश[73] में बहुत थोड़े में यह लिखा हुआ है।

मोरियानं खत्तियानं वंसे जातं सिरीधरं।
चंदगुत्तोति पंजत्तं चणक्को ब्राह्मणो ततो॥
नवमं धननंदंतं घातेत्वा चंडकोधसा॥
सकले जम्बुदीपम्हि रज्जे समभिसिंचि सो॥

(...इसके पश्चात् चाणक्य नामक ब्राह्मण ने प्रचंड क्रोध से नवम नंदराजा धननंद को मार कर मौर्य क्षत्रियों के वंश में उत्पन्न श्रीमान चंद्रगुप्त को संपूर्ण जम्बूद्वीप के राज्य में अभिषिक्त किया।)

महावंश के टीकाकार ने इस अवतरण की व्याख्या करते हुए लिखा है :

"यह उचित है कि स्थान पर हम इन दो व्यक्तियों के विषय में लिखें। यदि मुझसे पूछा जाय कि यह चाणक्य कहाँ का रहनेवाला और किसका पुत्र था, तो मैं उत्तर दूँगा कि वह तक्षशिला के ही निवासी एक ब्राह्मण का पुत्र था। वह तीनों वेदों का ज्ञाता, शास्त्रों में पारंगत, मंत्रविद्या में निपुण और नीतिशास्त्र का आचार्य था। जब उसका पिता मर गया तो कर्तव्य जानकर अपनी माता की सेवा करने लगा। यह बात जगविदित थी और सब यह जानते थे कि वह एक असाधारण व्यक्ति है। एक बार उसकी माता रो रही थी। चाणक्य अपनी माता के पास गया और पूछा—माँ, क्यों रोती हो? माता ने उत्तर

दिया—प्रिय पुत्र, तुम्हारे भाग्य में छत्र धारण करना लिखा है। तुम क्यों छत्र धारण करने और राजशक्ति से युक्त होने का प्रयत्न नहीं करते? प्राय: राजकुमार अपने संबंधियों को भूल जाते हैं। मेरे पुत्र, क्या तुम भी मेरे को और मेरे प्रेम को भूल जाओगे? यदि ऐसा हुआ तो मैं बड़ी कठिनाई में पड़ूँगी। मैं इसी संभावना से रोती हूँ। तब उसने कहा—माता मेरे पास कौन ऐसी बात है? मेरे कौन से अंग पर श्री अंकित है? माँ ने उत्तर दिया—मेरे प्रिय पुत्र, तुम्हारे दाँत पर। यह सुनकर चाणक्य ने अपना दाँत उखाड़ दिया और खंडदंत बनकर माता की रक्षा करने लगा और संसार में मातृपोषक ज्ञात हुआ।

इसी बीच में चाणक्य पुष्पपुर (पाटलिपुत्र) नंद की राजधानी गया। धननंद पहले जैसा कंजूस न था। धन जोड़ने की प्रवृत्ति छोड़कर उसने दान देना प्रारंभ किया था। उसका चित्त सस्सरमल से रहित हो गया था। उसने एक भूक्तिशाला बनवायी थी। उसमें वह ब्राह्मणों को दान दिया करता था। साधारण ब्राह्मणों को एक लाख का और संघ-ब्राह्मणों को एक कोटि का। चाणक्य इसी भूक्तिशाला में चला गया और मुख्य ब्राह्मण या संघ-ब्राह्मण के स्थान पर बैठ गया।

समय पर धननंद सुंदर वस्त्र पहनकर अनेक मनुष्यों के साथ उस भवन में दान देने को आया। भूक्तिशाला में प्रवेश करते ही धननंद ने ब्राह्मण चाणक्य को मुख्य स्थान पर बैठे हुए देखा। देखते ही उसके मन में आया—निश्चय ही यह (कुरूप ब्राह्मण) मुख्य स्थान का अधिकारी नहीं हो सकता। यह सोचकर उसने चाणक्य से पूछा—तुम कौन हो जो मुख्य स्थान पर आ बैठे हो? उधर से उत्तर मिला—यह मैं हूँ। नंद ने क्रोध में आकर कहा—इस नीच ब्राह्मण को धक्के देकर निकाल दो। इसे यहाँ न बैठने दो। यद्यपि राजपुरुषों ने उसे बार-बार समझाया—देव, ऐसा मत कीजिए। पर राजा ने एक न मानी। इस पर राजपुरुष चाणक्य के पास गए और बोले—आचार्य, हम आपको राजाज्ञा से हटाने के लिए आए है। परंतु हम यह कहने का साहस नहीं कर सकते हैं कि आचार्य आप यहाँ से उठ जाइये। हम लज्जित होकर आपके सामने खड़े हैं। नंद पर क्रुद्ध होकर उठते हुए चाणक्य ने कमंडलु को इंद्रकील पर पटक दिया और जोर से कहा—राजा उद्धत हो गए हैं। चारों समुद्रों से घिरी हुई यह पृथ्वी नंद का नाश देख ले। राजपुरुषों ने यह बात राजा को कह सुनाई। राजा क्रोध से तमतमा कर गरज कर उठा—पकड़ो, पकड़ो इस दास को पकड़ो। भागता हुआ चाणक्य राजप्रासाद के एक गुप्त स्थान पर छिप गया। पीछा करनेवाले उसे न पकड़ सके। उन्होंने राजा नंद से आकर कह दिया कि ब्राह्मण नहीं मिल सका...।

चाणक्य किसी राजकुमार की खोज में निकला जो जन्म से भी (राजा होने के लिए)उपयुक्त हो। तब वह पूर्व कहे चंद्रगुप्त को मिला। यह मौर्यवंश का राजकुमार था।

चंद्रगुप्त की माता मौर्यनगर के राजा की रानी थी। मौर्यनगर की चर्चा पहले की जा चुकी है। जिस समय एक शक्तिशाली राजा ने मौर्य नगर पर धावा कर वहाँ के राजा को मार दिया, तब चंद्रगुप्त की माता गर्भवती थी। रानी गर्भ की रक्षा के लिए भाइयों के साथ गुप्तवेश में पुष्पपुर (पाटलिपुत्र) चली आई। उसके भाई उसके साथ थे। उनकी सुरक्षा में वहाँ रहती थी। गर्भ का समय पूरा हो चुकने पर उसको एक पुत्र-रत्न उत्पन्न हुआ। माता ने उसे ओखली में रखकर एक घोष-द्वार पर फेंक दिया। जिस प्रकार राजकुमार घोष की रक्षा चंदो नामक वृषभ करता रहा, उसी प्रकार इस राजकुमार की रक्षा चंदो नाम वृषभ करता रहा। पीछे एक गोपालक ने राजकुमार की रक्षा का भार अपने ऊपर ले लिया और चंदों वृषभ से रक्षित होने के कारण उसका नाम चंद्रगुप्त पड़ा। जब चंद्रगुप्त की आयु इस योग्य हो गई कि वह स्वयं पशु चरा सके तो एक शिकारी ने, जो उस गोपालक का मित्र था, उसे अपने पास ले लिया। वह उसे अपने स्थान पर ले गया और चंद्रगुप्त उसी गाँव में रहने लगा।

एक बार की बात है जबकि चंद्रगुप्त अन्य लड़कों के साथ पशु चरा रहा था, उन्होंने एक खेल खेलना शुरू किया। इस खेल को राजकीय खेल कहते थे। चंद्रगुप्त स्वयं राजा बना। अन्यों को उसने उपराजादि के पद दिये। कुछ को न्यायाधीश बनाया गया। कइयों को राजा के गृह का अधिकारी बनाया। कई चोर और डाकू बनाये गए। इस प्रकार सब कुछ निश्चित करके वह न्याय के लिए बैठ गया। गवाहियाँ सुनी गईं। दोनों तरफ से युक्तियाँ प्रयुक्तियाँ पेश की गईं। जब देखा कि दोष अच्छी तरह सिद्ध हो गया और राजा को संतोष हो गया, तब न्यायाधीशों के हाथ-पैर काट लिए जाए तब उन्होंने कहा कि देव, हमारे पास कुल्हाड़े नहीं हैं। तब उसने उत्तर दिया—यह राजा चंद्रगुप्त की आज्ञा है कि इनके हाथ-पाँव काट डाले जाएँ। यदि तुम्हारे पास कुल्हाड़े नहीं हैं तो लकड़ी का डंडा बनाओ और इसके आगे बकरी के सींग लगाकर कुल्हाड़ी बना लो। उन्होंने वैसा ही किया। कुल्हाड़ी बन गए। हाथ-पैर काट डाले गए। चंद्रगुप्त ने आज्ञा दी। फिर (हाथ-पाँव) जुड़ जाएँ। हाथ-पैर फिर जुड़ गए।

चाणक्य ये दृश्य खड़ा-खड़ा देख रहा था। वह बहुत आश्चर्यचकित हुआ। वह बालक के साथ गाँव में गया और शिकारी के सामने एक हजार कार्षपण रखकर कहा—मैं तुम्हारे पुत्र को सब कुछ सिखाऊँगा। उसे मेरे पास कर दो। तद्नुसार चाणक्य चंद्रगुप्त को अपने साथ ले गया।

छह या सात साल तक अपने पास रखकर चाणक्य ने चंद्रगुप्त को खूब तैयार किया। जब चंद्रगुप्त सयाना हो गया तब चाणक्य ने सोचा कि अब यह एक सेना चलाने योग्य हो

गया है। तब उसने अपना कोष खोला और सेना इकट्ठी करनी शुरू कर दी। एक शक्तिशाली सेना तैयार कर चाणक्य ने चंद्रगुप्त को दी। अब ग्रामों और नगरों को जीतना प्रारंभ हुआ। लोग उनके विरुद्ध उठ खड़े हुए। और सारी सेना को घेरकर नाश कर दिया। अब चाणक्य और चंद्रगुप्त जंगल में भाग गए और सोचने लगे—'अब तक युद्ध का परिणाम कुछ नहीं निकला। केवल हमारी ही सेना नष्ट हुई है। चलो, अब हम लोगों के विचार का पता लगावें। ' तब वेष बदल कर घूमना शुरू किया। दिनभर घूमकर रात को किसी नगर या ग्राम में ठहर जाते और लोगों की बातचीत सुनते। एक स्त्री एक गाँव में पूये बनाकर अपने लड़के को दे रही थी। वह लड़का चारों ओर के किनारों को छोड़ता जाता था और बीच का भाग खा लेता था। यह देखकर माता ने कहा—'इस लड़के का व्यवहार चंद्रगुप्त जैसा है, जिसने कि राज्य लेने का प्रयत्न किया था। ' बालक ने पूछा।—'माँ मैं क्या कर रहा हूँ और चंद्रगुप्त ने क्या किया था?' तब माता ने उत्तर दिया—'मेरे प्यारे पुत्र! तुम चारों ओर का भाग छोड़कर केवल बीच का भाग खा रहे हो। चंद्रगुप्त सम्राट बनने की महत्त्वाकांक्षा रखता था। उसने बिना सीमा-प्रांतों को अधीन किए राज्य के मध्य में ग्रामों और नगरों पर आक्रमण करना शुरू किया। इसीलिए लोग उसके विरुद्ध उठ खड़े हुए और सीमा-प्रांत से आक्रमण कर उसकी सेना को नष्ट कर दिया। यह करना उसकी मूर्खता थी। '

यह वार्तालाप सुनकर चंद्रगुप्त और चाणक्य ने फिर से सेना इकट्ठी की। अब की बार उन्होंने पहले सीमा-प्रांत को अधीन किया और वहाँ के मध्य की ओर ग्रामों और नगरों को जीतते हुए चले। धीरे-धीरे पाटलिपुत्र तक बढ़ आए और घननंद का नाश कर राज्य प्राप्त किया।

महावंश टीका के ऊपर उद्धृत अंश में 'चंदो वृषभ' और 'राजकीय खेल' की कथाएँ 'चंद्रगुप्त' नाम की व्याख्या करने और चंद्रगुप्त की भावी राजनैतिक प्रतिभा का प्रदर्शन करने के लिए लिखी गई हैं और सम्भवतः कल्पित हैं। इसके अतिरिक्त जो वर्णन है वह सीधा-सादा तथा ऐतिहासिक है। उसको संक्षेप में इस प्रकार रख सकते हैं—

(1) नंदों का शासन अप्रिय था।
(2) नंदवंश का सर्वप्रथम विरोधी समाज में ब्राह्मण तत्त्व था। इसका प्रतिनिधि राजनीति का प्रकांड पंडित आचार्य चाणक्य था।
(3) नंदवंश का दूसरा विरोधी क्षत्रिय तत्त्व था, क्योंकि नंदवंश 'सर्वक्षप्रांतक' (सब क्षत्रियों का विनाश करनेवाला) करके प्रसिद्ध था। इसका प्रतिनिधि साम्राज्यवाद के शत्रु मौर्य गणतंत्र में उत्पन्न चंद्रगुप्त मौर्य था।
(4) चाणक्य और चंद्रगुप्त की मैत्री हुई और युद्ध के साधन एकत्रित किए गए।

(5) चाणक्य और चंद्रगुप्त का पहला आक्रमण, जो मगध साम्राज्य के मध्य पर हुआ था, असफल रहा।

(6) दूसरा आक्रमण जो सीमान्त (उत्तर-पश्चिम) से किया गया, सफल हुआ और नंदवंश के विनाश के बाद चंद्रगुप्त की सत्ता पाटलिपुत्र में स्थापित हुई।

साम्राज्य-निर्माण

अब प्रश्न यह है कि मौर्य राजकुमार चंद्रगुप्त ने विशाल मगध साम्राज्य पर विजय प्राप्त करके क्या किया। वह स्वयं तो एक गणतंत्र (पंचायती राज्य) में उत्पन्न हुआ था और गणतंत्रों से उसकी सहानुभूति स्वाभाविक हो सकती थी। किंतु उस समय के गणतंत्र बहुत छोटे (दो चार नगर और उनकी पार्श्ववर्ती भूमि पर) होते थे। बड़े पैमाने पर गणतंत्र बनाने का अभी प्रयोग नहीं हुआ था। इसके लिए साधन—आने-जाने के रास्ते, शीघ्र चलनेवाली सवारियाँ, प्रतिनिधि प्रथा आदि—भी नहीं विकसित हुए थे। इसके अतिरिक्त चाणक्य गणतंत्रों का विरोधी था। उसने देख लिया था कि पंजाब और सीमा प्रांत के छोटे-छोटे गणराज्य यूनानी आक्रमण के सामने कैसे पराजित हो गए। चाणक्य केंद्रीकरण और सुसंगठित साम्राज्य के पक्ष में था जो विदेशी आक्रमण से देश की रक्षा कर सके। इस परिस्थिति में गणतंत्र में उत्पन्न राजकुमार चंद्रगुप्त मौर्य सम्राट बना और चाणक्य की सहायता से एक बड़े साम्राज्य का निर्माण किया।

दूसरा प्रश्न यह है कि इस साम्राज्य में गोरखपुर जनपद के तथा उत्तर भारत के अन्य गणतंत्रों का क्या हुआ। चंद्रगुप्त मौर्य के समकालीन ग्रंथ अर्थशास्त्र (आचार्य चाणक्य द्वारा रचा हुआ) के अवलोकन से पता चलता है कि मौर्य साम्राज्य ने सभी एक तांत्रिक (जहाँ राजा शासन करते थे) राज्यों को समूल नष्ट किया, क्योंकि उपर्युक्त ग्रंथ में एक भी एकतांत्रिक राज्य का उल्लेख नहीं है। परंतु चंद्रगुप्त ने उत्तर भारत के गणतंत्रों को अपने अधीन करके छोड़ दिया; उनकी सत्ता नष्ट नहीं की। निम्नलिखित गणतंत्रों का उल्लेख अर्थशास्त्र[74] में है :

(1) काम्भोज (2) सुराष्ट्र
(3) क्षत्रिय (4) मद्रक
(5) कुकुर (6) कुरु
(7) पांचाल (8) मल्लक
(9) लिच्छवि (10) वृज्जि

इन गणतंत्रों में प्रथम तीन भारतवर्ष के पश्चिमोत्तर में थे। चार से सात तक पूर्वी पंजाब और पश्चिमी युक्त प्रांत में थे। गोरखपुर जनपद में केवल मल्लराष्ट्र शेष था। बिहार में लिच्छविं और वृज्जि (वज्जि) बचे थे।

गोरखपुर जनपद के शाक्य और कोलिय राज्य तो नंदों द्वारा नष्ट हो चुके थे। ऐसा जान पड़ता है कि मौर्यगण-तंत्र मौर्य साम्राज्य में विलीन हो गया, यद्यपि मौर्यों ने अपने मूल नगर—पिप्पलीवन के मयूरनगर की श्री नष्ट नहीं की। इसका नाम राजधानी रखा, जो अब भी अपने ध्वंसावशेषों के साथ अपने पूर्व इतिहास का स्मरण दिलाता है। केवल मल्लराष्ट्र, जो गोरखपुर जनपद के सभी गणराज्यों में शक्तिमान था, बच रहा। किंतु उसका भी पूर्ण स्वातंत्र्य और शक्ति पहले से क्षीण हो गई। 'मल्लक' में 'क' लघुवाचक प्रत्यय इस बात का द्योतक है।

मौर्यवंश के दूसरे सम्राट बिंदुसार के समय में गोरखपुर जनपद या मल्लराष्ट्र (जो गणतंत्रों में बच रहा था) का कोई उल्लेख नहीं मिलता है। परंतु धर्मविजयी सम्राट अशोक (बिंदुसार का पुत्र) के शासनकाल में गोरखपुर जनपद फिर प्रकाश में आ जाता है। बौद्ध धर्म स्वीकार करने के पश्चात् अशोक ने प्राचीन राजाओं में प्रचलित विहारयात्रा[75] को बंद करके धर्मयात्रा की प्रथा स्थापित की। दिव्यावदान नामक बौद्ध ग्रंथ में अशोक की एक तीर्थयात्रा का वर्णन है। इसके अनुसार अशोक ने यह तीर्थयात्रा उपगुप्त नामक भिक्षु के पथप्रदर्शन में की। अशोक सबसे पहले भगवान् बुद्ध के जन्मस्थान 'लुंबिनीवन' में गया। यहाँ पहुँचकर उपगुप्त ने अपनी दाहिनी भुजा उठाकर कहा—

'अस्मिन् महाराज प्रदेशे भगवान् जातः।'

('महाराज' इसी प्रदेश (भूमि) में भगवान बुद्ध का जन्म हुआ था')

दिव्यावदान पृ. 389

भगवान् बुद्ध की जन्म स्मृति और अपनी यात्रा के उपलक्ष्य में अशोक ने यहाँ पर एक प्रस्तर-स्तंभ और उसके चारों ओर प्राकार (दीवार) का निर्माण कराया। इस स्तंभ पर निम्नलिखित लेख अंकित है :

"(1) देवानं पियेन पियदसिन लाजिन वीसतिवसाभिसितेन

(2) अतन आगा च महीयते। हिद बुधजाते सक्य मुनिति

(3) सिला विगड भीचा कालापित सिलाथमे च उसपापिते।

(4) हिद भगवं जातेति लुंमिनि गामे उबलिके कटे।

(5) अठ भागिये च।"[76]

("देवताओं के प्रिय प्रियदर्शी राजा ने, राज्याभिषेक के बीस वर्ष बाद स्वयं आकर (इस स्थान की) पूजा की। यहाँ शाक्य मुनि बुद्ध का जन्म हुआ था, इसलिए यहाँ पत्थर की एक प्राचीर स्थापित की गई और पत्थर का एक स्तंभ खड़ा किया गया। यहाँ भगवान जन्मे थे इसलिए लुंबिनी ग्राम का (धार्मिक) कर उठा दिया गया और (उपज का) आठवाँ भाग (राज्य को छठवाँ भाग मिलता थां। उसको घटाया गया।) लेना निश्चित किया गया।"

अशोक लुंबिनी वन का दर्शन करके भगवान बुद्ध की वाल्य-लीला-भूमि कपिलवस्तु की यात्रा की। इसके पश्चात् वह बुद्ध की निर्वाण-भूमि कुशीनगर में आया और इस स्थान की पूजा की। ह्वेनसांग के यात्रा वर्णन के अनुसार उसके समय में कपिलवस्तु और कुशीनगर—दोनों स्थानों में अशोक की कृतियाँ वर्तमान थीं। उसने अशोक का बनवाया हुआ कपिलवस्तु में एक स्तूप देखा, जिसके सामने पत्थर का एक स्तंभ था, जिसकी ऊँचाई बीस फीट थी और उसके ऊपर सिंह बना हुआ था। इसी प्रकार अशोक ने कुशीनगर में अशोक का बनवाया हुआ 200 फीट ऊँचा स्तूप देखा। निश्चय ही अशोक ने अपनी यात्रा और भगवान बुद्ध की जीवन घटनाओं की स्मृति में इन स्थानों पर स्तूप बनवाया। दुर्भाग्यवश इन जगहों में उसका अभी तक कोई उत्कीर्ण लेख नहीं मिला है।

ऊपर के स्तंभ लेख और उल्लेखों से मालूम होता है कि शाक्य-राष्ट्र पूरी तरह से मौर्य शासन में सम्मिलित हो गया था। वहाँ के धार्मिक और भूमि-कर पर सम्राट का पूरा अधिकार था। इसी अधिकार से उसने लुंबिनी ग्राम का धार्मिक कर (यात्रियों पर) बिलकुल हटा दिया और भूमि-कर छठे भाग से घटाकर आठवाँ भाग कर दिया। यद्यपि मल्लराष्ट्र भी मौर्यसाम्राज्य में सम्मिलित हो गया था, किंतु उसकी आंतरिक स्वतंत्रता अभी बची हुई थी। उसकी वह परिस्थिति मौर्यों के बाद शासक के आगमन तक बनी हुई थी, यह बात शुंगकालीन मनुस्मृति में उनके उल्लेख से सिद्ध होती है। कुशीनगर में मौर्यों के सीधे और पूर्ण अधिकार की सूचक कोई वस्तु अभी तक नहीं मिली है।[77]

सिद्धार्थनगर जनपद के सृजन का इतिहास

गोरखपुर परिक्षेत्र की भू राजनीतिक पहचान आर्यों के प्रथम निवेशीकरण काल में अथवा वैदिक काल में कौशल राज के अंग के रूप में हुई, जिसका विस्तार पूर्व में सदानीरा बड़ी गंडक थी। पौराणिक कथाओं के अनुसार मनु के पुत्र इक्ष्वाकु ने अपने पिता से राज्य के विभाजन के पश्चात् मध्य प्रदेश प्राप्त कर कौशल राज को स्थापित किया। रामायण काल में कौशल एक प्रतिष्ठित एवं गौरवशाली राज्य के रूप में स्थापित था।

उस समय क्षेत्र को अति रमणीय कारूपथ नाम से संबोधित किया गया। कौशल नरेश रामचंद्र ने अपने पुत्रों में राज्य का बटवारा करते हुए इस क्षेत्र को अपने पुत्र लव व कुश को दिया तब उन्होंने शरावती तथा कुशीनगर को दोनों राज्यों की राजधानी बनाया। महाभारत काल में युधिष्ठिर के राजसूय यज्ञ के अवसर पर जब भीम ने इस क्षेत्र पर विजय प्राप्त की उस समय इस क्षेत्र में कोशल, गोपालक एवं मल्ल राज्य अवस्थित थे। जनश्रुतियों के अनुसार यह क्षेत्र महाभारत काल में विराट राज्य का अंग था जहाँ पांडवों ने उनकी गायों की रक्षा दुर्योधन की सेना से की थी।

ह्वेनसांग के आगमन के समय यह क्षेत्र वीरान हो चुका था। इसकी यात्रा विवरण से ज्ञात होता है कि यह क्षेत्र वनाच्छादित हो गया था। परंतु 12वीं शताब्दी के गोरखपुर ताम्रलेख, लार ताम्रलेख एवं कमौली ताम्रलेख में इस क्षेत्र को वृहत्तर भौगोलिक इकाई के रूप में सरूवार के नाम से उल्लेख किया है।

गोरखपुर क्षेत्र को एक प्रशासनिक इकाई के रूप में सर्वप्रथम मुगल बादशाह अकबर ने अपने समय में अवध सूबे के अंतर्गत गोरखपुर सरकार के नाम से गठित किया। इसका स्पष्ट उल्लेख आईने अकबरी नामक ग्रंथ में किया गया है। प्रशासनिक इकाई सरकार वर्तमान प्रशासनिक इकाई जनपद के समतुल्य था। अकबर के शासन काल में गोरखपुर सरकार में 24 परगना थे। बादशाह औरंगजेब ने 1680 में सर्वप्रथम काजी खलील उर रहमान को गोरखपुर का चकले दार नियुक्त कर एक स्थानीय प्रशासनिक तंत्र को विकसित किया। औरंगजेब की मृत्यु के पश्चात् बादशाह मोहम्मद शाह ने 1720 ईसवी में सआदत खाँ को अवध का प्रथम सूबेदार नियुक्त किया। अवध के छठे नवाब सआदत अली खाँ के समय में रुहेला विद्रोह को कुचलने के पश्चात् युद्ध खर्च की प्रतिपूर्ति हेतु लार्ड वेलेजली ने एक संधि कर सन् 1801 ई. में बहराइच एवं गोरखपुर क्षेत्र को ईस्ट इंडिया कंपनी के आधिपत्य में ले लिया और यहाँ गोरखपुर नाम से जिला मुख्यालय बना कर जान रोउटलेज को यहाँ प्रथम कलेक्टर नियुक्त किया। उस समय गोरखपुर जनपद का विस्तार बहुत बड़े क्षेत्र में था इसकी सीमा नेपाल पूरब में गंडक को छूती बिहार की सीमा तक दक्षिण में गाजीपुर, जौनपुर व फैजाबाद तथा पश्चिम में खीरी तथा था। उस समय इस जनपद में वर्तमान गोरखपुर, बस्ती, देवरिया, कुशीनगर, सिद्धार्थनगर, संत कबीर नगर, महराजगंज के अतिरिक्त चकला आजमगढ़ एवं चकला माहुल के 17 परगने, गोंडा के चकला नवाबगंज के छह परगने तथा खैरीगण के 7 परगने समाहित थे। सन् 1820 में चकला आजमगढ़ और चकला माहुल के अधिकांश अंश गाजीपुर एवं जौनपुर को सौंप दिए गए। सन् 1857 के स्वतंत्रता आंदोलन को कुचलने

में आई कठिनाइयों के कारण विद्रोह के समाप्त होने के पश्चात् 1865 में परगना मगहर, परगना विनायकपुर तथा 6 अन्य छोटे परगनों को लेकर गोरखपुर के पश्चिम भाग में बस्ती जनपद का सृजन किया गया। सन् 1946 ई. में गोरखपुर के पूर्वी भाग की 4 तहसीलों को अलग कर देवरिया जनपद का गठन किया गया। देश को स्वतंत्रता मिल जाने के बाद प्रशासनिक सुधारों के अंतर्गत अंग्रेजी शासन काल के जनपदों को विभाजित कर दिसंबर 1988 में बस्ती को बाँटकर उत्तरी भाग में सिद्धार्थनगर जिला का सृजन किया गया।[78] इस प्रकार से सिद्धार्थनगर जनपद अस्तित्व में आया।

संदर्भ

1. पद्मपुराण, 5/269, ब्रह्मपुराण, 123
2. वाल्मीकि रामायण, उत्तरकांड, सर्ग 101
3. इमौ कुमारौ सौमित्रे त धर्मविशारदौ।
   अंगदश्चंद्रकेतुश्च राज्यार्थे दृढविक्रमौ॥
   इमौ राज्येऽभिषेक्ष्यामि देशः साधु विधीयताम्।
   रमणीयो ह्यसंबाधो रमेतां यत्र धन्विनौ॥
   न राज्ञो यत्र पीडा स्यान्नश्रमाणां विनाशनम्।
   स देशो दृश्यतां सौम्य नापराधयामहे यथा॥
   —वाल्मीकि रामायण, उत्तरकांड, सर्ग 102/2-4
4. अथं कारूपथो देशो रमणीयो निरामयः॥
   निवेश्यतां तत्र पुरमङ्गदस्य महात्मनः।
   चंद्रकेतोः सूरुचिरं चंद्रकांतं निरामयम्॥ —वही, 5-6
5. तद्वाक्यं भरतेनोक्तं प्रतिजग्राह राघवः। तं च कृत्वा वशे देश्वमंगदस्य न्थवेशयत्॥ अंगदीया पुरी रम्या ह्यंगस्य निवेशिता। रमणीया सुगुप्ता च रामेणाक्लिष्टकर्म॥ चंद्रकेतोश्च मल्लस्य मल्लभूम्याँ निवेशिता।
   चंद्रकांतेति विख्याता दिव्या स्वर्गपुरी यथा॥ —वही, 7-9
6. अभिषिच्य कुमारौ द्वौ प्रस्थाप्य सुसमाहितौ।
   अड़गदं पश्चिमां भूमिं चंद्रकेतुमुदङ्मखाम्॥ —वही, 11
7. अंगदं चंद्रकेतुं च लक्ष्मणोऽप्यात्मसंभवौ।
   शासनारघुनाथस्य चक्रे कारापथेश्वरौ॥ —रघुवंशम् सर्ग 15 श्लोक 90
8. 'चंद्रकेतोश्च मल्लस्य' = मल्लस्य चंद्रकेतोः (अन्वय मल्ल चंद्रकेतु की।) मत्स्यभेद में प्रवीण होने के कारण उनको यह उपाधि मिली थी। ('मल्लो मत्स्यभेदे बलीयसि' इति विश्वः)।
9. पृष्ठ 9-11
10. देखिए रघुवंश, सर्ग 4
11. दीघनिकाय, 2/165

12. वास्तव में ये सगी बहन नहीं किंतु पद में बहन लगती रही होंगी।
13. महावंश के अनुसार भी इक्षाकु शाक्यों के पूर्वज थे। देखिए महावंश, ग्रीगर का अनुवाद, पृ. 11
14. बुद्धघोष का जन्म पाँचवीं शताब्दी के मगध के एक ब्राह्मण परिवार में हुआ था। ये प्रसिद्ध विद्वान, ग्रंथकार तथा भाष्यकार थे।
15. कपिल सांख्य दर्शन के प्रवर्तक माने जाते हैं। इससे निरीश्वर सांख्य दर्शन और अनात्मवादी बौद्ध-धर्म की शृंखला स्पष्ट हो जाती है।
16. उस समय वाराणसी में नागवंशी क्षत्रियों का राज्य था।
17. अमरकोश के टीकाकार भरत शाक शब्द की टीका में लिखते हैं—शाक एक वृक्ष का नाम है। एक इक्ष्वाकुवंशी राजा शाक्य कहलाए, क्योंकि वे शाक वृक्षों के पास बसे। उनके वंशज शाक्य कहलाए।
18. देखिए पीछे पृष्ठ
19. देखिए पाद टिप्पणी सं. 1,
20. धम्मपद अट्ठकथा (4:3)
21. विष्णुपुराण, खंड 4, अध्याय 22
22. विश्वमित्रो जमदग्निर्भरद्वाजोऽथ गौतमः।

    अत्रिर्वसिष्ठः कश्यप इत्येते सप्तर्षयः॥

    सप्तानामृषीणामगस्त्याष्टमानां यदपत्यं तद्गोत्रमित्युत्यते॥

    —बौधायन, महाप्रवराध्याय।
23. आर्केओलॉजिकल सर्वे ऑफ इंडिया रिपोर्ट, भाग 22, वर्ष 1875 ई.।
24. अशोक के धर्म लेख (पं. जनार्दन भट्ट द्वारा संपादित), पृ. 3851
25. महावस्तु।
26. ललितविस्तर।
27. धम्मपद अट्ठकथा, 15.1
28. महापरिर्निव्वाणसुत्त।
29. दीघनिकाय, भाग 2, पृ. 167
30. आर्केओलोंजिकल सर्वे आफ इंडिया, भाग-22 वर्ष, 1875 ई.
31. ह्वेनसांग का यात्रावर्णन (टी. वैटर्स द्वारा संपादित)।
32. महावंश।
33. गोरखपुर जनपद और उसके क्षत्रिय जातियों का इतिहास राजबली पांडेय की पुस्तक से साभार।
34. मनुस्मृति 8/348, 8/16, 3/19
35. मेदिनी, 1 4
36. महावंश, डब्ल्यू गीगर द्वारा संपादित, पृ. 20
37. दिव्यावदान (कावेल और नेल द्वारा संपादित), पृ. 370, 180
38. वही।
39. महापरिनिव्वाणसुत्त।
40. इस टीका में मौर्य शब्द की दो व्युत्पत्ति दी हुई हैं—

    (i) मोदिय (प्रसन्न प्रदेश) के रहनेवाले।

(ii) मोर पक्षी वाले प्रदेश में रहनेवाले। देखिए महावंश टीका पृ. 110

41. ह्वेनसांग का यात्रावर्णन (टी. वैटर्स द्वारा संपादित)।
42. आर्केलॉजिकल सर्वे आफ इंडिया रिपोर्ट, जिल्द 18 टूर इन दि गोरखपुर डिस्ट्रिक्ट इन 1875-76 एंड 187-77
43. महावंश टीका में लिखा हुआ है कि भगवान् बुद्ध के जीवन काल ही में कोसल के राजा विडूडभ (विरूद्धक) के अत्याचार से तंग आकर शाक्य हिमलाय की तलहटी में भाग गए और वहाँ पर पिप्पलीवन में एक सुंदर झील के किनारे मोरों की सुरीली केका से प्रतिध्वनित स्थान पर मयूर नामक नगर बसाया। (महा. टीका पृ. 119-121 इस कथा की आलोचना करते हुए श्री विमल चरण लॉ अपनी पुस्तक बौद्ध भारत में क्षत्रिय जातियाँ (kshatriya Clans in Budhist India) के पृ. 204 पर लिखते हैं—

   "The above legend about the Origin of the Moriyas of pippalivana cannot be acepted as an historical fact. when the Moriyas are improduced to us in the Book of the Great Decease, they are contemporaries and pomuful rivals of the sakyas of Kapilvastu."

   (पिप्लीवन के मौर्यों की उत्पत्ति के संबंध में उपर्युक्त गाथा ऐतिहासिक सत्य के रूप में नहीं स्वीकार की जा सकती। महापरिनिर्वाण सूत्र में जब मौर्यों का परिचय होता है, उस समय वे शाक्यों के समकालीन और बलवान् प्रतियोगी मालूम पड़ते हैं।)

   इस कथा से यह सिद्ध हो सकता है कि किसी समय शाक्यों की एक शाखा मौर्यों के रूप में प्रकट हुई। किंतु पिप्पलीवन को हिमालय में रखना बहुत कठिन है। ह्वेनसांग के यात्रावर्णन से स्पष्ट है कि विक्रम की छठी शताब्दि तक कुशीनगर की दक्षिण-पश्चिम दिशा में पिप्पलीवन के अवशेष थे। हिमालय की तलहटी में अशोक के मयूरशीर्षं वाले स्तंभ के मिलने के कारण पिप्पलीवन और मयूरनगर को वहाँ ढूँढ़ने का प्रयत्न कल्पनामात्र है।
44. महापरिनिब्बाणसुत्त।
45. भगवान बुद्ध के अवशेष में भाग लेने के लिए पावा के मल्लों ने कुशीनगर के मल्लों के पास संदेश भेजा—"भगवान् भी क्षत्रिय थे, हम भी क्षत्रिय हैं।"
46. दिव्यावदान।
47. वाल्मीकि रामायण, उत्तरकांड, सर्ग 102
48. रघुवंश, सर्ग 12, श्लोक 1-22
49. आर्केओलॉजिकल सर्वे ऑफ इंडिया रिपोर्ट, वर्ष 1910-11 ई.।
50. आर्केओलॉजिक सर्वे ऑफ इंडिया रिपोर्ट, भाग 18 वर्ष 1875-76 ई.।
51. ऐसेंट ज्यॉग्राफी ऑफ इंडिया।
52. गोरखपुर जनपद और उनके ज्ञातिय जातियों का इतिहास पृ. 85
53. मंझिम निकाय, 3/118; निदान कथा।
54. अंगुत्तर निकाय, 1/145
55. उत्तरी बौद्ध परंपरा के अनुसार। ललित विस्तर में नाम गोपा, बुद्धवंश में भद्दकच्छा और जातक भाष्य में बिम्बा दिया हुआ। (गोरखपुर और उसकी क्षत्रिय जातियों का इतिहास : राजबली पांडेय)

56. ललित विस्तरः मंझिमनिकाय, 1/240
57. भगवान बुद्ध का जीवन-वृत्त जानने के लिए डॉ. ई.जे. टामस का अंग्रेजी में लिखा हुआ 'दी लाइफ आफ बुद्ध' नामक ग्रंथ उपयोगी है।
58. जातक, निदान, 4., महावग्ग अट्ठकथा : महाखंधक, राहुलवस्तु।
59. धम्मपद, अट्टकथा 15/1
60. महापरिनिब्बाणसुत्त।
61. चुल्लवग्ग, 7
62. दीघनिकाय, 3/10/2
63. महापरिनिब्बाणसुत्त।
64. महावगा, 6
65. महापरिनिब्बाण सुत्त
66. बौद्ध धर्म की विशेष जानकारी प्राप्त करने के लिए देखिए, टी.डब्ल्यू. राइस डेविड्ज : बुद्धिज्म, कर्न, मैनुयल ऑफ इंडियन बुद्धिज्म : राधाकृष्णन, इंडियन् फिलासाफी, जिल्द 1, पृ. 340-703
67. सुमंगल विलासिनी (विमल चरण लॉ : बुद्धघोष, पृ. 111) उवासगदसाओ, भाग 2, परिशिष्ट, पृ. 7
68. कल्पसूत्र निर-यावली।
69. डॉ. द.रा. भांडारकर : कारमाइकेल लेक्चर।
70. कलियुग—राजवृत्तान्त, भाग 3, अध्याय 2
71. वही
72. मौर्यों ने ही चाणक्य की सहायता से नंदवंश का विनाश किया और मल्ल तो मौर्यसाम्राज्य के समय में भी अधीन राज्य के रूप में जीवित थे।
73. महावंश 5/14/171
74. अर्थशास्त्र, 11/1
75. विहारयात्रा में मृगया (शिकार), भोज, पान, नृत्य आदि होते थे, देखिए अशोक के शिलालेख, 14/8
76. वील : बुद्धिस्ट रिकॉर्ड्स आफ दी वेस्टन वर्ल्ड, जिल्द 2, पृ. 19, 32
77. गोरखपुर जनपद और उसके क्षत्रिय जातियों का इतिहास : डॉ. राजबली पांडेय जी की पुस्तक से साभार।
78. आईने गोरखपुर—पी.के. लाहिड़ी एवं डॉ. कृष्ण कुमार पांडेय, पृ. 36-43

अध्याय : 2

ब्रिटिश शासन से पूर्व जिले की स्थिति

ब्रिटिश शासन से पूर्व सिद्धार्थनगर की स्थिति को समझने के लिए जनपद बस्ती की स्थिति को समझना आवश्यक है तथा बस्ती की स्थिति समझने के लिए गोरखपुर जनपद अर्थात् 'गोरखपुर सरकार' की स्थिति को समझना आवश्यक है। क्योंकि ब्रिटिश शासन से पूर्व सिद्धार्थनगर का पूर्व नाम जनपद बस्ती, 'गोरखपुर सरकार' का ही अंग था। इसलिए सिद्धार्थनगर जनपद का ब्रिटिश शासन से पूर्व की स्थिति को समझने के लिए गोरखपुर परिक्षेत्र की ब्रिटिश शासन से पूर्व की स्थिति को समझना आवश्यक है।

मुगल साम्राज्य जो देश में एक प्रकार की राजनैतिक एकता स्थापित किए हुए था, अब शिथिल होकर छिन्न-भिन्न हो रहा था और उसके स्थान पर प्रांतीय स्वतंत्र छोटे-छोटे राज्यों का उदय होने लगा। इसी समय भारतवर्ष के राजनैतिक क्षितिज पर एक राहु का उदय हो रहा था और वह था यूरोपीय जातियों का यहाँ आना। पहले वे व्यापारी के रूप में यहाँ आए। फिर यहाँ की राजनैतिक परिस्थिति से लाभ उठाकर सैनिक बने और अंत में शासक बन बैठी। इसका फल यह हुआ कि देश का स्वाभाविक राजनैतिक विकास रुक गया; यहाँ का व्यापार भी मुख्यत: विदेशियों के हाथ में चला गया और वैज्ञानिक आविष्कारों और यंत्रों के लिए भी परावलंबी होना पड़ा। देश की समृद्धि तो दूर रही फिर नए ढंग के राजनैतिक आक्रमण और शोषण प्रारंभ हुए। नए विजेताओं के हाथ में आधुनिक साधन होने के कारण गोरखपुर जनपद की एकांतता, जो प्राय: विदेशी आक्रमणों के समय उसकी रक्षा करती थी, नष्ट हो गई। वह पहले राजनैतिक विश्रृंखलता और फिर साम्राज्यवाद का शिकार बना।

मुगल साम्राज्य के पतन के साथ-साथ प्रांतीय सूबेदार स्वतंत्र होने लगे। इसी समय अवध का सूबेदार सादात खाँ भी स्वतंत्र हो गया। अवध के सूबे में ही गोरखपुर था। औरंगजेब की मृत्यु के बाद गोरखपुर के राजे अर्द्धस्वतंत्र हो गए थे। उनको फिर से दबाने के लिए सादात खाँ ने प्रयत्न किया। उसको गोरखपुर के दक्षिणी भाग में कुछ

सफलता मिली, किंतु उत्तरी भाग में उसका आधिपत्य बिलकुल अधूरा रहा। सं. 1782 वि. (सन् 1725 ई.) में उसने उत्तर की ओर विशेष ध्यान दिया। इस समय उधर एक नयी परिस्थिति उत्पन्न हो गई थी। बुटवल के चौहानवंश की एक शाखा का अधिकार तिलपुर परगने के ऊपर था।

तिलपुर का राजा तिलकसेन मुसलिम सत्ता का विरोधी था। उसने बंजारों की सहायता से गोरखपुर के उत्तरी भाग पर कई आक्रमण किए। बंजारों के भय से कई बसे हुए भाग ऊजाड़ हो गए और जंगल उग आए। सादात खाँ ने तिलक सिंह को पराजित करने के लिए फैजाबाद से एक सेना भेजी। परंतु इसका कुछ स्थायी प्रभाव नहीं पड़ा। सेना के लौटते ही फिर तिलकसेन का गुरिल्ला युद्ध शुरू हो गया। इसका फल यह हुआ कि प्राय: सारे जिले में अराजकता फैल गई और नवाब का आधिपत्य खतरे में पड़ गया।

गोरखपुर में नवाब की एक फौजी छावनी थी। सतासी राज्य से इसका बराबर संघर्ष चलता रहा। किंतु नवाब के लिए सबसे चिंता की बात तो तब हुई जब स्वयं मुसलिम फौज ने उसके खिलाफ विद्रोह किया। सं. 1807 वि. (1750 ई.) में नवाब ने एक बड़ी सेना अलीहुसेन खाँ के सेनापतित्व में गोरखपुर में भेजी। पहले उसने डोमिनगढ़ में नवनिर्मित मुसलिम किले को तोड़ा और मुसलमान विद्रोहियों को दबाया। इसके बाद उसने उत्तर की ओर ध्यान दिया और तिलकसेन के लड़के द्वारा संचालित सेना को हराकर बुटवल की तरफ प्रस्थान किया। बुटवल से कई वर्षों तक संघर्ष चलता रहा। अंत में बुटवल के राजा की हार हुई। संधि के अनुसार तिलपुर का राज्य बुटवल के साथ मिला दिया गया और राजा ने कर देना स्वीकार किया। इस समय भी मुसलमान अधिकारियों द्वारा शासन करने का प्रयत्न नहीं किया गया। जो कर स्थानीय राजाओं से मिलता था वह नाममात्र का था। यद्यपि गोरखपुर शहर में नवाब की एक खासी अच्छी सेना रहती थी, तथापि गोरखपुर के चकलेदार का स्थानीय राजाओं पर नियंत्रण नाममात्र का था। चकलेदार कर वसूल करने में उन्हीं के ऊपर अवलंबित रहता था। जब स्थानीय राजा किसी कारण से कर देना बंद कर देते थे तो वह विवश हो जाता था। वह सीधे किसानों से कर नहीं वसूल कर सकता था।

शुजाउद्दौला की नवाबी में उपरोक्त अवस्था में थोड़ा परिवर्तन हुआ। सं. 1821 (1764 ई.) में वह बक्सर की लड़ाई में अंग्रेजों से हार गया। इसके बाद उसने अवध में अपनी शक्ति को संगठित करने का प्रयत्न किया। उसने अंग्रेजों की दमननीति और कर वसूल करने में उनकी कुशलता के बारे में सुन रखा था। इसलिए उसने अपने सूबे के पूर्वी भाग गोरखपुर-बहराइच में मेजर हैनी नामक एक अंग्रेज को फौजदार और

कलेक्टर बनाकर रखा। मेजर हैनी बड़ा निर्दयी और अत्याचारी था। उसने निर्दयतापूर्वक नवाब की सत्ता को स्थापित करने की कोशिश की। उसने चकलेदार के पद को तोड़ दिया और उनके स्थान पर प्रामिलों की नियुक्ति की। इस शर्त पर कि स्थानीय राजाओं के आंतरिक प्रबंध में वह हस्तक्षेप नहीं करेगा, उनसे कर निश्चित कर लिया। धीरे-धीरे कई राजा आमिल के रूप में हो गए। गोरखपुर जनपद में जहाँ उसकी शक्ति प्रबल थी वहाँ पर उसने अवध से बहुत से ठेकेदारों को बुलाया और उनको कई इलाके कई वर्षों के ठेके पर दे दिये।

मेजर हैनी ने जिले के शासन पर बिलकुल ध्यान नहीं दिया। उसने सेना की सहायता से स्थानीय राजाओं को नियमित कर देने के लिए विवश किया। राजाओं और ठेकेदारों से कर की काफी बड़ी रकम निश्चित की। इससे किसानों का भार बढ़ गया। उनको इतना अधिक कर देना पड़ता था कि बहुत से अपने-अपने खेत और गाँवों को छोड़कर भाग गए और बहुत से गाँव उजाड़ हो गए। हैनी का नाम बहुत दिनों तक लोग घृणा के साथ लेते रहे। तत्कालीन ब्रिटिश पार्लामेंट के सदस्य बर्क ने वारेन हैस्टिंग्ज पर अभियोग चलाते हुए हैनी के अगणित अत्याचारों का वर्णन किया था और इंग्लैण्ड का प्रसिद्ध अर्थशास्त्री मिल ने लिखा है कि हैनी के अत्याचारों से कई उपजाऊ भाग उजाड़ हो गए। प्रजा दरिद्र और शक्तिहीन हो गई। कृषि चौपट हो गई। प्रजा में चारों ओर असंतोष और अरक्षा का भाव था। सभी स्थानों में अराजकता फैल रही थी।

जब नवाब के अयोग्य और अत्याचारपूर्ण शासन से सारे जनपद में अशांति और अराजकता फैल रही थी उत्तर तराई की ओर से बंजारों ने उपद्रव मचाना शुरू कर दिया। जिले में चारों तरफ उनका आतंक छा गया, विशेषकर पूर्वी भाग में जहाँ कोई स्थानीय शक्तिमान् राजा उनका सामना करने के लिए नहीं था। बर्बर बंजारों के नेताओं ने राजनीति में भी भाग लेना प्रारंभ किया। वे दो स्थानीय राजाओं में युद्ध करा देते थे और जिसकी ओर से उनको अधिक रुपया मिलता था उसकी ओर से युद्ध में लड़ते थे। कभी-कभी अवध के नवाब के गुमाश्ते, नाजिम, आमिल, चकलेदार आदि होने का दावा करते थे और उनके नाम पर प्रजा के ऊपर अत्याचार करते थे। राजाओं की कमजोरी यह थी कि वे सब मिलकर लुटेरे बंजारों का सामना करने के बदले आपस में ही लड़ा करते थे। उदाहरण के लिए, सतासी के श्रीनेत राजा इस समय बुटवल के चौहान राजा से लड़कर अपनी शक्ति क्षीण कर रहे थे। हाँ, बाँसी के श्रीनेत राजा ने बुद्धिमानी से काम लिया। सं. 1847 वि. (सन् 1790 ई.) में बाँसी राज्य ने बंजारों को बुरी तरह से दबाया और उनको नेपाल की तराई में ढकेल दिया। धुरियापार के कौशिक दो तरफ से नष्ट हो रहे

थे—आपस का झगड़ा और मेजर हनी तथा बंजारों के अत्याचार। गोरखपुर जनपद के स्थानीय राज्यों में केवल मझौली ही ऐसा था जो कुछ सुव्यस्थित और बंजारों के आक्रमण से सुरक्षित था। अपने राज्य के उत्तरी-पूर्वी भाग को, जो गोरखपुर के पूर्वोत्तर और सारन तक फैला हुआ था, बंजारों और अंग्रेजों से अरक्षित समझकर मझौली ने छोड़ दिया। और बुद्धिमानी का काम यह किया कि उन भागों में स्थापित नए पडरौना और तमकुही राज्य की बराबर सहायता की। इसका परिणाम यह हुआ कि बंजारों के आक्रमण और अत्याचार कम हो गए। फिर भी जनता के मन पर बंजारों का आतंक बहुत दिनों तक बना रहा। बंजारों और थारुओं के संबंध में बहुत सी कहानियाँ प्रचलित हो गईं। बहुत से प्राचीन भग्नावशेषों को यहाँ के लोग भ्रम से बंजारों और थारुओं के निवासस्थान के खंडहर समझने लगे, यद्यपि ये खानाबदोश जातियाँ गोरखपुर जनपद के भीतर नहीं बसीं।

इस समय तक हिंदुस्तान के भीतर अंग्रेजों की शक्ति काफी बढ़ गई थी। उन्होंने पतनोन्मुख हिंदू और मुसलमान राज्यों में भेद-नीति का अवलंबन कर, उनके सहायक और मित्र बनकर पहले उनसे पुरस्कार और जागीर ली; पीछे जाल और आक्रमण से अपने राज्य की सीमा बढ़ाने लगे। लार्ड वेलेजली ने एक बहुत बड़ा जाल बिछाया; वह था 'सहायक-मैत्री-प्रथा'। जो लोग अंग्रेजों का मित्र होना चाहते थे (मित्र न होना शत्रुता थी और अंग्रेज अब इतने प्रबल हो गए थे कि वे हिंदुस्तानी राजाओं को बलपूर्वक मित्र बना सकते थे) उनको अपनी रक्षा करने के लिए एक अंग्रेजी सेना रखनी पड़ती थी और उसका खर्च देना पड़ता था। यह नीति वास्तव में 'मियाँ की जूती मियाँ का सिर' वाली थी। इससे अंग्रेजी सेना देशी राज्यों के खर्च से ही उनकी छाती पर जा बैठती थी। इस महाजाल में अवध के नवाब भी फँसे। उन्होंने अंग्रेजों की सहायक—मैत्री स्वीकार की। उनकी रक्षा के लिए अवध में अंग्रेजी सेना रखी गई। जब कई वर्षों तक वे खर्च न दे सके तो उनके ऊपर ऋण बढ़ता गया। अंग्रेजों के सुझाव से इस गोरखपुर और आस-पास के प्रदेश को अंग्रेजों को दे दिया। इसमें गोरखपुर पूरा बस्ती का जिला, बुटवल तथा आजमगढ़ का उत्तरी भाग सम्मिलित थे। पिछले छह सौ वर्षों से गोरखपुर के ऊपर मुसलमानों का शासन अधूरा और नाममात्र का था। जनपद का भीतरी शासन स्थानीय राजवंशों के हाथ में था। यद्यपि सारे भारत की राजनैतिक अवस्था बिगड़ जाने से गोरखपुर में भी अव्यवस्था फैल गई थी, तथापि स्थानीय लोगों की सैनिक तथा राजनैतिक योग्यता और प्रतिभा नहीं नष्ट हुई थी। अंग्रेजों के आने से सबसे बड़ी हानि यह हुई कि राष्ट्र के लिए उपयोगी दोनों तत्त्वों का ह्रास होने लगा। ईस्ट इंडिया कंपनी ने गोरखपुर जिले का प्रबंध करने के लिए मिस्टर राउटलेज नामक एक अंग्रेज अधिकारी नियुक्त किया।

नवाब की सरकार गोरखपुर से केवल कर वसूल करती थी; शासन नहीं करती थी। अंग्रेज अधिकारी ने अपना शासन दृढ़ करने के लिए पुराने अधिकारियों और सैनिकों को हटा दिया और उनके स्थान पर नीचे से ऊपर तक नयी पुलिस, सेना, कर-विभाग और अपने नए सहायक अधिकारी नियुक्त किए। उसने स्थानीय राजाओं पर अवलंबित न रहकर वास्तव में गोरखपुर जनपद में शासक बनने का श्रीगणेश किया। पहले उसको कठिनाइयाँ हुईं। पीछे उसके पैर जमने लगे।

तराई के प्रदेशों में पहुँचने पर अंग्रेजों की दृष्टि हिमालय की ओर गई। सं. 1870 (सन् 1813 ई.) में ईस्ट इंडिया कंपनी के चार्टर में परिवर्तन हुआ। इसके अनुसार हिंदुस्तान में यूरोपीय लोगों को बसने की आज्ञा मिली। यूरोपीय उपनिवेशों के लिए हिमालय की ठंडी और सुरम्य उपत्यका (घाटी) की आवश्यकता अंग्रेजों को अनुभव होने लगी। किंतु ये हिमालय के अंचल के प्रदेश नेपाल के अधीन थे। अंग्रेजों को नेपाल के लिए प्रलोभन था और नेपाल को अंग्रेजों से आशंका थी इसलिए दोनों में युद्ध होना अवश्यंभावी था। बहाने की कमी नहीं थी।

कुछ दिन पहले नेपाल गोरखपुर जनपद की अव्यवस्था से लाभ उठाकर दक्षिण की ओर बढ़ना प्रारंभ कर दिया था। इसके पहले भी इन भागों के लिए मुसलमानों और नेपाल में संघर्ष चलता था। इनके ऊपर नेपाल अपना स्वाभाविक अधिकार समझता था। उसने तिलपुर और विनायकपुर परगने को अपने अधीन किया फिर बुटवल की ओर दृष्टि घुमायी। बुटवल के राजा को अंग्रेजों ने मालगुजारी के लिए कैद कर रखा था। वह कैद से भाग कर नेपाल सरकार के हाथ में चला गया।

अवसर अच्छा था; नेपाल ने बुटवल पर अपना अधिकार जमा लिया। अंग्रेज इस नीति में नेपाल से कई हाथ आगे थे। उन्होंने बुटवल के राजा के एक संबंधी को अपनी ओर मिलाकर उसको पेंशन दिया और बुटवल राज्य का अधिकार अपने पक्ष में लिखवा लिया। अंग्रेजों ने तिलपुर, विनायकपुर और बुटवल को नेपाल से वापस मागा। संतोषजनक उत्तर न मिलने पर अंग्रेजों ने सं. 1871 (सन् 1814 ई.) में नेपाल के साथ युद्ध की घोषणा की।

अंग्रेजों की योजना लंबी थी। गोरखपुर की सीमा का प्रश्न तो एक कारण-मात्र था। चार अंग्रेजी सेनाओं ने बिहार, कुमायूँ और गोरखपुर की ओर से नेपाल पर एक साथ आक्रमण किया। गोरखपुर से जो सेना भेजी गई उसके सेनापति थे जनरल वुड। इन्होंने सीधे बुटवल पर आक्रमण किया। लड़ाई के प्रारंभ में नेपालियों ने जिस वीरता का प्रदर्शन किया और अंग्रेजों को जो मुँह की खानी पड़ी, उससे अंग्रेजी सेना की प्रतिष्ठा बहुत घट

गई। विशेषकर वुड साहब की बड़ी दुर्दशा हुई। इनके स्थान पर कर्नल निकोलस की नियुक्ति हुई। परंतु गोरखपुर की ओर से नेपाल पर विजय पाना भौगोलिक कारणों से भी असंभव है। नेपाल का सबसे नाजुक भाग देहरादून—कुमायूँ था, जिसकी तरफ नेपाल सरकार का ध्यान कम था और जिधर से अंग्रेजों के आक्रमण की आशंका नहीं समझी जाती थी। परंतु अंग्रेजों ने अवध और रुहेलखंड दोनों पर अपना आतंक जमा रखा था और वहाँ के मुसलिम शासकों की सहायता से अंग्रेजों को सफलता मिली। उन्होंने कुमायूँ और देहरादून को जीता। बिहार की ओर से डेविट ऑक्टरलोनी ने नेपाल की सीमा प्रवेश किया। अब विवश होकर नेपाल को संधि करनी पड़ी। सं. 1873 वि. (सन् 1816 ई.) में सिगौली के स्थान पर संधि हुई। नेपाल राज्य का पश्चिमी भाग जो प्राय: शिमला तक फैला हुआ था, अंग्रेजों को मिला (इस से यूरोपीय लोगों को हिंदुस्तान के मैदानी गर्मी से बचाने का प्रश्न हल हो गया। गोरखपुर की सीमा की तरफ नेपाल को कोई विशेष हानि नहीं उठानी पड़ी। तिलपुर और विनायकपुर के परगने उसको छोड़ने पड़े। किंतु बुटवल उसको स्थायी रूप से मिल गया। साथ ही साथ उसने पहाड़ी से उतर थोड़ा मैदान में घुसकर अपनी दक्षिणी सीमा सीधी कर ली। इसका फल यह हुआ कि गोरखपुर का कुछ भाग, जो प्राचीन शाक्य और मल्लराज्य के अंतर्गत था, नेपालराज्य में चला गया। बिहार की तरफ अंग्रेज दार्जिलिंग की ओर कुछ नेपाल में घुस गए। काठमांडू में अंग्रेज दूत भी पहुँच गया।

इस युद्ध का परिणाम नेपाल के लिए दूरव्यापी हुआ। अंग्रेजों ने तीन तरफ से नेपाल को घेर दिया। उत्तर में चीन साम्राज्य नेपाल को दबाये हुए है। इसलिए दो साम्राज्यों के बीच में नेपाल की राजनैतिक और सैनिक प्रतिभा कुण्ठित है। तब से लेकर अब तक नेपाल के इतिहास में कोई महत्त्वपूर्ण घटना नहीं हुई। नेपाल के गोरखा सैनिक अंग्रेजों के साधन रूप में संसार की कई लड़ाइयों में लड़ते रहे हैं। नेपाल के इन लड़ाकों को भर्ती करने का गोरखपुर में एक बहुत बड़ा केंद्र है।

नेपाल युद्ध के बाद निश्चिंत होकर अंग्रेजों ने गोरखपुर जनपद पर शासन करना शुरू किया। उन्होंने पहले शासन और सरकारी मालगुजारी के संगठन पर ध्यान दिया। जब गोरखपुर अवध के नवाब से अंग्रेजों को मिला था उस समय उसमें पाँच तहसीलें थीं। (1) सलेमपुर, (2) भौआपार, (3) हवेली, (4) पडरौना और (5) बाँसी। सं. 1875 वि. (1818 ई.) में तिलपुर और विनायकपुर दो परगनों को मिलाकर एक तहसील बनी और उसकी राजधानी मंसूरगंज में रखी गई। सं. 1897 (1840 ई.) में भौआपार के स्थान में बाँसगाँव तहसील बनाई गई। सं. 1902 वि. (1845 ई.) में सलेमपुर के बदले देवरिया

तहसील की राजधानी बनी। गोरखपुर जनपद में तहसीलों में तहसीलदार के अतिरिक्त राजधानी में एक मजिस्ट्रेट, एक ज्वाइंट मजिस्ट्रेट और एक जज नियुक्त किए गए। शांति और सुव्यवस्था के लिए पुलिस-थाने स्थापित किए गए। गोरखपुर में सैनिक आवश्यकता के लिए ढाई कंपनी की एक फौज की टुकड़ी भी रखी गई।

आर्थिक प्रबंध की ओर ईस्ट इंडिया कंपनी ने विशेष ध्यान दिया। अकबर के समय में गोरखपुर सरकार की मालगुजारी 1,11,503 रु. थी। नवाबों के समय में यह मालगुजारी कुछ बढ़ गई थी। किंतु सं. 1860-61 (सन् 1803-4) में कंपनी ने जो भूमि-प्रबंध कराया उसके अनुसार मालगुजारी घटाकर 627570 रु. कर दी गई। किंतु दो-तीन वर्ष के बाद यह रकम और भी कम हो गई। सं. 1867-68 तक सरकार मालगुजारी जमींदारों से वसूल करती थी और जमींदार लोग अपने विर्तियों (वृत्तिधरों) से कर वसूल कर लिया करते थे। किंतु मालगुजारी सीधे वसूल होने लगी, यद्यपि मूल जमींदारों को उनकी मालगुजारी पर मालिकाना मिलता रहा।

इस प्रकार से कंपनी ने अपना अधिकार और आय तो निश्चित कर ही ली साथ-ही-साथ अन्य अंग्रेजों को भी जनपद से लाभ और शोषण का अवसर दिया। कई एक अंग्रेज भी जमींदार बनाये गए। कुछ नील और अफीम की खेती भी कराने लगे। ये अधिक से अधिक लाभ उठाना चाहते थे और जनता और मजदूरों के साथ इनका व्यवहार अहंकारपूर्ण और अमानुषिक होता था।

अंग्रेजी राज ने देश के जीवन में एक बहुत बड़ा परिवर्तन कर दिया। इसने बहुत से राजवंशों का अंत किया, जिनके वंशज और संबंधी पूर्वपद और प्रभाव से वञ्चित हुए। जमींदार, जिनके हाथ में शासन का काफी अंश रहता था, अब मालगुजारी वसूल करनेवाले ठेकेदारों के रूप में रह गए। बहुत से देशी सैनिकों का काम जाता रहा। अंग्रेजी सरकार ने हिंदू-मुसलमानों की धार्मिक भावना का ध्यान न कर ईसाई मिशनरियों को धार्मिक प्रचार के लिए सहायता और प्रोत्साहन दिया, जो भारतीय लोगों को ईसाई बनाते और उनके धर्म की तीव्र आलोचना करते थे। इस तरह देश की राजनैतिक और सैनिक प्रतिभा तो नष्ट हुई ही धर्म और संस्कृति भी खतरे में पड़ गई। इस कारण से अंग्रेजी राज्य के विरोध में चारों तरफ अशांति फैली।

अध्याय : 3

स्वतंत्रता संघर्ष का प्रथम उद्घोष, 1857 के प्रथम स्वतंत्रता संग्राम में जनपद/जनपदवासियों की भूमिका

1857 के प्रथम स्वतंत्रता संग्राम में सिद्धार्थनगर जनपद की भूमिका समझने के लिए जनपद बस्ती सहित गोरखपुर परिक्षेत्र का 1857 के संघर्ष को जानना आवश्यक है। इसलिए हम मुगलकालीन 'गोरखपुर सरकार' जिसके अंतर्गत सिद्धार्थनगर सहित पूरा गोरखपुर परिक्षेत्र आता है, उसका वर्णन करते हैं।

सन् 1801 ई. में ईस्ट इंडिया कंपनी द्वारा अवध के संपूर्ण गोरखपुर क्षेत्र पर शासन स्थापित कर लिया गया। ईस्ट इंडिया कंपनी ने गोरखपुर नाम से जिला मुख्यालय बनाया तथा उसमें कलेक्टर नियुक्त कर दिया। अंग्रेजों ने गोरखपुर में सत्ता स्थापित कर लेने के बाद देसी लोगों का शोषण करना आरंभ कर दिया। गोरखपुर क्षेत्र में अंग्रेजों द्वारा जमींदारियाँ स्थापित होने लगीं। यहाँ की परंपरागत खेती समाप्त कर नील, अफीम व तंबाकू की खेती प्रारंभ हुई। मजदूरों का शोषण शुरू हुआ। लॉर्ड विलियम वेंटिक के समय में ईसाई मिशनरियों की गतिविधियाँ प्रारंभ हुईं। ईसाइयों को यहाँ बसाया जाना तथा यहाँ के लोगों को प्रलोभन द्वारा ईसाई बनाने का अभियान शुरू किया गया। 1837 ई. के अकाल में बड़ी संख्या में लोगों को प्रलोभन देकर ईसाई बनाया गया। यहाँ के लोगों के साथ अमानवीय व्यवहार होने लगा। देसी रियासतों को अंग्रेज जबरन अपने राज्य में सम्मिलित करने लगे जिससे उनके अंदर भी आक्रोश व्याप्त हुआ। इन कारणों से उत्पन्न हुए जन असंतोष के कारण गोरखपुर वासियों के मन में अंग्रेजों के प्रति विद्रोह भड़कने लगा तथा वे अंग्रेजों का विरोध करने लगे।

भारत के लोगों में अंदर-ही-अंदर विद्रोह की ज्वाला धधक रही थी। अंग्रेजों ने सैनिकों हेतु गाय एवं सूअर की चर्बी युक्त कारतूस बंदूकों में प्रयोग हेतु मँगवाए। इस कारतूस की खासियत यह थी कि इनको बंदूक में फायर होने के बाद दाँत से खींचकर

बाहर निकालना पड़ता था। भारतीय हिंदू तथा मुस्लिम सिपाहियों को लगा कि अंग्रेज उनको गाय एवं सूअर की चर्बी लगे कारतूस को दाँत से खिंचवाकर उनके धर्म को नष्ट करना चाहते हैं। जब बात धर्म पर आई तब सैनिकों ने इसका विरोध किया तथा चर्बी युक्त कारतूसों का प्रयोग करने से मना कर दिया। सर्वप्रथम दमदम के सैनिकों ने 23 जनवरी, 1857 ईसवी को कारतूसों के प्रयोग से इनकार कर दिया।[1] इसके पश्चात् 26 फरवरी, 1857 को बहरामपुर के सैनिक ने आर्सेनल बुलिच कारतूसों का प्रयोग करने से मना कर दिया। क्रांतिकारियों की योजना के अनुसार पूरे देश में एक साथ क्रांति प्रारंभ की जाएगी उसके लिए 31 मई, 1857 की तिथि पूरे भारत में विद्रोह के लिए निर्धारित थी। परंतु कुछ सैनिक 2 माह तक इंतजार नहीं कर पाए और 27 मार्च, 1857 ईसवी को बैरकपुर सैनिक छावनी बंगाल में मंगल पांडेय ने स्वतंत्रता संघर्ष के लिए विद्रोह कर दिया। इस क्रांति की सूचना गोरखपुर में कलकत्ता से आनेवाली व्यापारिक नावों द्वारा पहुँची।

24 अप्रैल, 1857 को मेरठ में तैनात देसी घुड़सवार सेना के 99 सिपाहियों ने चर्बी लगे कारतूसों को इस्तेमाल करने से इनकार कर दिया। 9 मई, 1857 ई. को इनमें से पचासी को बर्खास्त कर 10 वर्ष की लंबी सजा सुनाई गई। परिणामस्वरूप 10 मई, 1857 को मेरठ में तैनात पूरी भारतीय सेना ने विद्रोह कर दिया और अपने अधिकारियों पर गोलियाँ चलाकर उनकी हत्या कर दी एवं अपने साथियों को मुक्त करा कर, दिल्ली की ओर चल पड़े। धीरे-धीरे सिपाही विद्रोह की यह आग लखनऊ, कानपुर, ग्वालियर, बरेली, इलाहाबाद, आगरा, फैजाबाद से होती हुई गोरखपुर तक पहुँच गई। यह समाचार मिलने के बाद मई के अंतिम सप्ताह में गोरखपुर में भी विद्रोह प्रारंभ हो गया। यद्यपि इस विद्रोह का प्रारंभ तो सेना ने किया परंतु शीघ्र ही इस स्वतंत्रता संग्राम में राजा और जमींदार तथा अंत में जनता भी सम्मिलित हो गई।

गोरखपुर में विद्रोह का झंडा देसी सिपाहियों, जिनमें अवध सूबे के पुरविये हिंदू एवं मुसलमान प्रमुख थे, उठाया, जिनके साथ यहाँ के क्षुब्ध स्थानीय जमींदारों एवं राजाओं ने भी बगावत का झंडा उठा लिया।[2] 25 मई, 1857 को गोरखपुर के सिपाहियों ने नए कारतूसों के प्रयोग से मनाही कर दी। 6 जून, 1857 को नरहरपुर के राजा हरिप्रसाद मल्ल के नेतृत्व में लोगों ने बड़हलगंज थाना व नदी घाट से पुलिस को खदेड़ दिया तथा 50 दोषियों को आजाद करा लिया।[3]

सन् 1857 ईसवी की इन परिस्थितियों के समय लॉर्ड कैनिंग भारत के गवर्नर ज़नरल थे। उस समय गोरखपुर के कलेक्टर डब्ल्यू पीटर्सन, ज्वाइंट मजिस्ट्रेट एफ.बर्ड,

जिला जज विनयार्ड तथा सेना के कैप्टन स्टील थे, जो आजमगढ़ में रहते थे।[4] सत्रहवीं नेटिव इन्फेंट्री की ढाई कंपनी अंग्रेज सेना गोरखपुर में तैनात थी। साथ ही 12 अनियमित घुड़सवार सेना की आधा रिसाल भी शामिल थी। जिसका मुख्यालय आजमगढ़ में था और वह सेना कप्तान ह्वील के कमांड में थी। उस समय बनारस व आजमगढ़ से गोरखपुर के संपर्क मार्ग पर स्थित बड़हलगंज प्रमुख पत्तन एवं व्यापारिक केंद्र था। यह स्थान नरहरपुर राज्य का केंद्र स्थान भी था। उस समय ट्रेन अथवा बस आवागमन हेतु उपलब्ध नहीं थे। गोरखपुर से बड़हलगंज के लिए पैदल या ऊँटगाड़ी द्वारा तदुपरांत आगे नाव द्वारा यात्रा के साधन उपलब्ध थे। देसी बड़ी रियासतों में सतासी, नरहरपुर, गोपालपुर, शाहपुर, बढ़यापार, नगर बाजार, अम्होडा, बाँसी, निचलौल, पडरौना, मझौली एवं तमकुही तथा तिघरा, पांडेयपुर, उनवल, डुमरी व इमामबाड़ा आदि छोटी रियासतें भी विद्यमान थीं।

विद्रोह की सूचना गोरखपुर में पहुँचते ही 31 मई, 1857 को बरहज के समीप पैना ग्राम के जमींदारों के द्वारा प्रथम विरोध किया गया। यह गाँव सरयू नदी के किनारे स्थित है। यह नदी उस समय यातायात का प्रमुख मार्ग थी। पैना के जमींदारों ने अपने लोगों के साथ कोलकाता से आ रही अंग्रेजों की नाव को लूट लिया और नावों को घाघरा नदी में डुबो दिया। इस प्रकार से नदी के जल मार्ग पर अधिकार करके अंग्रेजों के जल मार्ग को अपने कब्जे में कर लिया। खतरे की आहट पर अंग्रेजों ने गोरखपुर में मार्शल ला घोषित कर दिया। उस समय गोरखपुर का संरक्षक नाजिम सरदार अली था। उसने क्रांतिकारियों का साथ दिया व अंग्रेजों के विरुद्ध युद्ध की घोषणा कर दी। आर.सी. मजूमदार ने अपनी पुस्तक द सिपाही म्यूटनी एंड द रिवोल्ट इन यू.पी. में लिखा है कि उसी समय सरदार अली खान तत्कालीन रियालदार गोरखपुर के सिपाहियों ने गोरखपुर में मौजूद अनेक अंग्रेज सिपाहियों व मेजर होम्स को मार डाला। 5 जून को गोरखपुर के दक्षिणी भाग में भी क्रांति की चिनगारी फैल गई थी।

इसके पश्चात् क्रांति का समर्थन करनेवाले राजाओं की गुप्त बैठक हुई जिसमें सतासी, नरहरपुर, नगर एवं पांडेयपुर के बाबू गोविंद सिंह सहित इस क्षेत्र के प्रमुख जागीरदारों ने भाग लिया और सभी ने एकमत होकर बेगम हजरत महल के नेतृत्व को स्वीकार किया तथा इस निर्णय का संदेश उन्हें भेज दिया गया। 10 जून, 1857 को नुगुर परगना के महुआ डाबर ग्राम के देशभक्तों ने उन छह भगोड़े अंग्रेज अधिकारियों को मार डाला, जो फैजाबाद से भागकर नाव द्वारा गोरखपुर जिले में

प्रवेश करना चाहते थे। 10 अगस्त, 1857 को क्रांतिकारियों ने खलीलाबाद तथा 12 अगस्त को कप्तानगंज तहसीलों पर कब्जा कर अपने अधीन कर लिया। इसी तरह 12वीं केवलरी के 40 सैनिकों ने भी क्रांतिकारी सेना के साथ सम्मिलित होकर उनकी शक्ति को बढ़ाया।

19 जून, 1857 को कैप्टन व्यायलियू के साथ के चार अन्य अंग्रेज अधिकारियों को, जो गोंडा एवं आसपास से भागे थे, बाँसी के राजा के अभिरक्षा में गोरखपुर पहुँचे। फिर यहाँ पर रह गई अंग्रेजी स्त्रियों को लेकर बाँसी राजा के संरक्षण में ही गाजीपुर आ गए। लगभग इसी समय मीर मोहम्मद हसन, कर्नल लेनाक्स एवं उनके परिवार को विद्रोहियों से बचाकर ससम्मान गोरखपुर पहुँचा दिया गया। जून 1857 तक गोरखपुर में विद्रोह भड़क चुका था। आवध की बेगम ने मीर मोहम्मद हसन को, जो गोंडा व बहराइच के नाजिम थे, गोरखपुर का नाजिम नियुक्त कर दिया।

जून 1857 की गोरखपुर विद्रोह की सूचना आजमगढ़ पहुँची। कैप्टन स्टील विद्रोह को नियंत्रित करने के लिए अपने सिपाहियों के परेड को संबोधित किया, परंतु अगले ही दिन इनमें से अधिकांश सिपाहियों ने स्टील की आज्ञा मानने से इनकार करके विद्रोह कर दिया[5] सिपाहियों ने सरकारी संपत्ति को लूटने का प्रयास किया। जेल से कैदियों को छुड़ाने का प्रयास भी हुआ। इनमें से अधिकांश कैदियों को गोली मार दी गई। जिले में मार्शल लॉ लागू कर दिया गया और नेपाल से सैन्य मदद की माँग की गई। नेपाली अंग्रेजों की मदद करने के लिए बाध्य थे, क्योंकि वे अंग्रेजों से 1816 में कगौली की संधि किए थे। जिसकी शर्तों में अंग्रेजी फौज नेपाल पर आक्रमण नहीं करेगी और आवश्यकता पड़ने पर नेपाल की फौज ब्रिटिश सेना की सैन्य मदद करेगी। 1857 के विद्रोह में नेपाली सेना ने इसलिए भी अधिक उत्साह दिखाया क्योंकि नेपाल के ऊपर जिस समय अंग्रेजों ने आक्रमण किया था उस समय अवध के नवाब ने अंग्रेजों की हर संभव मदद की थी। इसलिए गोरखपुर अवध का भाग होने के कारण नेपाली सेना के कोप का भाजन बना, जो अंग्रेजों के हित में रहा। परिणामस्वरूप जल्द ही 3 जून को नेपाल के पालपा से 200 गोरखा सैनिकों की टुकड़ी मदद के लिए गोरखपुर की ओर रवाना हुई। गोरखा कमांडर पहलवान सिंह के नेतृत्व में नेपाली सेना एवं यहाँ स्थित अंग्रेज सेना को साथ लेकर उनकी सुरक्षा में छह लाख की धनराशि लेकर जनपद के सभी अंग्रेज व अधिकारियों ने 13 अगस्त, 1857 को गोरखपुर छोड़ दिया। क्योंकि लॉर्ड कैनिंग ने गोरखपुर के कलेक्टर को अधिक से अधिक अंग्रेज सैनिकों के साथ गाजीपुर पलायन कर जाने का निर्देश दिया

था। कलेक्टर पीटरसन ने गोरखपुर छोड़ने से पहले मिस्टर एफ बर्ड के संरक्षकत्व में यहाँ के राजाओं, जिसमें सतासी, गोपालपुर, मझौली, तमकुही व बाँसी के राजा सम्मिलित थे, 5 सदस्यीय समिति को आपातकालीन शासन व्यवस्था हेतु अधिकृत कर दिया। अंग्रेजों को बड़हलगंज होते हुए गाजीपुर जाना था। मार्ग में कौड़ीराम के आगे गगहा नामक स्थान पर वहाँ के बाबुओं एवं मोहम्मद हसन की सेना ने उन पर आक्रमण कर दिया परंतु गोरखा सैनिकों के कारण वे परास्त होकर भाग गए। इसके पश्चात् गोरखपुर के सतासी, बढ़यापार, शाहपुर व नरहरपुर के राजा अंग्रेजों के विरुद्ध हो गए। बर्ड के साथ केवल 17 जेल गार्ड तथा गोपालपुर राजा शेष रह गए थे। बाँसी, मझौली और तमकुही के राजा गोरखपुर से इतनी दूर थे कि अंग्रेजों की किसी प्रकार से मदद नहीं कर सकते थे। ऐसे समय में राजा गोपालपुर ने बचे धन के साथ बर्ड को गोपालपुर चलने का सुझाव दिया, जिसे बर्ड ने अस्वीकार कर दिया। इसके बाद राजा गोपालपुर अपने राज्य लौट गए।

20 अगस्त, 1857 को मीर मोहम्मद हसन राप्ती तट पर आ पहुँचे। जहाँ पर सतासी राज्य सैनिकों, प्रतिनिधियों एवं गोरखपुर के क्रांतिकारियों ने उनका स्वागत किया। क्रांतिकारी सेना में गोरखपुर के जेल गार्ड भी सम्मिलित हो गए। 21 अगस्त, 1857 को मीर मोहम्मद हसन ने गोरखपुर पर अधिकार कर अंग्रेजी शासन को यहाँ से समाप्त कर दिया। अंग्रेजों के अधिकांश बंगलों में, जो कि ब्रिटिश सत्ता के प्रतीक थे, आग लगा दी गयी। 22 अगस्त को मोहम्मद हसन ने बर्ड के सिर पर ₹5000 का इनाम घोषित किया। मिस्टर बर्ड व यहाँ बचे अंग्रेजों ने मियाँ साहब अहमद अली शाह की शरण में इमामबाड़ा गोरखपुर में छिपकर कुछ दिन पड़े रह कर प्राण रक्षा की, फिर वह सहार नाजिर की सहायता से भेष बदलकर झुकते हुए बेतिया की ओर निकल कर मोतिहारी आकर अन्य अंग्रेजों से मिलने में सफल हो गया। गोरखपुर में राप्ती नदी किनारे स्थित तत्कालीन मोती जेल में कैद रुद्रपुर के सेनापति के पुत्र मुशर्रफ खाँ 400 कैदियों के साथ बाहर आ गए। उसने बर्ड की कोठी को जला दिया तथा क्रांतिकारियों की सब प्रकार से सहायता की। अंग्रेजों ने गोरखपुर पूर्णतया छोड़ दिया। क्रांतिकारियों ने मोहम्मद हसन को गोरखपुर का शासक घोषित कर दिया। इस प्रकार से मोहम्मद हसन ने सफलतापूर्वक गोरखपुर में शासन व्यवस्था स्थापित की।

बाबू भवन सिंह के नेतृत्व में 25 दिसंबर, 1857 को क्रांतिकारियों ने प्रमुख क्रांतिकारी सेनापतियों को साथ लेकर मझौली राज पर चढ़ाई कर दी। इसके पश्चात् मझौली के समीप सोहनपुर में युद्ध हुआ। स्वतंत्रता सेनानी अंग्रेजों के 1100 सैनिकों

के मुकाबले लगभग 5000 से 7000 की संख्या में थे इसलिए अपनी जीत के प्रति पूर्णतया आश्वस्त थे परंतु अंतिम समय में युद्ध में अंग्रेजों की तरफ से गोरखा सेना के सम्मिलित होने से क्रांतिकारियों को पराजय का मुँह देखना पड़ा। युद्ध में सम्मिलित मुशर्रफ अपनी सेना के साथ गोरखपुर आ गया तथा अन्य सेनाएँ गुटों में विभक्त हो विभिन्न दिशाओं में चली गईं।

सतासी राज्य पर श्रीनेतवंशियों का शासन था। इनकी राजधानी रुद्रपुर थी। सन् 1801 ई. में गोरखपुर पर ईस्ट इंडिया कंपनी के आधिपत्य काल से ही कंपनी को सतासी राज्य एक अवरोधक की तरह लगने लगा। अंग्रेजों ने इस राज्य को कमजोर करने के अनेक प्रयास किए जिससे यह शक्तिशाली राज्य निर्बल हो गया। सन् 1857 में इसके राजा उदित नारायण सिंह ने अंग्रेजों के विरुद्ध युद्ध छेड़ दिया। युद्ध में अंग्रेजों की पराजय हुई। पराजित अंग्रेजों को बंदी बनाकर रुद्रपुर के किले में कैद कर दिया गया। सतासी राज्य के विद्रोह को दबाने के लिए कर्नल रोक्राफ्ट के नेतृत्व में ब्रिटिश सेना ने सन् 1858 में रुद्रपुर पर आक्रमण किया। रुद्रपुर में सतासी राज्य के सैनिकों और ब्रिटिश सेना के बीच भयंकर युद्ध हुआ। इसमें अंग्रेज विजयी हुए और रुद्रपुर किले पर उनका अधिकार हो गया। इस किले से अंग्रेजों को बड़ी मात्रा में खजाना प्राप्त हुआ। बंदी अंग्रेज मुक्त हुए तथा राजा उदित नारायण सिंह बंदी बना लिए गए।

इसी समय गोरखपुर में डुमरी रियासत के बाबू बंधु अंग्रेजों के प्रबल शत्रुओं में से एक थे। अंग्रेजों से संघर्ष के क्रम में उन्होंने मोहम्मद हसन के क्रांतिकारियों के साथ मिलकर अंग्रेजों के शस्त्रागार पर धावा बोलकर शस्त्रों को लूट लिया। इस संघर्ष में कई अंग्रेज सैनिक मारे गए। शस्त्र लूटने के साथ-साथ उन्होंने जेल में बंद कैदियों को भी मुक्त करा दिया। इसके साथ ही जहाँ कहीं भी अंग्रेज सैनिक अथवा अधिकारी दिखाई देते बंधु सिंह तत्काल उनकी हत्या कर देते थे। बंधु सिंह अंग्रेजों के विरुद्ध निरंतर छापामार युद्ध लड़ रहे थे। बंधु सिंह के आक्रमणों से अंग्रेज अत्यधिक भयाक्रांत हो गए थे और उनका मनोबल टूटने लगा था।

क्रांतिकारियों ने मोहम्मद हसन के नेतृत्व में 1857 में बाँसी नगर पर हमला बोल दिया। बाँसी के राजा अंग्रेजों के हितैषी थे। क्रांतिकारियों की विशाल सेना देखकर अपनी पराजय जानकर बाँसी के राजा अपने अधिकारियों के साथ भाग खड़े हुए और अंग्रेजों की शरण में चले गए। इसके पश्चात् क्रांतिकारियों ने बाँसी राजा के महल और नगर पर कब्जा कर लिया। गोपालपुर के राजा भी अंग्रेजों के समर्थक थे। अक्टूबर 1857 में क्रांतिकारियों ने सिकरीगंज थाने को नष्ट कर दिया तथा गोपालपुर पर आक्रमण कर

दिया। गोपालपुर के राजा ने क्रांतिकारियों का प्रतिरोध किया परंतु मोहम्मद हसन की सेना के सामने सफलता नहीं मिली और पराजित होने के पश्चात् वे भी भागकर अंग्रेजों के पास आजमगढ़ चले गए।

इधर गोरखपुर पर कब्जा करने के पश्चात् मोहम्मद हसन ने सफलतापूर्वक गोरखपुर पर शासन करना प्रारंभ कर दिया। क्रांतिकारी शासक ने सभी सरकारी कर्मचारियों को अभयदान देकर उन्हें पूर्व की भाँति उसी पद पर बनाए रखा। नियमपूर्वक मालगुजारी वसूल होने लगी और न्याय व्यवस्था की स्थापना की गई। क्रांतिकारी शासन का सहयोग करनेवाले व्यक्तियों को पुरस्कृत तथा सम्मानित किया गया। इस प्रकार सन् 1857 की क्रांति में गोरखपुर के नगरवासियों ने कुछ समय के लिए ब्रिटिश सत्ता से मुक्त होकर स्वतंत्रता प्राप्त कर ली थी।

उधर अंग्रेज सत्ता को पुनः प्राप्त करने का प्रयास करने लगे और बेतिया पहुँचकर बर्ड ने नेपाल से गोरखा फौज हेतु संपर्क किया। राना जंग बहादुर थापा के नेतृत्व में गोरखा सेना बेतिया पहुँची। सिखों ने भी अपने संधि के तहत अपनी सेना अंग्रेजों की सहायता के लिए भेजी। परिणामस्वरूप अंग्रेज कर्नल रोउक्राफ्ट ने गोरखा, सिक्ख और ब्रिटिश सेना के साथ गोरखपुर पर आक्रमण कर दिया। पिपरा एवं पिपराइच में उनका क्रांतिकारियों के साथ युद्ध हुआ। क्रांतिकारी अंग्रेजों की संयुक्त सेना का सामना नहीं कर सके और 11 जनवरी, 1858 को पराजित हो गए। मोहम्मद हसन के सिपाही राप्ती नदी को पार कर गोरखपुर से भाग गए जबकि मोहम्मद हसन यहाँ से निकलकर फैजाबाद की ओर चले गए। सेनानायक मुशर्रफ़ खाँ महसों राजा के यहाँ छिपे थे जहाँ से उन्हें गिरफ्तार करके मोती जेल गोरखपुर में फाँसी दे दी गई। 20 फरवरी को बची हुई मोहम्मद हसन की सेना को रोउक्राफ्ट ने पुनः परास्त किया।

1857 के स्वतंत्रता संघर्ष में जहाँ हजारों लाखों गृहस्थों ने भाग लिया एवं भारी यातनाएँ सहीं तथा अपने प्राणों को निछावर कर दिया और जेल की कठिन सजा को काटा वहीं दूसरी तरफ कुछ साधु-संतों ने भी इस यज्ञ में अपनी आहुति दी। इस क्षेत्र में प्रसिद्ध संत बाबा राघव दास का नाम सर्वोपरि है। कहा जाता है कि गोरक्ष पीठ के महंत गोपाल नाथ प्रसिद्ध योगी गंभीर नाथ जी के दीक्षा गुरु जनता को अंग्रेजों के खिलाफ भड़काने का काम गुप्त रूप से करते थे। अठारह सौ अस्सी में अंग्रेजों को इस बात का पता चल गया और उन्हें जेल में डाल दिया गया। महाराजा जोधपुर जो गोपाल नाथ जी के शिष्य थे उनको जब इस बात का पता चला तब उन्होंने उनको जेल से मुक्त कराने की बहुत कोशिश की परंतु सफल ना हो सके। इस असफलता से उन्हें ऐसा धक्का लगा

कि उनकी मृत्यु हो गई। जोधपुर नरेश के मृत्यु से देसी रियासतों में जबरदस्त प्रक्रिया हुई। इससे प्रभावित होकर अंग्रेजों ने बाबा गोपाल दास को मुक्त कर दिया। इसके अतिरिक्त गोरखनाथ मंदिर के योगी सारंगी और अपने भजन एवं कहानी के द्वारा 1857 के संघर्ष के लिए संदेश लाने, ले जाने का काम करते थे। इस तरह से गोरखनाथ मंदिर ने लोगों के बीच अंग्रेजों की यातना की कथाएँ बताने एवं अंग्रेजों के विरुद्ध लोगों को एकजुट करने में सहयोग किया।

16 जनवरी, 1858 को गोरखपुर पर पुनः अंग्रेजों ने अधिकार कर शासन सँभाल लिया। धीरे-धीरे अंग्रेजों ने अन्य स्थानों पर भी विजय प्राप्त कर अपना नियंत्रण स्थापित कर लिया। गोरखपुर शहर की सैनिक सुरक्षा रोउक्राफ्ट के हाथों में सौंपी गई। इसके पश्चात् गोरखपुर के कमिश्नर बिंगफिल्ड हुए।

पुनः सफलता प्राप्त कर लेने के पश्चात् अंग्रेजों ने अपनी सत्ता को बनाए रखने के लिए दंड और पुरस्कार की नीति को अपनाया। इसके तहत सैकड़ों क्रांतिकारियों को खुलेआम पेड़ों पर लटका कर मौत के घाट उतार दिया गया तथा जिस गाँव के लोगों ने क्रांतिकारियों का साथ दिया था उनके घरों को जला दिया गया। उस गाँव के सभी पुरुषों को पेड़ों पर लटका कर सामूहिक रूप से फाँसी दे दी गई। अंग्रेजों ने अपनी क्रूरता का परिचय देते हुए उनके शव को कई दिनों तक पेड़ों पर लटका छोड़ दिया। अंग्रेजों ने सतासी, बढ़यापार, नरहरपुर, शाहपुर, डुमरी, तिघरा, पांडेयपुर आदि राज्यों को ज़ब्त कर लिया। सतासी के राजा उदित नारायण सिंह को काला पानी की सजा दे दी गयी। निचलौल के राजा रण्डुल सेन की पेंशन को बंद कर दिया गया। लेफ्टिनेंट पूलन और बर्ड के नेतृत्व में सेना ने पैना के विद्रोहियों का कठोरतापूर्वक दमन करते हुए पैना गाँव को जला दिया। अनेक क्रांतिकारियों को फाँसी देकर उनके शव को कुएँ में डाल दिया गया, इसी कारण गोरखपुर के मोती जेल में स्थित कुएँ को खूनी कुआँ कहते हैं। बाबू बंधु सिंह को गिरफ्तार करके गोरखपुर शहर के अलीनगर चौक के पश्चिम में स्थित पीपल के पेड़ पर फाँसी दे दी गई। बाबू बंधु सिंह डुमरी के राजा थे। जमींदार सरदार अली खाँ जो कि गोरखपुर के रिसालदार थे, इनको परिवार सहित फाँसी दे दी गई तथा इनके भव्य भवन को ध्वस्त करके उस स्थान पर गोरखपुर की कोतवाली की स्थापना की गई। आज भी कोतवाली थाना परिसर में सरदार अली व उनके परिवार के अन्य क्रांतिकारियों की मजारें विद्यमान हैं। नरहरपुर के पराजित राजा अंग्रेजों की इस तरह की क्रूरता को देखकर जंगल में चले गए। इनके अतिरिक्त अन्य सभी प्रमुख क्रांतिकारी एवं गोरखपुर के शासक मोहम्मद हसन ने 31 मार्च, 1859 को बुटवल स्थित अंग्रेजी कैंट

में अंग्रेजों के समक्ष आत्मसमर्पण कर दिया। इस तरह से 1857 के स्वतंत्रता आंदोलन को दबाने में अंग्रेज सफल रहे।

दंड के साथ-साथ अंग्रेजों ने पुरस्कार की नीति भी अपनाई। जिस तरह से विरोध करनेवालों को अंग्रेजों ने दंड दिया उसी तरह से स्वाधीनता संग्राम में अंग्रेजों की सहायता करनेवाले अर्थात देश के साथ गद्दारी करनेवाले लोगों को अंग्रेजों ने पुरस्कृत भी किया। राजा गोपालपुर को बढ़यापर शाहपुर तथा नरहरपुर की जब जमींदारी अत्यल्प धन (12,000 रुपये) मालगुजारी पर पुरस्कार स्वरूप दे दिये। मिया साहब अहमद अली शाह जिन्होंने बर्ड व अन्य अंग्रेजों को अपने यहाँ छुपाया था, उन्हें गोरखपुर व पडरौना में जागीरें एवं मियाँ साहब स्टेट खिताब दे दिया। हर सहाय नाजिर जिसने छिपने एवं बेतिया भागने में अंग्रेजों की सहायता की थी उसे जागीरें देकर गोरखपुर में रईस बना दिया। मझौली राज का ऋण माफ कर दिया तथा डुमरी रियासत की जागीर बंधु सिंह को गिरफ्तार करानेवाले सरदार सूरत सिंह को देकर उन्हें सरदार नगर स्टेट का मालिक बना दिया तथा कुछ समय बाद उनके नाम से सरदार नगर रेलवे स्टेशन भी बना दिया। नेपाल सरकार ने अंग्रेजों के सैनिक सहायता किया था, इसलिए उन्हें बुटवल से भैरहवा तक का मैदानी क्षेत्र पुनः वापस लौटा दिया गया। प्रशासनिक सुविधा की दृष्टि से गोरखपुर जिले को विभाजित कर 6 मई 1865 को बस्ती नाम से नया जिला बनाया गया तथा अठारह सौ पैसठ के बाद गोरखपुर में देवरिया व कसया नामक नए सब डिवीजनों का गठन किया गया। इस तरह से दमन, पुरस्कार नीति के तहत गोरखपुर जनपद का विभाजन करके देश के प्रथम स्वतंत्रता संघर्ष का गोरखपुर में समापन हुआ।

1857 के विद्रोह के बाद भारत पर शासन करने के लिए ईस्ट इंडिया कंपनी का शासन समाप्त कर दिया गया तथा भारत के ऊपर क्राउन का शासन स्थापित कर दिया गया। इसी के साथ अनेक नियमों में भी बदलाव किया गया। जिसके तहत व्यपगत सिद्धांत पर रोक, स्थानीय राजाओं की रियासतों के विलय पर रोक, उसकी स्वतंत्रता का सम्मान जैसे बहुत से नियम बनाए गए।[6] गोरखपुर और बनारस कमिश्नरी को एक साथ जोड़ दिया गया। इस तरह के गोरखपुर जिले का क्षेत्र विस्तार काफी बढ़ गया जिससे प्रशासनिक व्यवस्था स्थापित करने में कठिनाई होने लगी। प्रशासनिक व्यवस्था को सुगम बनाने के लिए 1865 में गोरखपुर से 6 परगनों को काटकर एक नया जिला बस्ती का निर्माण किया गया तथा 1869 में गोरखपुर में सिविल एडमिनिस्ट्रेशन नागरिक शासन के लिए एक म्युनिसपालिटी का गठन किया गया। गोरखपुर नगर ने 1873-74 में एक

महा अकाल का भी सामना किया। रेलवे के क्षेत्र में भी 1885 में भारी विकास हुआ। 15 जनवरी 1885 को बंगाल और नॉर्थ वेस्टर्न रेलवे से नगर को जोड़ दिया गया। इस तरह से यातायात भी सुगम हो गया।

इसके साथ ही अंग्रेज सरकार ने गोरखपुर में सुदृढ़ प्रशासनिक व्यवस्था स्थापित करने का प्रयास किया। पुलिस व्यवस्था की स्थापना के लिए अठारह सौ इकसठ में एक्ट पाँच लागू किया गया। इसके तहत मजिस्ट्रेट पुलिस विभाग का प्रमुख होता था। उसका प्रमुख कार्य दीवानी के मुकदमों की सुनवाई करना एवं दोषियों को दंडित करना होता था। तहसीलदार, मजिस्ट्रेट का सहायक होता था। जिस प्रकार राजस्व का प्रधान कलेक्टर होता था उसी प्रकार पुलिस विभाग का मजिस्ट्रेट प्रधान अधिकारी था। जबकि 1832 ई. से ही तहसीलदार में दरोगा की शक्ति निवेशक कर दी गई थी और सभी थाने उसके नियंत्रण में कर दिए गए थे। तहसीलदार को 100 रुपए वेतन दिया जाता था।[7] जिलों में थानों की स्थापना बड़े पैमाने पर की गई। ग्राम पुलिस की भी व्यवस्था की गई थी। थाने का प्रधान अधिकारी थानेदार उसके बाद क्रमशः दरोगा जो मोहर्रिर कहलाता था, इसके बाद जमादार होता था जो दरोगा के प्रति उत्तरदायी होता था। जमादार के अधीन कांस्टेबल आते थे जो ग्राम पुलिस के क्रम में ऊपर थे। उक्त सभी सुधार ब्रिटिश सरकार ने इंडियन पुलिस एक्ट 1861 के तहत पुलिस व्यवस्था को सुदृढ़ करने के लिए किया जिससे 1857 के विद्रोह जैसे विद्रोह को दबाया जा सके।

1857 के विद्रोह के दमन के बाद पुलिस व्यवस्था के साथ ही साथ न्याय व्यवस्था में भी सुधार किया गया। गोरखपुर में जिला कोर्ट की स्थापना हुई जो हाई कोर्ट के अधीन कार्य करती थी। जिला न्यायालय दो भाग में बटे थे—मुंसिफ न्यायालय एवं जज न्यायालय। मुंसिफ न्यायालय छोटा था जबकि जज न्यायालय बड़ा था। इसमें मुंसिफ न्यायालय गोरखपुर, देवरिया, बाँसगाँव के साथ-साथ बस्ती जिले के जज न्यायालय का भी अतिरिक्त कार्य था। भारत के गवर्नर जनरल लॉर्ड विलियम बेंटिक के न्यायिक योजना के तहत गोरखपुर में मुंसिफ, सदर अमीन, मुख्य सदर अमीन काम करते थे।[8]

इसके अलावा 1869 ई. में रेवेन्यू एक्ट 3 पारित करके सभी राजस्व मुकदमों को सिविल कोर्ट में स्थानांतरित करने का निर्णय लिया गया। धीरे-धीरे यह निर्णय बंगाल, असम और अवध में भी लागू कर दिया गया, जिससे इनके अधिकारों में वृद्धि हुई। ऐसे विभिन्न एक्ट पारित हो जाने से सिविल कोर्ट का दबाव और शक्ति दोनों में वृद्धि हुई।

1 जुलाई, 1887 ई. से जिला कोर्ट न्यायालय के अंतर्गत जिला न्यायाधीश का न्यायालय, एडिशनल न्यायाधीश का न्यायालय, सिविल जज का न्यायालय तथा मुंसिफ न्यायालय के अंतर्गत जिला कोर्ट कार्य करने लगे। इसके अलावा भूमि प्रबंधन में भी अनेक परिवर्तन किए गए। इन परिवर्तनों के कारण गोरखपुर क्षेत्र को लंबे समय तक शांत रख पाने में अंग्रेज सफल रहे। इस तरह से 1857 के विद्रोह के दमन के बाद न्यायिक, शैक्षिक एवं पुलिस व्यवस्था में अनेक सुधार किए गए।

1857 से पहले सिद्धार्थनगर एवं बस्ती, गोरखपुर मंडल का ही एक अंग था। स्वतंत्रता संग्राम की अग्नि बस्ती में भी भड़की और उसमें आहूति के लिए बस्ती जिले के स्वतंत्रता सेनानी भी पीछे नहीं रहे। 15 जून, 1957 को आजमगढ़ में 17वीं रेजिमेन्ट ने विद्रोह कर दिया, उसके बाद गोरखपुर भी अंग्रेजों के हाथ से निकल गया तत्कालीन मजिस्ट्रेट मि. बर्ड को बचे-खुचे अंग्रेजों के साथ कुसुम्ही के जंगलों में शरण लेनी पड़ी अंग्रेजों का एक दल नाव द्वारा बस्ती की सीमा में आया जिसे महुआडाबर में स्वतंत्रता सेनानियों ने मौत के घाट उतार दिया। कर्नल लिनोक्स और उसके परिवार को कप्तानगंज में मुहम्मद हसन ने शरण दी और मिर्जाअली ने अम्होड़ा के पास दो अंग्रेजों को बचा लिया। यह सहानुभूति बस्ती के लिए बड़ी महँगी पड़ी। बाद में इसी लिनोक्स के हाथों बस्ती जिला तहस-नहस किया गया।

स्वतंत्रता सैनिकों ने जिले का खजाना लूटकर बस्ती के पूरे क्षेत्र पर अधिकार कर लिया। स्थानीय राजाओं तथा प्रमुख पुरुषों के बोर्ड बनाकर शासन की व्यवस्था की जाने लगी लेकिन सतासी और बाँसी के राजाओं के असहयोग के कारण यह व्यवस्था स्थायी नहीं हो सकी। मुहम्मद हसन ने नाजिम का पद सम्भाला और निकटवर्ती राजाओं के सहयोग से किसी तरह शासन चलाया जाने लगा। बाधाओं के रहते हुए भी स्वतंत्रता सेनानियों की शक्ति दिनोंदिन बढ़ती गई। इसका अनुमान इससे लगाया जा सकता है कि अंग्रेजों की पक्षपाती बाँसी रियासत को भी मुहम्मद हसन द्वारा नियुक्त तहसीलदार को मान्यता देनी पड़ी। लगभग छह माह तक बस्ती जनपद स्वतंत्र रहा। बाद में अंग्रेजों ने शक्ति संचय कर उस पर तीन ओर से आक्रमण किया।

जनवरी, 1858 में नेपाल के राजा जंग बहादुर के नेतृत्व में 9,000 सैनिक, बिहार के कर्नल ग्रे क्राफ्टन की बटालियन और जौनपुर से ब्रिगेडियर फ्रेंक के नेतृत्व में गोरी सेना गोरखपुर के बेनिया नामक स्थान पर पहुँच गई। सर्वप्रथम गोरखा सैनिकों ने राप्ती नदी से नाव द्वारा बस्ती की ओर कूच किया तथा बिहार और जौनपुर के दस्ते नाव द्वारा घाघरा के मार्ग से बस्ती की ओर बढ़े। खलीलाबाद और बस्ती नगर को नष्ट-भ्रष्ट

करते हुए चौदह हजार अंग्रेज सैनिक और इससे भी अधिक संख्या में देशी सिपाहियों ने अम्होड़ा पर आक्रमण किया। स्वतंत्रता सेनानियों ने अपने दृढ़ मनोबल से इस विशाल सेना के छक्के छुड़ा दिये।

अंत में 500 सैनिकों की मृत्यु के बाद कर्नल ग्रे क्राफ्टस असहाय होकर अपने कैम्प में लौट आया। लेकिन स्वतंत्रता सेनानियों ने उसे कप्तानगंज तक खदेड़ा। इस बीच अयोध्या और कुमुक की सेना अंग्रेजों को मिली और 6 जून, 1858 को अम्होड़ा पर अंग्रेजों ने पुनः आक्रमण कर दिया। वर्षा ऋतु के बाद मुहम्मद हसन और नानाराव के भतीजे बालाराव ने संयुक्त प्रयास से एक बार फिर स्वतंत्रता सेनानियों से मोर्चे बाँधे। लेकिन राप्ती को पार कर ग्रे क्राफ्ट ने उस जिले पर पुनः हमला करके चारों ओर आतंक फैला दिया। गाँव के गाँव जला दिये गए। कप्तानगंज हरैया की छावनी महुआडाबर व अम्होड़ा आग की लपटों की भेंट हो गए। धीरे-धीरे मई, 1858 तक बस्ती जिले में शांति स्थापित हो गई। 1858 में अंग्रेजों ने इस क्षेत्र को गोरखपुर से अलग कर इसे एक नए जिले का रूप दे दिया।

इस प्रकार से बस्ती क्षेत्र ने प्रथम स्वतंत्रता संग्राम में अपनी भूमिका बड़ी ही सशक्त रूप से निभाई थी तथा उसके लिए वह बलिदान देने में भी पीछे नहीं रहा। अम्होड़ा और नगर राज्य के ध्वस्त ऊँचे टीले आज भी उस कीमती कुर्बानी की कहानी कहते हैं। बलिकरन सिंह तथा रूधौली भैया शिवगुलाम सिंह की कथाएँ जिले में अब भी गाई जाती हैं। अम्होड़ा राज्य की छावनी थाना के उत्तर एक पीपल का पेड़ है, जिस पर कभी सैकड़ों स्वतंत्रता सेनानियों को फाँसी पर लटकाया गया था। बस्ती में कपाल साहब की कोठी के पास बहुत से लोग लटकाये गए थे। आज उनमें से अधिकांश का नाम किसी को याद नहीं। लेकिन कुछ नाम ऐसे हैं जो लोगों की स्मृतियों में जल रहे हैं। उनमें श्रीमती तलाश कुँअरि पत्नी राजा जंगबहादुर सिंह अम्होड़ा भी हैं। श्री अबधूत सिंह रानी तलाश कुँअरि के सेनाध्यक्ष थे। इन्होंने कई हजार क्रांतिकारी युवकों को एकत्र कर 9 मार्च, 1858 को अम्होड़ा में तथा बाद में प्रतापगढ़ में बाबू सबल साह के कोर्ट के पूर्वी द्वार पर भयंकर युद्ध किया। इस लड़ाई में मरे हुए अंग्रेज अधिकारियों की कब्रें अब भी बीनू सबल साह की कोर्ट के पूर्व-दक्षिण में देखी जा सकती हैं पर वे कोहराम, लमही, लारेपुर, कटरा, नवाबगंज, रामपुर तथा बनकसिया तक लड़े और बेगमों को नेपाल राज्य में सुरक्षित पहुँचाकर ही वापस आए। लौटने पर पकड़े गए और छावनी थाना के उत्तर बावली वाले पीपल के पेड़ पर लटकाये गए। उनके वंशजों में श्री राम सिंह पुत्र श्री शिवकरन सिंह ग्राम

बभनगांवा थाना छावनी, परगना अम्होड़ा, तहसील हरैया, जिला बस्ती में रहते थे। ये 1920 से ही कांग्रेस आंदोलनों में निरंतर सम्मिलित होते रहे थे। अम्होड़ा जब्त करके बस्ती के राजा शीतला बक्श सिंह की दादी श्रीमती रानी दिगम्बर कुँअरि को पुरस्कार में दिया गया। फाँसी पर लटकनेवाले दूसरे क्रांतिकारी श्री ईश्वरी शुक्ल थे, जिनके वंशज श्री रामनाथ शुक्ल ग्राम बेलाड में रहते थे। सर्वश्री बनवीर सिंह, रिसाल सिंह, कुलवंत सिंह, रामदीन सिंह, रघुबीर सिंह भी ऐसे शहीद हैं जिनका नाम लोगों को अब तक याद है। श्री सुग्रीव सिंह ग्राम जद्दूपुर भी फाँसी पानेवालों में एक थे, जिनके वंशज श्री रामधार सिंह 1920 के प्रमुख सेनानी थे। श्री संतबक्स सिंह, ग्राम चनोखा मानपुर परगना, रसूलपुर डुमरियागंज, (सिद्धार्थनगर) बस्ती भी राम गुलाम सिंह के साथ लड़े थे। इनके वंशज चंद्रपाल सिंह और चदेल सिंह थे।

श्री जय नारायण सिंह मानपुर, परगना रसूलपुर, डुमरियागंज भी राम गुलाम सिंह के साथ लड़े थे। इनके वंशज चंद्रपाल सिंह और चंदेल सिंह थे। श्री जय सिंह सूबेदार ग्राम अटवा, तहसील हरैया, परगना अम्होड़ा को फाँसी की सजा हुई। उनके वंशज मोती सिंह 1920 से ही कांग्रेस में थे। श्री राम जियावन सिंह ग्राम करनपुर हरैया के वंशज ठाकुर बब्बन सिंह थे। सूबेदार मोहन सिंह के वंशज ठाकुर बब्बन सिंह थे। सूबेदार मुहेम सिंह के वंशज ठाकुर बजरंगी सिंह ग्राम-मसोड़ी, पोस्ट-अरमिया। बाजार शाहगंज जिला जौनपुर में रहते थे। भवन सिंह के वंशज साकल सिंह ग्राम-सुखेला, जिला-गोंडा में रहते थे। श्री धर्मराज सिंह ने मरते-मरते भी अंग्रेज अफसर को अपनी किरचे से मार डाला। उस अंग्रेज अधिकारी की कब्र फाँसी वाले पीपल के पेड़ से एक फर्लांग दूर बनी हुई है। बाद में धर्मराज सिंह को भी फाँसी हुई।

इस प्रकार 1859 में स्वतंत्रता संग्राम दबा तो दिया गया लेकिन उसकी याद बुझी नहीं। 1885 में अखिल भारतीय कांग्रेस की स्थापना होने के पहले से ही कसमसाहट के प्रमाण मिलने लगे थे। सही नेतृत्व के अभाव में कोई महत्त्वपूर्ण आंदोलन छेड़ा नहीं जा सका। प्रथम विश्व युद्ध के दौरान यह भावना और प्रबल हो गई इसलिए जब बाल गंगाधर तिलक ने महाराष्ट्र से 'स्वतंत्रता हमारा जन्मसिद्ध अधिकार है', का उद्बोधन किया तो पूरा देश उनके साथ हो लिया। इसके आस-पास होमरूल आंदोलन का प्रचार विदुषी ऐनी बेसेंट ने किया। बस्ती में होमरूल लीग की शाखा और जिलों की भाँति खुली जिसके जन्मदाता जिले के पुराने समाजसेवी सर्व श्री दौलतराम अस्थाना, ठाकुर राममूर्ति सिंह और बट्टी बाबू आदि हुए। बकायदा दफ्तर खोला गया और प्रचार कार्य होने लगा।

संदर्भ

1. दमदम कार्टीरिड्ज्स, द न्यूयॉर्क टाइम्स, 4 जनवरी, 1886
2. सिविल रिबेलीयन इन द इंडियन म्यूटिनी 1857-59
3. नेवेली एच.आर., पृ. 188
4. ओल्ड गोरखपुर डिस्ट्रिक्ट गैजेटियर
5. गोरखपुर डिस्ट्रिक्ट गजेटियर पृ. 37
6. बी.एल. ग्रोवर—आधुनिक भारत
7. रेकीस नोट्स ऑन द एन.डब्ल्यू.पी. आफ इंडिया, लंदन, 1892, पेज 219-20।
8. 1837 का एक्ट 25 वाइड क्लॉर्क रिच एंड ओप सिटी 11, पेज 899

अध्याय : 4

1857 के बाद और 1915 तक विभिन्न स्वतंत्रता आंदोलन में जिले का योगदान

उस समय सिद्धार्थनगर बस्ती जनपद का हिस्सा था इसलिए स्वतंत्रता आंदोलन की जो भी घटनाएँ घटीं उनको बस्ती से पृथक करके बताने में विवरण स्पष्ट नहीं हो पाएगा इसलिए गोरखपुर परिक्षेत्र सहित सिद्धार्थनगर का स्वतंत्रता संघर्ष का इतिहास बताने की चेष्टा की जा रही है।

1857 में बस्ती सहित गोरखपुर परिक्षेत्र ने विद्रोह के एक केंद्र के रूप में अपनी पहचान बना ली। कुछ समय बाद अठारह सौ पचासी में देश में भारतीय राष्ट्रीय कांग्रेस की स्थापना हुई, जिनके नेतृत्व में पुनः स्वतंत्रता आंदोलन की चिंगारी जलने लगी। 1857 के स्वतंत्रता आंदोलन के दमन के पश्चात् 1920 ई. तक सिद्धार्थनगर जिले में कोई महत्त्वपूर्ण घटना नहीं घटी। परंतु स्वतंत्रता आंदोलन की चिंगारी बुझी नहीं थी। अभी तो धीरे-धीरे अंदर-ही-अंदर सुलग रही थी। बस्ती सहित गोरखपुर परिक्षेत्र अंग्रेजों के अत्याचार से लड़ने के लिए तैयार हो चुका था। कांग्रेस की बागडोर बाल गंगाधर तिलक के हाथों में आने पर गोरखपुर परिक्षेत्र में भी कांग्रेस का स्वर गूँजने लगा। हिंदू तथा मुसलमान दोनों एक साथ कंधे से कंधा मिलाकर अपने प्राणों की आहुति देने के लिए तैयार हो रहे थे।

गोरखपुर परिक्षेत्र सहित बस्ती जनपद (सिद्धार्थनगर) ने भारतीय स्वतंत्रता आंदोलन में बढ़-चढ़कर हिस्सा लिया था। 1897 में गोरखपुर रेलवे में काम करनेवाले मजदूर क्लर्क एवं अन्य चतुर्थ श्रेणी के कर्मचारियों पर शोषण बढ़ा। इसका विरोध करने के लिए गोरखपुर रेलवे में एक हड़ताल का आयोजन हुआ। परंतु यह हड़ताल सफल न हो सकी। इसी समय रेलवे में कार्यरत बंगालियों ने महाराष्ट्र में तिलक द्वारा प्रारंभ किए गए गणपति महोत्सव की तर्ज पर बंगाल में पहले से प्रसिद्ध दुर्गा पूजा उत्सव गोरखपुर में भी मनाना प्रारंभ कर दिया। यह गणपति महोत्सव एवं दुर्गा पूजा उत्सव युवाओं के अंदर राष्ट्रभक्त

की भावना भरने का एक माध्यम था। गोरखपुर में 1896 में प्रथम बार इस उत्सव का आयोजन किया गया। धीरे-धीरे यह भी माँ भारती की सेवा के लिए उत्साहित करने का माध्यम बना। लोकमान्य तिलक ने अपने प्रभाव से कांग्रेस को क्रांतिकारी छवि प्रदान कर दी थी। 'स्वतंत्रता हमारा जन्मसिद्ध अधिकार है' का मंत्र पूरे भारत में गूँज चुका था। गोरखपुर में भी यह अनुगूँज सुनाई दे रही थी।[1] श्री विश्वनाथ मुखर्जी, जो रेलवे में कर्मचारी थे, नौकरी छोड़कर स्वतंत्रता आंदोलन में कूद पड़े। बंगाली समाज के लोग गोरखपुर कोयले की रेल इंजन का संचालन कर रहे थे तथा साथ ही साथ होमियोपैथिक एवं एलोपैथिक चिकित्सकीय सेवाएँ भी उपलब्ध कराते थे।

बाल गंगाधर तिलक के प्रभाव से 1915 ई. में प्रख्यात श्रमिक नेता विश्वनाथ मुखर्जी ने नगर के मशहूर रईस और प्रभावशाली व्यक्तित्व वाले मौलवी सुभानल्लाह और प्रतिष्ठित पत्रकार पंडित दशरथ प्रसाद द्विवेदी को साथ लेकर राष्ट्रीय कांग्रेस की गोरखपुर शाखा की स्थापना की। दूसरी तरफ प्रसिद्ध शायर रघुपति सहाय फिराक गोरखपुरी ने 1917 में डिप्टी कलेक्टर का पद छोड़कर गोरखपुर आकर कांग्रेस पार्टी का काम देखना शुरू कर दिया।

कांग्रेस के सक्रिय होने के बाद पूर्वांचल में आजादी के प्रति आग्रह की आग सुलगने लगी तथा आजादी के तत्कालीन दीवानों ने स्वतंत्रता आंदोलन में बढ़-चढ़कर हिस्सा लेना शुरू कर दिया। इसी बीच देश की राजनीति ने करवट ली और तिलक को गिरफ्तार करके अंग्रेजों ने बर्मा की मांडले जेल भेज दिया। परंतु स्वतंत्रता आंदोलन रुका नहीं और दक्षिण अफ्रीका से स्वदेश लौटे मोहनदास करमचंद गांधी जी ने स्वतंत्रता संघर्ष की बागडोर सँभाली।

अध्याय : 5

स्वतंत्रता संघर्ष 1916 से 1947 तक

मोहनदास करमचंद गांधी, गोपालकृष्ण गोखले की प्रेरणा से, जनवरी 1915 में दक्षिण अफ्रीका से भारत वापस आए। प्रारंभ में गांधी जी का सरकार के साथ सहयोग करने के साथ सहयोग करने की नीति में विश्वास था। इसलिए प्रथम विश्वयुद्ध के दौरान गांधी जी ने अंग्रेजी सरकार की सहायता की, परंतु प्रथम महायुद्ध की समाप्ति के बाद 1919 को रौलेट ऐक्ट जैसा काला कानून अंग्रेजों ने उपहारस्वरूप दिया। महात्मा गांधी जी अब तक कार्यक्षेत्र में आ चुके थे और उन्होंने इसका विरोध करना भी शुरू कर दिया था। सभी जानते हैं कि 30 मार्च, 1919 को जब काले कानून के विरोध में सभाएँ हो रही थीं, तो अमृतसर स्टेशन पर सबसे पहले गोली चली। इसके विरोधस्वरूप महात्मा जी के आदेश से सारे देश में वैशाखी के दिन उपवास और सभाएँ की गईं। तभी घटित हुए जलियाँवाला बाग का क्रूर गोलीकांड के कारण हिमालय से कन्याकुमारी तक विरोध की ज्वाला सी धधक उठी।

असहयोग और खिलाफत आंदोलन

18 फरवरी, 1921 को कमिश्नरी के सदर थाना गोरखपुर में महात्मा गांधी दौरा करने आए, जहाँ पाँच सौ से अधिक आदमियों ने इकट्ठा होकर उन्हें हार्दिक समर्थन दिया। उनके साथ मौलाना मुहम्मद अली भी थे। 1921 में गांधीजी की दो सभा गोरखपुर में की गईं। एक गोरखपुर के बाले मियाँ के मैदान में, दूसरी कुसुम्ही स्टेशन के समीप। इतिहासकार शाहिद अमीन ने गांधी के चमत्कारिक व्यक्तित्व का वर्णन स्थानीय प्रेस एवं अफवाहों के आधार पर अपनी पुस्तक में किया है। उनके बारे में लिखते हुए शाहिद अमीन ने पूरे उत्तर प्रदेश के किसानों के मन में महात्मा गांधी की जो कल्पना थी उसे ढूँढ़ निकालने की कोशिश की है। उन्होंने लिखा है कि फरवरी 1921 में जब गांधी जी गोरखपुर क्षेत्र

से गुजर रहे थे तो हर जगह भीड़ ने उनका बड़े प्यार से स्वागत किया।[1] उनके भाषणों के दौरान कैसा माहौल होता था इस पर गोरखपुर के हिंदी समाचार पत्र ने यह समाचार लिखा है कि—"भटनी में गांधी जी ने स्थानीय जनता को संबोधित किया और इसके बाद ट्रेन गोरखपुर के लिए रवाना हो गई। नूर खान देवरिया गौरी बाजार चौरी-चौरा और कुसुम्ही स्टेशनों पर 15 से 20000 से कम लोग नहीं थे। महात्मा गांधी जी कुसुम्ही के दृश्य को देखकर बहुत प्रसन्न हुए हैं क्योंकि जंगल के बीच स्थित होने के बावजूद उस स्टेशन पर 10000 से कम लोग नहीं थे। प्रेम से अभिभूत होकर कुछ लोग रोते हुए देखे गए। देवरिया में लोग गांधी जी को दान देना चाहते थे किंतु उसे उन्होंने गोरखपुर में देने को कहा। गोरखपुर स्टेशन के बाहर महात्मा एक ऊँची गाड़ी पर खड़े हो गए और लोगों ने कुछ मिनटों के लिए उनके दर्शन कर लिए। स्टेशन पर एक चादर फैला दी गई थी, जो कुछ ही समय में सिक्कों से भर गई।[2] गांधी जी के गोरखपुर आगमन और उनके भाषण से गोरखपुर के जनमानस में शोषण और अत्याचार से लड़ने की ऊर्जा का संचार हुआ। गोरखपुर कांग्रेस कमेटी को एक नई चेतना मिली। लोग अधिक से अधिक संख्या में कांग्रेस की सदस्यता लेने लगे। कांग्रेस के यह नवीन सदस्य अपने को राष्ट्रीय स्वयंसेवक कहते थे। ब्रिटिश सरकार पर दबाव बनाने के लिए विदेशी वस्तुओं का बहिष्कार स्वदेशी का आधिकारिक प्रयोग नशे का बहिष्कार खादी का प्रयोग एवं शांतिपूर्वक धरने और जुलूस पर जोर दिया गया।[3] जनता में चेतना दौड़ गई। स्कूल, अदालत, वकालत और सरकारी नौकरी का बायकाट होने लगा। महात्मा के निवेदन पर तिलक स्वराज्य फंड में भी काफी चंदा जमा हुआ। स्वयं सेवकों की भर्ती होने लगी। गाँवों में पंचायतें कायम हो गईं और सुरक्षा आदि के लिए पहले से तैयारी की जाने लगी।

बस्ती शहर में एक राष्ट्रीय पाठशाला खुली तथा जिले के अन्य कई स्थानों पर भी पाठशालाएँ स्थापित की गईं। स्कूलों का बायकाट करनेवाले विद्यार्थियों ने वहाँ लिखना-पढ़ना शुरू किया। खिलाफत का जन्म भी इसी के साथ हुआ था। हिंदू-मुसलमान आपस में दूध पानी की तरह मिल कर ब्रिटिश शासन से लड़ने लगे। खिलाफत का ऐसा जोर बस्ती में बढ़ा कि अंग्रेज शासन भी घबड़ा उठा। बाहर से आनेवाले मुस्लिम नेताओं पर जिले में प्रवेश करते ही दफा 144 लगा दी जाती थी। उस समय इसके अंतर्गत भाषण पर भी पाबंदी थी। उदाहरण के लिए गोरखपुर से जब मौलाना सुभान उल्लाह साहब खिलाफत संबंधी प्रचार के लिए बस्ती पहुँचे तो उनके मुँह पर दफा 144 का ताला लगा दिया गया। खिलाफत व असहयोग आंदोलन में तेजी आने पर और जिलों की ही भाँति बस्ती में भी नरम दल के नेता धीरे-धीरे पीछे हट गए। बस्ती में होम रुल लीग की स्थापना

करनेवाले दौलतराम अस्थाना, श्री सरजू प्रसाद वकील तथा लक्ष्मी नारायण टंडन जैसे नेताओं का उल्लेख इस संबंध में किया जा सकता है।

पूर्वी क्षेत्रों का दौरा करते हुए पंडित जवाहरलाल नेहरू 18 सितंबर को बस्ती पहुँचे। रावत की भीटी गोरखपुर में उनकी सभा का आयोजन था। दफा 144 लागू हो जाने के कारण वहाँ वह अपने अन्य साथियों सहित पैदल ही गोरखपुर जिले की सीमा पार कर बस्ती जिले में आए जहाँ मगहर में संत कबीर की प्रसिद्ध समाधि के पास लगभग दो हजार व्यक्तियों ने उनका स्वागत किया और भाषण सुना। वहाँ से वह खलीलाबाद होते हुए बस्ती की ओर बढ़े। खलीलाबाद में भी एक सभा हुई। बस्ती पहुँचते-पहुँचते चारों ओर उनके आने का समाचार पहुँच गया और स्थान-स्थान पर स्वागत होने लगा। बस्ती की सभाओं में दस-दस हजार तक की भीड़ हुई। बस्ती जैसे क्षेत्र के लिए यह रोमांचक दिन था। बस्ती नगर की सभा की अध्यक्षता प्रसिद्ध उर्दू शायर श्री रघुपति सहाय फिराक ने की। वहाँ विदेशी वस्त्रों की होली जलाई गई तथा बाद में नेहरू जी के निर्देशन में ही जिला कांग्रेस कमेटी का संगठन किया गया।

गोरखपुर के रघुपति सहाय फिराक तथा भगवती प्रसाद दूबे को क्रमशः जिला कांग्रेस कमेटी का अध्यक्ष तथा उपाध्यक्ष मनोनीत किया गया। श्री वेदव्रत जी मंत्री बनाये गए। वास्तव में श्री वेद जी ही उस समय जिला कांग्रेस के वास्तविक कार्यकर्ता थे। उनके प्रयत्न तथा उनकी भावना से प्रभावित होकर जिले के कई कार्यकर्ता आगे आए और उन्होंने असहयोग आंदोलन में आगे बढ़कर हिस्सा लिया। इनमें पं. सीताराम शुक्ला, कृष्ण बिहारी त्रिपाठी, पं. कमला प्रसाद शर्मा, भृगु नारायण शर्मा, दूबर प्रसाद, महादेव सिंह तथा हरि नारायण आदि के नाम लिए जा सकते हैं। जिले में असहयोग आंदोलन के सिलसिले में डॉ. विश्वनाथ मुखर्जी दफा 121 में पकड़े गए और उन्हें एक वर्ष की सजा हुई। पंडित बैजनाथ चौबे जेल में दो साल के लिए गए तथा सेमारियाँवा क्षेत्र के मौलाना महीबुल्लाह ने खिलाफत आंदोलन में पकड़े जाने पर जेलखाने में जाकर अन्न-जल छोड़ दिया। क्योंकि वह विदेशी सरकार का कुछ भी ग्रहण नहीं करना चाहते थे। उनका भी स्वर्गवास जेल में ही हो गया।

चौरी-चौरा (कांड) क्रांति

चौरी-चौरा क्रांति की कहानी अब्दुल्ला उर्फ सुकई पुत्र गोबर जुलाहा नामक युवक से प्रारंभ होती है। अब्दुल्ला चौरी-चौरा थाना अंतर्गत राजधानी गाँव का रहनेवाला था।

कांग्रेस के अहमदाबाद अधिवेशन में वह स्वयं सेवक के रूप में संगठन से जुड़ा था। अपने गाँव लौटने पर अब्दुल्ला ने लाल मोहम्मद एवं अवकाश प्राप्त फौजी भगवान यादव, जिसने प्रथम विश्व युद्ध में अंग्रेज सैनिकों के रूप में युद्ध किया था, को अपना सहयोगी बनाया। अब्दुल्ला लाल मोहम्मद एवं भगवान दास ने मिलकर यहाँ के किसानों व मजदूरों को कांग्रेस के लिए संगठित करने का कार्य प्रारंभ कर दिया। फलस्वरूप आसपास के गाँव के सैकड़ों नवयुवक कांग्रेस के स्वयंसेवक बन गए। लाल मोहम्मद के दरवाजे पर स्वयंसेवकों की कवायद अर्थात परेड होने लगी। डुमरी खुर्द में उस समय कांग्रेस का मंडल कार्यालय था। 13 जनवरी, 1922 को हॉटा व देवरिया के अंग्रेज अधिकारियों ने जमींदारों व सरकार समर्थकों की सभा बुलाकर कांग्रेस के आंदोलन को विफल करने का संदेश दिया। इस सभा के पश्चात् बदले में अब्दुल्ला, भगवान यादव व लाल मोहम्मद ने आम जनता की सभा कर असहयोग आंदोलन को विधिवत चलाने का समूह संकल्प लिया।

भगवान यादव एवं बद्री हरिजन ने 1 फरवरी, 1922 ई. को एक शराब की दुकान पर धरना देना शुरू किया, जो सविनय अवज्ञा आंदोलन का ही भाग था। शराब का ठेकेदार स्वयंसेवकों के धरने के कारण बिक्री न होने की शिकायत लेकर थाने पहुँचा और थानेदार से शिकायत की कि इन लोगों के धरने के कारण उसका नुकसान हो रहा है। निकटवर्ती मुंडेरा बाजार में भी अनाज की बढ़ती हुई कीमतों एवं शराब की बिक्री के विरोध में शांतिपूर्ण धरने का कार्यक्रम पूर्व निर्धारित योजना के अनुसार चल रहा था। चौरी-चौरा थाना के प्रभारी गुप्तेश्वर सिंह पुलिस दल के साथ धरना स्थल पर पहुँचकर एक सिपाही द्वारा भगवान यादव एवं बद्री हरिजन को बुलवाया। दोनों ने उनके सामने सविनय अवज्ञा आंदोलन की बात स्वीकार की। इसे जान थाना प्रभारी ने उन्हें खुलेआम बुरी तरह पीटते हुए यातनाएँ भी दीं। थानेदार ने भगवान यादव की सरकारी पेंशन बंद करवाने के साथ ही उन्हें गोली मारने की धमकी भी दी तथा पुलिस द्वारा शांति जुलूस पर लाठीचार्ज किया गया।[4] थानेदार द्वारा प्रताड़ित एवं धमकी दिए जाने की सूचना तथा अग्रिम कार्यवाही हेतु जिला कांग्रेस अध्यक्ष गोरखपुर मौलवी सुभानुल्लाह को देने के लिए 2 फरवरी, 1922 को डुमरी खुर्द स्थित कांग्रेस मंडल कार्यालय से 2 स्वयंसेवकों को भेजा गया। गोरखपुर कार्यालय से कोई प्रतिक्रिया अथवा दिशानिर्देश न प्राप्त होने पर निराश कांग्रेस स्वयंसेवकों ने अपने बल पर ही थाने पर प्रदर्शन में भाग लेने के लिए ग्रामीणों से आग्रह करना प्रारंभ कर दिया। 5 फरवरी, 1922 को थानेदार द्वारा की गई पिटाई व अत्याचार के विरोध में प्रतिक्रियास्वरूप 4 फरवरी, 1922 को बड़ी

संख्या में कांग्रेस वॉलेंटियर्स की सभा डुमरी में बुलाई गई। स्थानीय नेताओं ने इस सभा को संबोधित किया। सभा के पश्चात् वहाँ एकत्रित हजारों की संख्या में स्वयंसेवकों का जुलूस चौरी-चौरा थाने की ओर चला। जुलूस पूर्णतया अहिंसात्मक था। चौरी-चौरा थाना पर उस समय पुलिस की एक गारद मौजूद थी, जिसमें थाना प्रभारी गुप्तेश्वर सिंह के अतिरिक्त सिविल पुलिस के दल सिपाही तथा आर्म्स पुलिस के एक सब इंस्पेक्टर, एक हेड कांस्टेबल तथा 6 सिपाही थे। उस दिन चार चौकीदारों को जो वहाँ थे, उन्हें भी रोक लिया गया था।

कांग्रेस वॉलेंटियर्स के जुलूस को थाने की ओर चले आने की सूचना पर पुलिस ने थाने की नाकेबंदी कर ली। जुलूस के चौरी-चौरा थाना पर आकर पहुँच जाने के पश्चात् वहाँ मौजूद सरदार नगर स्टेट के सरदार हरचरण सिंह ने भीड़ को रोककर भीड़ एवं थाना प्रभारी के बीच मध्यस्थता का प्रयास किया। जुलूस का नेतृत्व कर रहे नेताओं ने थाना प्रभारी से भगवान यादव एवं बद्री हरिजन के पीटने तथा उनके बर्बरतापूर्वक आचरण के लिए स्पष्टीकरण भी माँगा। थाना प्रभारी के स्पष्टीकरण व सफाई देने से संतुष्ट नेतागण सरदार हरचरण सिंह की मध्यस्थता के प्रकार जुलूस के साथ शांतिपूर्ण ढंग से वापस चल दिए परंतु अचानक पुलिस ने हवाई फायर प्रारंभ कर दिया तथा उनके कुछ जवानों ने सत्याग्रहियों के साथ दुर्व्यवहार कर दिया। जिससे जुलूस के पिछले भाग में भगदड़ मच गई और शोर सुनाई पड़ने लगा। फलस्वरूप वापस जाती हुई भीड़ पुनः थाने की ओर लौट पड़ी। भीड़ वापस आने पर पुलिस पर पथराव करने लगी उसके बाद पुलिस ने लाठीचार्ज कर भीड़ का मनोबल तोड़ना व डराना चाहा परंतु इसी बीच जो स्वयं सेवक थाने से दूर पीछे या इधर-उधर चले गए थे, वे सभी थाने के सामने आ गए। इसके पश्चात् पुलिस ने अपार अनियंत्रित जनसमूह को देखकर बंदूकों से फायरिंग शुरू कर दी। सिपाहियों के पास उस समय दस राउंड कारतूस ही थे। सरकारी रिकॉर्ड के अनुसार पुलिस की फायरिंग तब तक होती रही जब तक उनकी सभी गोलियाँ समाप्त नहीं हो गईं। परंतु पुलिस ने इस कांड के ट्रायल के समय अदालत सेशन जज गोरखपुर ट्रायल नंबर 44/ 45/1922 सम्राट बनाम अब्दुल्लाह वगैरह में अपनी गोलियों से केवल तीन-नजर अली जुलाहा, खिलावन भर तथा भगवान तेली के घटनास्थल पर ही मृत्यु होने को स्वीकारा था। प्रसिद्ध क्रांतिकारी मन्मथ नाथ गुप्ता के अनुसार चौरी-चौरा के सजायाफ्ता द्वारिका प्रसाद पांडेय, जो काला पानी सजा के समय उनसे मिले थे, उन्होंने बताया था कि कम से कम 26 लोगों की पुलिस गोलीबारी में मृत्यु हुई थी। उत्तर प्रदेश डिस्टिक गैजेटियर गोरखपुर के रिकॉर्ड में भी 26 लोगों की मृत्यु मौके पर होने को कहा गया है।

परंतु घटनास्थल पर शहीदों की वस्तुस्थिति एवं घटना की वास्तविकता से अवगत होने का जिला कांग्रेस कमेटी ने कोई प्रयास नहीं किया। जबकि पूर्वोत्तर भारत में चौरी-चौरा क्रांति सबसे बड़ा नरसंहार था। भविष्य में गांधी जी और अन्य कांग्रेसी नेताओं की उपेक्षा से इस कांड पर पुलिस ने पर्दा डाल दिया और इसे देश के इतिहास में उतना महत्त्व न मिल सका। परंतु भाजपा सरकार ने चौरी-चौरा सहित अनेक स्वतंत्रता आंदोलन की घटनाओं की वर्षी मनाना शुरू किया तथा असली तथ्य तक जाने का प्रयास किया जा रहा है। इसी का एक प्रयास है स्वतंत्रता की 75वीं सालगिरह के अवसर पर स्वतंत्रता आंदोलन के इतिहास को लिखने की।

4 फरवरी, 1922 को घटना के समय थाने के सामने सभी निहत्थे सत्याग्रही सीने पर गोलियाँ खाकर गिरते रहे।[5] घटनास्थल पर अपने साथियों के चीत्कार, क्रंदन, लहूलुहान शरीरों तथा मैदान में घायलों व शहीद हुए शवों को देखकर प्रदर्शनकारियों के धैर्य का बाँध टूट चुका था। उनकी आँखों के सामने अपने साथियों के रक्तरंजित शव पड़े हुए थे, घायल साथियों के लहूलुहान जिस्म दर्द से कराह रहे थे। उग्र भीड़ को देखकर तथा गोली समाप्त होने के कारण सभी सिपाही थानाध्यक्ष समेत भागकर थाने के अंदर घुस गये और दरवाजा अंदर से बंद कर लिया। कन्हैयालाल मिश्रा की पुस्तक उत्तर प्रदेश स्वतंत्रता संग्राम की एक झाँकी के अनुसार पैर में गोली लगने से जख्मी हुए द्वारिका प्रसाद पांडेय उस समय आक्रोश से भर उठे, उन्होंने लोगों को ललकारा। उसी समय एक प्रदर्शनकारी मिट्टी के तेल से भरा कनस्तर ले आया। लोगों ने उस तेल को थाने पर छिड़क कर उसमें आग लगा दी। उस आग की लपटों में थाने के अंदर अधिकारियों, सिपाहियों व चौकीदारों सहित 23 पुलिसकर्मी जलकर मर गए। कुछ अन्य तथ्यों के अनुसार अग्निकांड में 22 पुलिसकर्मी जिसमें 1 इंस्पेक्टर सहित 21 पुलिसकर्मी की मृत्यु हो गई।[6] चौरी-चौरा डाकघर का पोस्टमास्टर थाने पर गोली कांड की जानकारी पाते ही डाकघर बंद कर भाग गया। सत्याग्रहियों ने डाकघर एवं रेलवे स्टेशन पर तिरंगा फहरा दिया। करमहाँ गाँव के पास रेलवे लाइन उखाड़ दी गई। थाने पर तैनात सिविल पुलिस का एकमात्र जीवित सिपाही मोहम्मद सिद्दीकी किसी तरह भागकर जान बचाने में सफल हो गया था। उसने समीप के गौरी थाना (वर्तमान झंगहा थाना) में चौरी-चौरा कांड की सूचना दी, जहाँ से यह सूचना जिले के सभी प्रशासनिक अधिकारियों तक पहुँच गई। इस घटना की जानकारी गोरखपुर जिला कांग्रेस कमेटी के उपसभापति तथा स्वदेशी के संपादक श्री दशरथ प्रसाद द्विवेदी ने महात्मा गांधी को तार भेज कर दी। महात्मा गांधी को घटना की एकपक्षीय सूचना दी गई। उन्हें न तो पुलिस के जुल्म की कहानी बताई

गई न ही सत्याग्रहियों पर किए गए फायरिंग और थाने पर मारे गए शहीदों की संख्या की जानकारी दी गई। महात्मा गांधी ने इस घटना से क्षुब्ध होकर 6 फरवरी, 1922 को देशव्यापी असहयोग आंदोलन को वापस ले लिया। इस एकपक्षीय निर्णय के लिए गांधी जी की तमाम आलोचनाएँ हुई। चौरी-चौरा में हुई घटना के पश्चात् अंग्रेजों द्वारा दमन अत्याचार एवं क्रूरता का तांडव डीआईजी सेंड के नेतृत्व में शुरू हुआ। सेंड के आदेश पर पुलिस ने चौरी-चौरा से तीन-चार मील के अंदर के गाँव में गदर मचा दिया। फसलों को आग के हवाले कर दिया। घरों को लूट लिया गया। ग्रामवासियों को तबाह कर दिया गया। अधिकांश लोगों ने अत्याचारों के कारण गाँव छोड़ दिया था। गाँव के गाँव वीरान हो गए थे। गाँव में केवल बूढ़े बच्चे व स्त्रियाँ ही रह गई थीं परंतु रात-दिन एक कर पुलिस ने कई सौ लोगों को यातनाएँ देकर बंदी बना लिया। कन्हैयालाल मिश्र की पुस्तक उत्तर प्रदेश स्वतंत्रता संग्राम की एक झाँकी में दिए गए विवरण के अनुसार सम्राट बनाना अब्दुल्ला वगैरा ट्रायल नंबर 44/ 45/ 1922 के अंतर्गत चौरी-चौरा में धारा 120, 130 डी, 147, 149, 302, 149 /395, 435, 149/332 तार एक्ट-412/125, रेलवे एक्ट 126 के अंतर्गत मुकदमा दायर किया गया। चौरी-चौरा क्रांति में कुल 225 व्यक्तियों[7] के विरुद्ध अभियोग पत्र दायर कर सेशन जज एच.ई. होल्मस के न्यायालय में भेजा गया। 9 फरवरी, 1923 को सेशन जज ने अपने ऐतिहासिक फैसले में 172 को फाँसी की सजा दी, दो व्यक्ति को 2 वर्ष की सजा दी, 47 को संदेह का लाभ देकर बरी कर दिया, तीन जेल में ही मर गए थे और एक गंभीर बीमारी के कारण छोड़ दिया गया। जिन्हें आज देशभक्त के रूप में देशवासी याद करते हैं उनके नाम तत्कालीन पुलिस अभिलेखों में बलबाइयों और दंगाइयों के रूप में दर्ज हैं। सेशन जज के फैसले के विरुद्ध उच्च न्यायालय इलाहाबाद में अपील दायर की गयी। जिसमें पंडित मदन मोहन मालवीय, पंडित मोतीलाल नेहरू ने सत्याग्रहियों के पक्ष में जोरदार बहस की और उनके अकाट्य तर्कों के आधार पर मुख्य न्यायाधीश ग्रीम वुड पियर्स एवं न्यायमूर्ति टी.सी. पीगट ने 30 अप्रैल, 1923 को सुनाये अपने फैसले में 19 अभियुक्तों को मृत्युदंड, 16 को आजीवन कारावास 19 को 8-8 वर्ष की सजा, 57 को 5-5 वर्ष की सजा, 3 को दो-दो वर्ष की सजा, 20 अभियुक्तों को अधिक उम्र के कार्ड दो 2-2 वर्ष की सजा तथा 28 अभियुक्त निरपराध घोषित कर रिहा कर दिए गए। ब्रिटिश हुकूमत का यह दोहरा चरित्र उजागर हुआ जिसमें जलियांवाला बाग हत्याकांड की निहत्थी भीड़ पर गोलियाँ चलानेवाले जनरल डायर को सम्मानित किया जाता है तथा अपने देश की आजादी के लिए आंदोलन करनेवाले और शोषण के विरुद्ध की जा रही अन्यायपूर्ण कार्यवाही का प्रतिरोध करनेवाले सेनानियों के

लिए मृत्यु और केवल मृत्युदंड की सजा ही मुनासिब मानती है, वस्तुतः न्याय का यह दोहरा मानदंड अंग्रेजी हुकूमत की पहचान रही है। 19 मृत्युदंड प्राप्त अभियुक्तों को 2 जुलाई, 1923 को फाँसी दे दी गई। चौरी-चौरा ग्रंथालय एवं शहीद स्मारक के अनुसार जीवन में किसानों को फाँसी की सजा दी गई उनके नाम निम्नलिखित हैं—

1. श्री अब्दुल्ला पुत्र श्री गोबर, ग्राम राजधानी।
2. श्री भगवान अहीर पुत्र श्री राम नाथ अहीर, ग्राम चौरी-चौरा।
3. श्री विक्रम पुत्र श्री शिवचरण, ग्राम डुमरी खुर्द।
4. श्री दुधई पुत्र श्री समझावन, ग्राम चौरा।
5. श्री कालीचरण पुत्र श्री निर्गुण, ग्राम चौरा।
6. श्री लाल मोहम्मद पुत्र श्री हमीम फकीर, ग्राम चौरा।
7. श्री लौटू पुत्र श्री शिवनंदन, ग्राम बाले।
8. श्री महादेव पुत्र श्री कुंज बिहारी, ग्राम भाऊपार।
9. श्री मेघू पुत्र श्री जानकी तिवारी।
10. श्री लाल बिहारी
11. श्री नजर अली पुत्र श्री हुसैन, ग्राम डुमरी खुर्द।
12. श्री रघुवीर पुत्र श्री जाद्दू सोनार, ग्राम बाले।
13. श्री रामलगन पुत्र श्री शिवटहल, ग्राम पोखर भिंडी।
14. श्री रुदली पुत्र श्री रामदीहल, ग्राम लक्ष्मण पुरवा।
15. श्री सहदेव पुत्र श्री जाद्दू उर्फ सिद्धू, ग्राम जं. महादेव।
16. श्री संपत पुत्र श्री मोहर, ग्राम चौरा।
17. श्री श्याम सुंदर पुत्र श्री राम नारायण मिश्र, ग्राम रामनगर बगही।
18. श्री सीताराम पुत्र श्री रामफल, ग्राम बाले।
19. श्री रामस्वरूप पुत्र श्री राम टहल, ग्राम मुंडेरा बाजार।

इन वीर शहीदों ने अपने बलिदान से चौरी-चौरा की भूमि को इतिहास के पन्ने में अमर कर दिया।

भारतीय स्वतंत्रता संग्राम के इतिहास में चौरी-चौरा क्रांति अपने पीछे ढेर सारे प्रश्न छोड़ गयी। चौरी-चौरा क्रांति भी स्वतंत्र आंदोलन का एक अविस्मरणीय भाग थी। सजा प्राप्त सभी व्यक्ति देश-भक्त थे जिन्होंने देश के लिए कांग्रेस के आह्वान पर आंदोलनरत होकर घोर यातनाएँ सहीं अथवा अपने प्राणों का उत्सर्ग किया। चौरी-चौरा क्रांति ने यह भी सिद्ध किया कि हिंदू और मुसलमान के बीच खाई खोदने का जो कुत्सित प्रयास

अंग्रेजों द्वारा किया जा रहा था वह अस्वाभाविक था। इस आंदोलन हेतु सजा-ए-मौत पानेवाले सेनानियों में पहला नाम अब्दुल्ला का था एवं लाल मोहम्मद वा नजर अली इसके नायकों में से थे। भारत के स्वतंत्रता संग्राम में एक बार फिर हिंदू तथा मुसलमान एक मंच से ब्रिटिश उपनिवेशवाद के विरुद्ध एक साथ उठ खड़े हुए थे, जिससे ब्रिटिश साम्राज्य हिल उठा था।

इसके पश्चात् गांधी के द्वारा आंदोलन वापस ले लेने पर लोगों में मिश्रित प्रतिक्रिया व्यक्त की गई। जहाँ मोतीलाल नेहरू ने यह कहते हुए कि यह आंदोलन हमें विजय की ओर ले जा रहा था, ऐसे में महात्मा गांधी का आंदोलन को स्थगित करने का फैसला दुर्भाग्यपूर्ण है, यह कह कर इस फैसले से अपनी असहमति व्यक्त की। लेकिन महात्मा गांधी ने खुद यह लिखा है कि ईश्वर मेरे प्रति अत्यधिक सहृदय रहा है और चौरी-चौरा के माध्यम से ईश्वर ने मुझे बहुत ही स्पष्ट संदेश दिया है कि भारत अभी सत्य और अहिंसा के परिवेश में दीक्षित नहीं हो पाया है और ऐसे जन आंदोलन के लिए पूरी तरह से तैयार नहीं है जो पूरी तरह से सिविल हो जिसका अर्थ सज्जनता, सत्य, विनम्रता, ज्ञान और प्रेम में है और जिसका अर्थ कदापि घृणा से नहीं है। देशबंधु चितरंजन दास, जवाहरलाल नेहरू, सुभाष चंद्र बोस इत्यादि महात्मा गांधी के इस निर्णय को सुनकर अवाक् रह गए। यद्यपि महात्मा गांधी का यह फैसला सामाजिक था अथवा नहीं इस पर बहस अनंत काल तक चलती रहेगी और इतिहासकारों के मध्य मत विभाजन की स्थिति बनी रहेगी। आज इतने दिन बीत जाने के बाद भी हम अपने चौरी-चौरा के शहीदों को नमन करते हैं।

अहिंसक सत्याग्रह

4 फरवरी[8], 1922 को चोरीचौरा कांड घटित हुआ जिसके कारण महात्मा जी ने असहयोग आंदोलन स्थगित करते हुए लिखा कि उन्होंने हिमालय जैसी भूल कर डाली है। आंदोलन स्थगित होते ही चारों ओर आतंक का राज छा गया। सरकारी अधिकारी तथा अमलों ने जनता पर भीषण अत्याचार ढाने शुरू कर दिये। उन्होंने माना कि चौरी-चौरा में असहयोग आंदोलनकारियों ने हिंसा का प्रदर्शन किया था लेकिन उस घटना के पहले तथा बाद में वहाँ निहत्थे लोगों पर कितना भयंकर अत्याचार किये गये इस ओर उस समय उतना भी ध्यान नहीं दिया गया जितना देना जरूरी था।

चौरी-चौरा कांड की प्रतिक्रिया बस्ती जिले में तेजी से हुई। जिले के अन्य बहुत से कस्बों में दफा 144 लगा दी गई जिसको लोगों ने स्थान-स्थान पर तोड़ा और उसके

लिए दंड भी सहा। बस्ती वालों ने 5 फरवरी, 1922 यानी चौरी-चौरा कांड के ठीक एक दिन बाद खलीलाबाद में मीटिंग करने का ऐलान किया। खलीलाबाद चौरी-चौरा से लगा हुआ क्षेत्र है और राजनीतिक दृष्टि से वहाँ जागृति भी अधिक थी। इसलिए वहाँ प्रतिक्रिया भी तीव्र थी। सभा की सूचना पाकर इन अधिकारियों ने खलीलाबाद में दफा 144 लगा दी। आजादी के दीवानों ने इसे तोड़ने का निश्चय किया। 6 फरवरी, 1922 को कटैया के श्री राजकुमार ने इसका श्रीगणेश किया और वह पकड़ लिए गए। 7 फरवरी को श्री रामदवन भी पकड़े गए। वह खलीलाबाद से रेल द्वारा बस्ती लाए गए। उनकी गिरफ्तारी की सूचना पाकर स्टेशन पर भारी भीड़ एकत्र हो गई तथा स्टेशन से जेल तक का पूरा रास्ता लोगों से भरा था। इस भीड़ ने भी रामबदन सिंह को जैसी भावभीनी विदाई दी वैसी उसके पहले बस्ती में किसी को नहीं मिली।

8 फरवरी को गोरखपुर से सैनिकों के बड़े-बड़े दल खलीलाबाद भेजे गए। इससे हताश होने की जगह लोगों ने खलीलाबाद में 9 फरवरी को और जबरदस्त प्रदर्शन किया जिसमें लगभग 50 प्रमुख कांग्रेस कार्यकर्ता पकड़े गए। बाद में उन्हें विजयगढ़ रास्ते पर मारपीट कर थोड़ी-थोड़ी दूर पर छोड़ दिया गया। जहाँ से वे पैदल ही लौटे। खलीलाबाद के कार्यकर्ताओं तथा आंदोलन से सहानुभूति रखनेवाले लोगों के घर भी इस बीच लूटे गए। उस्का बाजार भी राजनीतिक गतिविधियों का केंद्र था। वहाँ भी प्रदर्शन हुए जिन्हें अधिकारियों ने जबरदस्ती कुचला। श्री राजाराम शर्मा को उस समय विशेष चोट आई। बहुत से कांग्रेस स्वयंसेवकों को कंकड़ पर दौड़ाते हुए स्टेशन ले जाया गया। जहाँ वे मालगाड़ी में भर दिये गए। जब गाड़ी गोरखपुर की ओर चली तो स्वयंसेवकों पर बंदूक के कुंदों की मार पड़ने लगी। बीच-बीच में वे चलती गाड़ी से धकेल भी दिये जाने लगे। कुछ लोग जो बहुत निर्भीक थे गोरखपुर तक गोरों के अत्याचारों से जूझते हुए जेल गए। उन्हें वहाँ जाकर छोड़ा गया। कहा जाता है कि इस कांड में कुख्यात हाकिम परगना अब्दुल रज्जाक का विशेष हाथ था।

इस सिलसिले में शोहरतगढ़ की चर्चा भी समीचीन होगी। वहाँ कांग्रेस दफ्तर जला दिया गया था। पंडित परमेश्वरदत्त को कोड़ों से पीटते-पीटते बेहोश कर दिया गया तथा समाज सेविकाओं और जनता पर घोड़े दौड़ाये गए। अमर शहीद श्री बुधई बरिंजन का स्वर्गवास इसी अत्याचार के कारण हुआ। जेलखाने में हाजी मोहिबुल्ला साह सेमरियांवाँ ने अनशन करके प्राण त्याग दिये। महात्मा जी ने अपने पत्र नव जीवन में लिखा था कि चौरी-चौरा कांड का उत्तर खलीलाबाद और शोहरतगढ़ की जनता ने शांति से दिया। उक्त कांडों की जांच करने महात्मा जी के पुत्र श्री देवदास जी गांधी आए थे। उनके

साथ भी खलीलाबाद पुलिस वालों ने अभद्र व्यवहार किया। खलीलाबाद में कांग्रेस जनों का जो दमन हुआ था, उसका कुछ आभास कांग्रेस द्वारा नियुक्त जाँच कमेटी की रिपोर्ट से मिलता है। उसमें जून, 1982 तक की इन कुछ घटनाओं का उल्लेख किया गया है जो निम्नलिखित हैं—

1. एक मुसलमान वालंटियर को, जब वो नमाज पढ़ रहा था, मस्जिद से खींचकर बाहर कर दिया गया।
2. कांग्रेस खद्दर भंडार पर पुलिस ने धावा कर यहाँ उपस्थित लोगों को गिरफ्तार कर लिया और ले जाते समय उनकी खूब पिटाई की जिसमें एक व्यक्ति वहीं पर बेहोश हो गया।
3. स्वयंसेवकों के अतिरिक्त अन्य लोगों के साथ भी बहुत ही असम्मानजनक व्यवहार किया गया। उनका केवल अपराध इतना था कि वे खद्दर की कमीजें पहने हुए थे।
4. पकड़े गए 64 स्वयंसेवकों को गोरखपुर जानेवाली गाड़ी के दो डिब्बों में ठूस कर उन्हें जमीन पर बिठाया गया। जब गाड़ी चलने लगी तो उन्हें ढकेल कर डिब्बों से बाहर गिरा दिया गया। केवल श्रीराम शंकर लाल तथा अन्य 14 गोरखपुर पहुँचे जिन्हें रेलवे रेल लाइन पर गिरने के कारण चोटें आईं।
5. औरतों के शरीर पर से जबरन जेवर उतार लिए गए। श्री देवदास गांधी ने शोहरतगढ़ की घटना के बारे में अपनी रिपोर्ट में कहा है—शोहरतगढ़ में 25 अप्रैल, 1922 को पुलिस ने कांग्रेस कार्यकर्ताओं पर अमानवीय ढंग से जुल्म किए और कई सप्ताह तक आतंक छाया रहा।
6. अप्रैल को चिल्हिया थाने के सब इंस्पेक्टर कांग्रेस कार्यालय में 3 कांस्टेबलों के साथ आए और वहाँ की चीजें उठा ले गए। कार्यालय एक झोपड़ी में था, जिसे उसने गिरवा दिया। झोपड़ी को खींचकर कुछ दूर लाकर जला दिया गया। इसके बाद पुलिस कांग्रेस कार्यकर्ताओं पर टूट पड़ी और खूब पिटाई की। वहाँ के एक प्रमुख कार्यकर्ता श्री परमेश्वर दत्त को यह कह कर कि कार्यकर्ता पुलिस वालों से माफी माँग कर छुटकारा न लें। पुलिस सब इंस्पेक्टर परमेश्वर दत्त पर टूट पड़ा और उन्हें खूब पीटा। पुलिस और चौकीदारों ने भी इसमें भाग लिया। पं. परमेश्वर दत्त चुपचाप पिटते रहे। दत्त ने लोगों को बदला न लेने के लिए कहा। थोड़ी देर बाद वे बेहोश हो गए। दो अन्य व्यक्ति भी इसी प्रकार पीटे गए। इनमें से एक बेहोश हो गए आदमी

को आग में झोंकने का प्रयास किया गया पर अन्य लोगों के दखल देने के कारण ऐसा न हो सका। पीटे गए लोगों में से एक व्यक्ति के मर जाने के बावजूद सभी कांग्रेसी कार्यकर्ता अहिंसक एवं शांत रहे। पूरा शहर पुलिस के दबदबे से भयाक्रांत था।

असहयोग आंदोलन के बाद बस्ती का वातावरण लगभग शांत ही रहा। इस बीच साम्प्रदायिकता का उभार अत्यंत दुःखद रहा और कांग्रेस में भी अपरिवर्तनवादी और परिवर्तनवादियों में भी काफी कसमकश चल रही थी। महात्मा जी के नए अस्त्र नमक सत्याग्रह ने एक बार पुनः झकझोर कर देश को जाग्रत कर दिया और लोगों ने साम्प्रदायिकता से ऊपर उठकर अंग्रेजों को चुनौती दी, डांडी की ऐतिहासिक यात्रा और उसके बाद नमक कानून तोड़ने के क्रम ने देश को नया कार्यक्रम दिया जिसमें सामान्य से सामान्य व्यक्ति भी आगे बढ़कर अपने हिस्से का संघर्ष कर सकता था। 'या तो हम स्वराज्य लेकर लौटेंगे या मेरी लाश समुद्र पर तैरेगी' कहकर महात्मा जी ने 12 मार्च को ऐतिहासिक दांडी यात्रा प्रारंभ की और साबरमती आश्रम हमेशा के लिए छोड़ दिया। वे इसी क्रम में 5 मई, 1923 को गिरफ्तार कर लिए गए। गांधी जी चरखा फण्ड के लिए धन एकत्र करने के लिए। 1 अक्टूबर, 1929 को बस्ती आए। हथियागढ़ के मैदान में बीसों हजार व्यक्तियों की उपस्थिति में उनकी सभा संपन्न हुई और उन्हें 5000/- की थैली भेंट की गई।

नमक सत्याग्रह

बस्ती (सिद्धार्थनगर) में नमक सत्याग्रह प्रारंभ होने के पूर्व पंडित सीता राम शुक्ला पकड़ लिए गए। उसके बाद विरोध में सड़क पर कांग्रेस दफ्तर पर नमक सत्याग्रह किया गया। उसके नायक पं. जलेश्वर ब्रह्मचारी बनाये गए। लगभग दो हजार लोग उपस्थित थे। गोकुल राम के हाथ में कड़ाही थी और राज मुहम्मद खाँ के हाथ में नमक था। पुलिस ने बड़ी कोशिश की लेकिन सत्याग्रहियों से कड़ाही और नमक छीन न सकी। एक जत्था रामबलि आचार्य के नायकत्व में बस्ती, हरैया, बभनान और करमहिया गया। किंतु डुमरियागंज के थानेदार की चाल और जाली चिट्ठी के कारण वह जत्था बाँसी पहुँच गया। वहाँ अष्टभुजा प्रसाद ने झंडा छिनवा लिया और पुलिस ने भी काफी जुल्म किए। सत्याग्रहियों ने उन्हीं के दरवाजे पर अनशन करना शुरू कर दिया, जिस पर लोग बुरी तरह पीटे गए।

वालंटियर कम रहने के कारण बनारस और इलाहाबाद से बाबू शिवप्रसाद गुप्त, आचार्य नरेंद्र देव, पुरुषोत्तम दास टण्डन बस्ती आए। उन पर जिला छोड़ देने का नोटिस तामील किया गया। जिले के प्रमुख नेता कृपा शंकर पर भी नोटिस लगाई गई कि वह अपने मकान के सामने सभा न होने दें, किंतु उन्होंने उसे न माना। इसके लिए उन्हें एक मास जेल की सजा तथा 500 रुपया जुर्माना हुआ और कांग्रेस दफ्तर बंद कर दिया गया।

इस आंदोलन को कुचलने के लिए विदेशी सरकार तथा उसके स्थानीय समर्थकों ने आतंक को अपना प्रमुख शस्त्र बनाया था। अनेक राजाओं ने अपने आदमियों को अमन सभा का स्वयंसेवक बनवा दिया था और इन्हें पोशाकें दी थीं। पोशाकों के रंगों से पता चल जाता था कि यह व्यक्ति संबंधित राजा द्वारा दिया गया था। अमन सभा के यह स्वयंसेवक वास्तव में स्थानीय गुंडे व राजा के व्यक्ति थे।

इनका कार्य कांग्रेस के कार्यकर्ताओं की पिकेटिंग में बाधा डालना था तथा किसी प्रकार उपद्रव खड़ा कर उन्हें पीट देना था। इसका एक उदाहरण श्री ठाकुर प्रसाद वैश्य की पिटाई का है। श्री ठाकुर कांग्रेसी तो नहीं थे पर अप्रत्यक्ष रूप से धन द्वारा स्थानीय कार्यकर्ताओं की सहायता करते थे। फलतः अमन सभाइयों की दृष्टि में खटकने लगे। जुलाई के प्रथम सप्ताह में जबकि वे कहीं से ताँगे से लौट रहे थे। अमन सभा के गुण्डे उन पर टूट पड़े और लाठियाँ बरसाने लगे। सौभाग्यवश उसी समय कुछ कांग्रेस के कार्यकर्ता भी उसी रास्ते से आ रहे थे। श्री ठाकुर प्रसाद पर होते आक्रमण को देखकर उन्हें बचाने का प्रयास किया। इस प्रक्रिया में कांग्रेस के स्वयंसेवक श्री लालता प्रसाद का सर फट गया था। जिले में श्री दौलतराम अस्थाना भी कांग्रेस से समर्थक थे। ये भी कचहरी में पिटे थे, इन कांडों की घोर प्रतिक्रिया हुई और इसके विरुद्ध एक बड़ा प्रदर्शन भी किया गया। उपरोक्त घटना से स्थानीय कार्यकर्ता आतंकित हो गए और जिले में यह आंदोलन ठंडा सा पड़ गया। जिले की स्थिति का समाचार पाकर गोरखपुर जिले में स्वयंसेवक आए और स्थानीय स्वयंसेवकों के सहयोग से आंदोलन चलाने लगे। 15 जुलाई को श्री रामशंकर लाल, उदयशंकर तथा धर्मनाथ वकील पकड़े गए।

गोरखपुर से आनेवाले स्वयंसेवक निर्मली कुण्ड के निकट रहते थे और बस्ती के स्वयंसेवक श्री कृपाशंकर के मैदान में रहते थे। इस जिले में स्वयंसेवकों को आतंकित करने के लिए केवल मारा-पीटा ही नहीं जाता था बल्कि कुआनों नदी के ठंडे पानी में डुबाकर उन्हें पंखा झला जाता था। यह प्रक्रिया शीतकाल में दुःखदायी थी। फिर भी किसी तरह जिले वाला आंदोलन जारी रखा।

6 अप्रैल को सत्याग्रहियों ने साहस कर कलेक्टरी के अहाते में नमक बनाया पर उस दिन कोई गिरफ्तारी नहीं हुई। 7 अप्रैल को नोटिस बाँटने के जुर्म में सर्वश्री रामपालक, पंडित बलभद्रनाथ पांडेय, पं. देवकीनंद जी, लक्ष्मी सिंह और रामदास गिरफ्तार किए गए। इन लोगों को 6-6 मास की कैद की सजा हुई। 8, 9 अप्रैल को भी नोटिस वितरित करने का कार्यक्रम चालू रहा। बनाया गया नमक बेचा गया, स्वयंसेवक पकड़कर बहुत दूर ले जाकर छोड़ दिये गए। इसके बाद जिले के चौथे महत्त्वपूर्ण नायक श्री रामनाथ जी नियुक्त किए गए।

यद्यपि 1930 में बस्ती जिले के राजा व जमींदार अपने-अपने लठैतों की सेना सरकारी माध्यम से स्थापित करके देशभक्तों तथा किसानों एवं कांग्रेस आंदोलनकारियों का दमन जिले भर में कर रहे थे। परंतु उक्त अमन सभाई सेना ने अंतिम बार बस्ती रेलवे खास में अत्यधिक अंधेर मचा रखा था।

जिला सत्याग्रह समिति ने 18 जनवरी को 5 स्वयंसेवकों का जुलूस निकाल कर पुरानी बस्ती तथा पक्के बाजार में सभा की। उस दिन स्वयंसेवकों में कप्तान श्री राम आधार सिंह तथा अन्य 4 स्वयंसेवक पकड़ लिए गए। इसके लिए इसके दूसरे दिन स्वयंसेवकों ने पुनः जुलूस निकाला। पुलिस ने उन्हें पकड़ कर मोटर तथा इक्कों पर बैठाकर बस्ती से कई मील दूर ले जाकर छोड़ दिया। उसी दिन दोपहर 12 बजे ही जिले के अधिनायक भारतीय भिक्षु जी को एक मास तक भुलौनिया ग्राम में रहने की नोटिस दी गई, जिसे उन्होंने मानने से इनकार कर दिया। फलतः वे पकड़ लिए गए और उन्हें 9 मास कैद की सजा हुई। रामअधार सिंह के साथ जो स्वयंसेवक पकड़े गए थे, उसमें श्री उमाशंकर जी को छह मास तथा अन्य को तीन-तीन मास कैद की सजा हुई। मारपीट तथा अमन सभाइयों का आतंक होते हुए भी पिकेटिंग का कार्य चलता रहा।

इस आंदोलन के दौरान ही महात्मा गांधी ने अछूतों के प्रश्न पर अनशन कर दी। फलतः लोगों का ध्यान इस ओर केंद्रित हो गया इसी सिलसिले में 19 दिसंबर 1933 को अस्पृश्यता निवारण दिवस धूमधाम से मनाया गया। प्रभात फेरियाँ निकाली गईं, हरिजनों की बस्ती में सफाई की गई और घर-घर जाकर चंदा एकत्र किया गया। इस कार्य में मुसलमानों ने भी सहयोग दिया। इस अवसर पर पंडितों ने भी सत्यनारायण तथा श्रीमद्‌भागवत् कथा कही तथा अछूतों में प्रसाद वितरण किया, जिसे सभी उपस्थित लोगों ने लिया।

इसी दौरान सविनय अवज्ञा आंदोलन भी चलता रहा। श्री झिनकूलाल जी जिला के अधिनायक नियुक्त किए गए थे। अपने ही घर में पकड़ लिए गए। इनके पश्चात्

श्री अशरफी लाल, जो कि अभी जेल से छूट कर आए थे, अधिनायक नियुक्त होते ही पुनः पकड़ लिए गए।

इसके बाद के वर्षों में इस जिले में कोई उल्लेखनीय घटना नहीं हुई। 1937 में प्रथम बार आम चुनाव में कांग्रेस प्रत्याशियों को अभूतपूर्व सफलता मिली। जिसके फलस्वरूप प्रांत में कांग्रेसी मंत्रिमंडल बना। विदेशी सरकार से द्वितीय महायुद्ध में सहायता देने के प्रश्न पर सभी कांग्रेस मंत्रिमंडलों ने त्यागपत्र दे दिये जिससे स्थिति परिवर्तित हो गई।

कांग्रेस में जो उग्र दल के थे, उन्होंने अपना युद्धविरोधी अभियान जारी रखा। इस सिलसिले में सर्वप्रथम श्री राम उजागर शर्मा से दफा 107 के अंतर्गत एक वर्ष के लिए जमानत और मुचलका तथा 119 में भी दो जमानतें और मुचलका माँगा गया। 13 अप्रैल, 1940 को अग्रगामी दल के दो स्वयंसेवकों ने जिला मजिस्ट्रेट की अदालत में पहुँचकर झंडा लगाने और कलेक्टर की कुर्सी पर कब्जा करने की चेष्टा की। इनमें से एक श्री राम देव आजाद यहाँ गिरफ्तार कर लिए गए। कुछ दिनों बाद व्यक्तिगत सत्याग्रह संबंधी तैयारी आरंभ हो गई।

अन्य जिलों की भाँति बस्ती में व्यक्तिगत सत्याग्रह करनेवालों की सूची तैयार की गई, जिसे अनुमति के लिए प्रांतीय कांग्रेस कमेटी को प्रेषित कर दिया। निर्धारित क्रम के अनुसार व्यक्तिगत सत्याग्रह आरंभ का शुभ अवसर पं. उदयशंकर जी को प्राप्त हुआ। इन्हें 12 नवंबर, 1940, को 6 मास कैद की सजा हुई। जिले के दूसरे सत्याग्रही पं. सीताराम शुक्ल थे जिन्हें 9 मास कैद और 100 रु. जुर्माने की सजा दी गई। जिले की तीसरे सत्याग्रही हरनाथ चौधरी थे। इसके बाद श्री राम कुमार शास्त्री तथा एम.एल.ए. अन्य और बहुत से व्यक्तियों ने अपने लिए निर्धारित नियमानुसार व्यक्तिगत सत्याग्रह किया और जेल की सजाएँ काटीं। सितंबर-अक्टूबर से सत्याग्रही जेल से छोड़े जाने लगे और आंदोलन मंद पड़ने लगा। अन्य आंदोलन की अपेक्षा व्यक्तिगत सत्याग्रह आंदोलन में बस्ती के काफी लोगों ने भाग लिया। इस आंदोलन में केवल सत्याग्रही ही नहीं, अपितु कांग्रेस समर्थक व्यक्ति अथवा पुराने सक्रिय कार्यकर्ता श्री भारत रक्षा कानून के अंतर्गत पकड़ गए।

बस्ती जिले में 1942 के आरंभ में जिला राजनीतिक सम्मेलन करने का निश्चय किया गया था। इसके संयोजक श्री हीरालाल जी थे। इन्हें गिरफ्तार कर लिया गया। इनकी गिरफ्तारी के पश्चात् श्री कृपाशंकर जी को राजनीतिक सम्मेलन का संयोजक बनाया गया।

भारत छोड़ो आंदोलन

'भारत छोड़ो' आंदोलन को गांधी जी ने अपने जीवन की अंतिम लड़ाई कहा। उन्होंने अंग्रेजों से स्पष्ट शब्दों में कह दिया कि वह भारत छोड़कर चले जाएँ। आंदोलन की रूपरेखा पर विचार करते हुए सरदार पटेल ने उस समय कहा था कि यदि सरकार गांधी जी को पकड़ ले तो इस मौके पर अगले कदमों के सोचने की बात नहीं हो सकती। फिर तो हर एक हिंदुस्तानी जिसने इस देश में जन्म लिया है, उसका यह फर्ज होगा कि इस देश की आजादी हासिल करने के लिए उसे जो सूझे वही कर डाले।

बस्ती जिले में उस समय जिला कांग्रेस के सभापति एवं उपसभापति श्री उदयशंकर तथा श्री अब्दुल हकीम साहब थे। मंत्री जी अशरफी लाल थे लेकिन अनुपस्थिति में बाबू कृपाशंकर जी मंत्री का कार्य देख रहे थे। बम्बई अधिवेशन का समाचार पहुँचते ही लोगों ने तुरंत बैठक की और आंदोलन की रूपरेखा शीघ्रता से तय की गई लेकिन इसके पहले ही कुछ हो सके सभी प्रमुख कार्यकर्ता और नेता 9 अगस्त को ही अपने-अपने घरों में गिरफ्तार कर लिए गए। विदेशी शासकों ने आंदोलन को दबाने की तैयारी पहले से ही कर रखी थी, इसलिए उन्हें कार्यवाही करने में कोई देर नहीं हुई। एकमात्र उद्देश्य यही था कि जनता पर शासन की धाक बैठ जाए और लोक कुछ करें इनके पहले उनके नेताओं को उनके बीच से हटा लिया जाए।

बस्ती में कांग्रेस कार्यालय पर कब्जा कर लिया गया लेकिन इस सारी व्यवस्था के बाद भी 13 अगस्त की आम हड़ताल रोकी न जा सकी। सभी स्कूल, कॉलेज बंद हो गए और विद्यार्थियों ने विसाल जुलूस निकाला। जुलूस को लाठी चार्च करके तितर-बितर कर दिया गया।

इस लाठी चार्ज से कई लड़के घायल हो गए। नगर में तो सब कुछ कब्जे में आ गया लेकिन गाँवों में छिटपुट आंदोलन और प्रदर्शन होते रहे। गौर और वाल्टरगंज स्टेशन इस बीच फूँके गए तथा खलीलाबाद, नौगढ़ में तार काटे गए, मगहर का गांधी आश्रम जब्त कर लिया गया। रक्सा, जोड़ीकुईया, वसलिया, गौर तथा वाल्टरगंज के अनेक स्थानों को सिपाहियों ने लूटा और लोगों को पीटा भी।

कौमी सेवा दल, बभनान के सरदार सूर्य प्रसाद तिवारी और चिलाही मंडल के महावीर प्रसाद को इतना पीटा कि बाद में उनकी मृत्यु हो गई। कितने ही स्थानों पर सामूहिक जुर्माने किए गए। और उसे बेदर्दी से वसूला भी गया।

बस्ती शहर में राणा प्रताप आश्रम 1942 का छात्र गतिविधियों का केंद्र कहा जाता है। इसके संस्थापक और संचालक श्री राम सेवक सिंह का क्रांतिकारियों से निकट

संपर्क था। पुराने क्रांतिकारी तथा जिला कांग्रेस के महामंत्री श्री हरिभान सिंह भी उन्हीं के साथ-साथ रहते थे। यों तो श्री सिंह महायुद्ध प्रारंभ होते ही नजरबंद किए जाने के बाद देवली कैम्प जेल में भेज दिये गए थे। लेकिन जिले में अब भी कितने ही ऐसे लोग थे जो कुछ कर गुजरना चाहते थे। यह कार्य एक हद तक प्रताप आश्रम के नौजवानों ने किया। पुलिस द्वारा जब यह आश्रम बंद कर दिया गया तो सभी छात्र गाँवों में फैलकर आंदोलन का कार्य करने लगे। इस समय मास्टर बनारसी राव का घर प्रमुख अड्डा बन गया था। हरैया की हड़ताल में राजबहादुर सिंह और रामरतन पाठक का हाथ था। क्वीन्स कॉलेज, बनारस के छात्र श्री गिरजाशंकर मिश्र ने जिले के आंदोलन को आगे बढ़ाने में काफी जमकर भाग लिया। हिंदू यूनिवर्सिटी के छात्र धर्मपाल और वक्षराज लाल की ललकार पर गौर और वाल्टरगंज स्टेशन फूँके गए। इनके साथ श्री झिनकू सिंह, भगवान सिंह और हरिद्वारी पांडेय ने काम किया था। रेलवे लाइन को उखाड़ने में भरत ज्योतिषी और लालता शुक्ल, विनय मिश्र, वेद मिश्र, गुरुकुल, अयोध्या आदि का हाथ था। इनमें से टुनमुन सिंह, छतर सिंह और तेजबहादुर सिंह लंबे अर्से तक फरार रहे, जो पकड़े जाने पर अदालत से छूट गए थे। बढ़नी के हरेश्वपति त्रिपाठी देवरिया में पकड़े गए। वह उस समय ट्रेन डाक का थैला ने कर भागे जा रहे थे। सहजनवाँ ट्रेन डकैती के अभियुक्त बालरूप शर्मा ने नेपाल में अपना अड्डा बना रखा था जहाँ से वह बस्ती और गोरखपुर आंदोलनकारियों से संपर्क बनाये हुए थे। श्री भदेश्वर सिंह और कमल सिंह पर एक महत्त्वपूर्ण मुकदमा चला और दस-दस वर्ष की सजाएँ हुईं। कहा जाता है कि बस्ती के चुनहर में नौजवानों ने तहसील पर कब्जा करने की योजना बनाई थी। लेकिन डुमरियागंज पुलिस का समय के पहले खबर हो जाने के कारण योजना असफल हो गई।

किसान आंदोलन

बस्ती (सिद्धार्थनगर) जिले में ठाकुरदारों और जमींदारों का बोलबाला था। किसानों से न सिर्फ अदद लगान और बेगारी ली जाती थी बल्कि सगुन, फारखलावन विसियाबन, घाड़ावन और निरावन भी किया जाता था। वह हर तरह से त्रस्त और दबे हुए थे।

इसी बीच बस्ती, खलीलाबाद, बभनान, मुण्डेरवा और वाल्टरगंज में चीनी की मिलें खुल गई थीं जिससे कुछ किसानों को नकद पैसा मिल जाता और उनके लगान मालगुजारी और कपड़े-लत्ते का काम चल जाता था। उनके लिए न तो बैलों के लिए खाना था और न दिन के खाने या किसानों के लिए कोई जगह थी। उस पर किसानों की बेबसी का

फायदा उठाकर मिलवालों ने गन्ने का दाम चार आना मन देने का निश्चय किया। जिससे किसानों में घोर असंतोष पैदा हुआ। कांग्रेस जनों ने श्री राम शंकर लाल के सभापतित्व में तथा श्री राम कुमार शास्त्री के व्यक्तित्व में ईख संघ बनाया और खलीलाबाद, बस्ती तथा बभनान में सभाएँ कीं। जिसमें हजारों किसान शरीक हुए। सभाओं में स्वयं श्री प्रकाश, रफी अहमद किदवई और कृष्ण कांत मालवीय ने भाषण दिया। भीड़ इतनी थी कि हाथियों पर चढ़कर नेताओं को भाषण देना पड़ा। फलत: कोश बन गए और बैलों के खाने की और किसनों के ठहरने के स्थान बन गए और कानून द्वारा केन यूनियन बन गए। गन्ने का मूल्य सरकार द्वारा निर्धारित होने लगा, पर्चियाँ बनने लगीं। यह सब काम 1933 व 1964 में हुआ।

चौधरी लोग किसानों पर बहुत अत्याचार करते थे, जिसके संबंध में थाना ढेबरुआ में बहुत सी रपटें हुईं। थानेदार ढेबरुआ ने मजबूर होकर चौधरी बालेश्वरी के विरुद्ध दफा 110 फौजदारी का मुकदमा चलाया। उनका अत्याचार इतना था कि बढ़नी में किसानों के मकानों का अपने नाम इकरारनामा लिखाया था। मुकदमे में सर्व श्री बलिभद्रनाथ, देवकली, सुमनराज आदि ने किसानों का साथ दिया। किसान चौधरी के खिलाफ गवाही देते रहे। मुकदमा सालों चला, किसानों का भय मिटा और बढ़नी बाजार में रेट कंट्रोल ऐक्ट लागू होने से किसानों को मकान मिल गए।

सन् 1935-36 में जिले के नेता सभाओं का चुनाव प्रचार करते रहे और सन् 1936 में कांग्रेस का मंत्रिमंडल बन गया। इसके बाद श्री रमाशंकर लाल और श्री राजाराम शर्मा, श्री रामबोध लाल द्वारा आयोजित सभा शहियापुर में, जहाँ किसान बहुत कम सभा में आते थे। लेकिन इस सभा में हजारों किसान इन लोगों को घेरे रहे। पूछने पर पता चला कि उनका खेत जमींदार काट लेने को कहते हैं क्योंकि कागजात पटवारी में ये खेत जमींदारों के नाम खुद काश्तकारों ने लिखे और सब कांग्रेस के जमाने में उनका नाम फर्जी चल नहीं सकता। इसकी रिपोर्ट उस समय के कलेक्टर रफी उल कद्र को की गई तो उन्होंने कहा कि मुमकिन है, आप ही बरगलाते हों। इस पर किसानों का एक जत्था बस्ती सर्वश्री राम बोध लाल, बलिभद्रनाथ, इंद्रजीत और श्री विंदेश्वरी के नेतृत्व में दस हजार किसानों को लेकर 45 मील पैदल चलकर बस्ती पहुँचा। कलेक्टर ने रिकार्ड आफिसर नियुक्त किए। डुमरियागंज तहसील के लिए श्री सुधा सिंह कलेक्टर को बाँसी तहसील के लिए भी रिपोर्ट किया गया। और वहाँ भी रिकार्ड आफिसर तैनात हुए। जमींदारों ने पुलिस का सहारा लिया और कुछ किसानों ने भयवश इस्तीफा दे दिया। राजा शिवपति सिंह के इलाके में करहिया, खुनवा, पखानी नगर आदि में भी फर्जी नाम

दर्ज थे। किसान 52 मील पैदल चल कर मुकदमा लड़ते थे। कलेक्टर ने 6 लाख रुपया जो राजा साहेब ने किसानों से सरकारी छूट न देकर वसूला था, उनके लौटाने की रिपोर्ट सरकार में की। राजा साहेब श्री अहत प्रसाद ग्रामसभा सचिव को शोहरतगढ़ लाए और उन्होंने राजा साहब से किसानों की जमीन दिलवा दी और छूट का धन माफ कर दिया। लगभग एक लाख बीघा डुमरियागंज और 50 हजार बीघा बाँसी तहसीलों में किसानों के नाम दर्ज हुए। किंतु जमींदार फिर बेदखली का दावा करते रहे। अंत में सन् 1951 में कानून जमींदारी उन्मूलन द्वारा किसानों को जमीन का हक दे दिया गया।

गनेशपुर पिपरा का इलाका किसानों पर जुल्म के लिए जिले भर में मशहूर था। यहाँ के लड्डबंद किले विख्यात थे। यहाँ महीने में 31 दिन बेगारी ली जाती थी।

यहाँ संत नाम के किसान ने सभा की और जमींदार की पुलिस को खबर की गई। सर्वश्री रामशंकर लाल व राजा शर्मा सभा में गए। दस हजार किसान सभा में आए। दो कांस्टेबल भी सभा में आए। दूसरे दिन थोड़ा सा धान काट कर नवाब पिडारा की कार पर दो जवान को साथ लेकर कोतवाली बस्ती आए। सैकड़ों किसान उनके पीछे-पीछे आए। पुलिस ने कहा—अब यह झूठ नहीं चलेगा। और आरोपी को छोड़ दिया जिससे किसान निर्भय हुए और वहाँ का आतंक खत्म हुआ।

तहसील हरैया में जगदीशपुर का इलाका अपने अत्याचार के लिए बदनाम था। यहाँ और अत्याचार के अतिरिक्त किसानों से बाद में छूट के दस गुना के बजाय बीस गुना लगान वसूल किया जाता था। श्री इंद्रासन सिंह और कार्यकर्ता इसकी खबर पाकर वहाँ गए तो वहाँ के जमींदार पांडे लोगों ने उन्हें पिटवाया। फलतः वहाँ किसानों की एक रैली की गई और पांडे लोगों की कोठी के चारों ओर हजारों किसानों ने नारे लगाये। लगान छूट काट कर मनी आर्डर दिया गया और जिन किसानों पर बकाया लगान का दावा किया पांडे लोग वहाँ भी हार गए। किसान जागृत हो गए।

किसानों का आखिरी मोर्चा राजा अष्टभुजा प्रसाद चंगेर से हुआ जो जिले में सबसे दबंग थे। सन् 1940 में किसानों से दाम लेकर दाखिलदार बनाने का प्रोग्राम बनाया। बहुत से किसानों से रुपया लिया। जिन्होंने नहीं दिया उनको मारा-पीटा। बोध नाम के ब्राह्मण किसान को जूतों से पिटवाया। उनकी मूंछ उखड़वा ली। मकान में दूसरे को बसा दिया। बाँसी में टेकधर बाबा के थान पर उनसे कसमें खिलवायी। श्री शीतला प्रसाद, द्वारिका, प्रकाश आदि कार्यकताओं ने हल-बैल के साथ किसानों की बहुत बड़ी रैली की। और टेकधर बाबा के स्थान पर सभा की। उसमें अष्ठभुजा प्रसाद भी आए और कहा कि मैं भी कांग्रेस का सदस्य हूँ। इस पर कार्यकर्ताओं ने बोध को खड़ा कर उनकी चोट दिखलाई

और उखड़ी हुई मूँछ दिखलाई। राजा साहेब खिसिया गए। आंदोलन बराबर चलता रहा। अंत में रेडची साहब कलेक्टर के हस्ताक्षर से बोध को घर मिला और किसानों को खेत मिला और राजा का बकाया लगान का दावा खारिज हुआ। चौधरी भगौती प्रसाद गोरखपुर अपने इलाके के भटनी में बाँसगाँव से लठैत बुलाकर किसानों पर अत्याचार किया। श्री राम अवतार वर्मा और राम प्रसाद ने यहाँ के फर्जी लिखे गए किसानों का नेतृत्व किया। जिसमें उन लोगों को पीटा गया किंतु किसान दबे नहीं और उनसे खेत उन्हें मिल गए। श्री पुरुषोत्तम दास के इलाके सरोली में भी फर्जी कागजात थे। कांग्रेस कार्यकर्ताओं के प्रयत्न से वहाँ भी किसानों को जमीन मिल गई।

लंबे संघर्ष के बाद 15 अगस्त, 1947 को आजादी मिली। सिद्धार्थनगर जनपद सहित देश के स्वतंत्रता सेनानियों ने नए निर्माण युग में प्रवेश किया।

संदर्भ

1. भारतीय इतिहास के कुछ विषय, भाग-3 एन.सी.ई.आर.टी ., पृ. 353
2. शाहिद अमीन—गांधी जी एज महात्मा सबाल्टर्न स्टडीज थर्ड ऑक्सफोर्ड यूनिवर्सिटी प्रेस दिल्ली
3. मन्मथ नाथ गुप्ता—हिस्ट्री ऑफ द इंडियन रिवॉल्यूशनरी मूवमेंट, मुंबई 1972, पृ. 99
4. डिस्ट्रिक्ट गजेटियर, गोरखपुर पृ. 40
5. कुछ विद्वान इस घटना की तिथि 05 फरवरी 1922 बताते हैं।
6. उत्तर प्रदेश डिस्ट्रिक्ट गैजेटियर्स गोरखपुर, पृ. 41, सुमित सरकार—आधुनिक भारत, पृ. 244, विपिन चंद्रा—भारत का स्वतंत्रता संघर्ष, पृ. 169
7. उत्तर प्रदेश डिस्टिक गैजेटियर गोरखपुर भी इसकी पुष्टि करता है।
8. कुछ विद्वान इसकी तिथि 5 फरवरी बताते हैं।

अध्याय : 6

स्वतंत्रता संग्राम सेनानियों, शहीदों के नाम एवं उनका योगदान

सिद्धार्थनगर के स्वतंत्रता संग्राम सेनानी

अजमत उल्ला खाँ : आत्मज श्री इनायत उल्ला खाँ। बिस्कोहर, त्रिलोकपुर, सिद्धार्थनगर। 'भारत छोड़ो' आंदोलन में भाग लेने के कारण 1943 में 20 दिन तक जेल में रहे।

अब्दुल मजी : आत्मज श्री अब्दुल खलील थाना डुमरियागंज, सिद्धार्थनगर। सविनय अवज्ञा आंदोलन के दौरान 1932 में तीन मास कैद की सजा।

अल्पन : आत्मज श्री बूथन। ग्राम कुड़िया, उस्का, सिद्धार्थनगर। भारत छोड़ो आंदोलन में भाग लेने के कारण 25 अगस्त 1942 को पकड़े गए और साढ़े नौ मास नजरबंद रहे।

अवधेश चंद्र त्रिपाठी : आत्मज श्री राजेंद्र नाथ। ग्राम तिवारीपुर, बाँसी, सिद्धार्थनगर भारत छोड़ो आंदोलन के दौरान 1942 में लगभग डेढ़ मास कैद की सजा पाई।

अशर्फी : आत्मज श्री राम अवतार। ग्राम तेतरी बाजार, उस्का, सिद्धार्थनगर। भारत छोड़ो आंदोलन में भाग लेने के कारण उन्नीस सौ बयालीस में पाँच मास नजरबंद रहे।

अक्षैवर : आत्मज श्री भगवती कुर्मी। ग्राम हलौरा, थाना ढेबरुआ, सिद्धार्थनगर। भारत छोड़ो आंदोलन के दौरान 29 अगस्त, 1942 से 3 नवंबर, 1943 तक नजरबंद रहे।

इनायत हूसैन उर्फ ख्याली : आत्मज श्री अली हुसैन। खमरिया डुमरियागंज, सिद्धार्थनगर। भारत छोड़ो आंदोलन के दौरान 1943 में 26 दिन तक जेल में रहे।

उदयराज दूबे : आत्मज श्री कल्प दूबे। मीरापुर, लोटन, सिद्धार्थनगर भारत छोड़ो आंदोलन के दौरान 26 अगस्त, 1942 से 15 फरवरी, 1943 तक जेल में रहे।

उदयराज शुक्ल : आत्मज श्री यमुना शुक्ल। बोहली, थाना ढेबरुआ, सिद्धार्थनगर। भारत छोड़ो आंदोलन के दौरान दो मास से कम नजरबंद रहे।

उमराव : आत्मज श्री रियासत गुलरहिया, उस्का, सिद्धार्थनगर। भारत छोड़ो आंदोलन के दौरान सन् 1943 में एक मास 4 दिन तक जेल में रहे।

कल्लू : आत्मज श्री अलगू। ग्राम काटू, लोटन सिद्धार्थनगर। भारत छोड़ो आंदोलन के दौरान 15 सितंबर, 1942 से 30 अक्टूबर, 1942 तक जेल में रहे।

काशी: आत्मज श्री गुप्तार लोनिया। फरेंदा, डुमरियागंज, सिद्धार्थनगर। भारत छोड़ो आंदोलन के दौरान 19 दिसंबर, 1942 को पकड़े गए और एक फरवरी, 1943 को छूटे।

केदार: आत्मज श्री परमेश्वर ब्राह्मण, भिटिया चौबे उस्का, सिद्धार्थनगर। भारत छोड़ो आंदोलन में भाग लेने के कारण सन् 1943 में 9 मास तक जेल में रहे।

अब्दुल कय्यूम उर्फ अब्दुल मुकारिम : आत्मज श्री जैनुल्लाह, ग्राम दुधवनिया, ढेबरुआ, सिद्धार्थनगर। भारत छोड़ो आंदोलन में भाग लेने के कारण 22 मार्च, 1942 से 22 मई, 1943 तक जेल में नजरबंद रहे।

कोतवाल सिंह : आत्मज श्री राजबहादुर सिंह। कोटिया थाना ढेबरुआ, सिद्धार्थनगर। भारत छोड़ो आंदोलन के दौरान 23 अगस्त, 1942 से 31 जुलाई, 1944 तक नजरबंद रहे।

कोदई : आत्मज श्री राम प्यारे मिश्र। ग्राम अगया मिसिर थाना चिल्हियां, सिद्धार्थनगर। भारत छोड़ो आंदोलन के दौरान 28 अगस्त, 1942 से 19 नवमबर तक जेल में रहे।

गजई उर्फ मनोहर : आत्मज श्री गोकुल। बर्डपुर थाना लोटन, सिद्धार्थनगर। भारत छोड़ो आंदोलन के दौरान 29 अगस्त, 1942 से 29 अक्टूबर, 1942 तक जेल में रहे।

गफूर आत्मज श्री झीनक : ग्राम खलीलपुर थाना लोटन, सिद्धार्थनगर। भारत छोड़ो आंदोलन के दौरान 13 सितंबर, 1942 से 30 अक्टूबर, 1942 तक जेल में रहे।

गब्बू उर्फ जियउत राम : आत्मज श्री गुप्तार राम। रेहरा बाजार सिद्धार्थनगर। भारत छोड़ो आंदोलन के दौरान सन् 1942 में नौ मास के नजरबंद का दंड मिला।

गुदड़ी राम : आत्मज श्री शिवप्रसाद। शोहरतगढ़, थाना-चिल्हिया, सिद्धार्थनगर। भारत छोड़ो आंदोलन में भाग लेने के कारण 22 अगस्त, 1942 तक जेल में रहे। सन् 1942 में दो दिन कारावास तथा 150 रुपये की सजा पाए।

गुप्तार : आत्मज श्री पंडोही। ग्राम केवटलिया उस्का, सिद्धार्थनगर। भारत छोड़ो आंदोलन में भाग लेने के कारण 1942 में 2 मास के कारावास का दंड मिला।

गुलाबदत्त : आत्मज श्री कालीदीन पांडेय। ग्राम कड़जहवा थाना चिल्हिया, सिद्धार्थनगर। भारत छोड़ो आंदोलन में सक्रिय भाग लेने के कारण 4 सितंबर, 1942 से 1 फरवरी, 1943 तक जेल में रहे।

गंगा शरण उर्फ गंगा प्रसाद : आत्मज श्री शंकर पांडे। तिघरा घाट, थाना इटवा सिद्धार्थनगर। भारत छोड़ो आंदोलन के दौरान 12 अगस्त, 1942 से 13 नवंबर, 1943 तक नजरबंद रहे।

घुरहू : आत्मज श्री चिनकान ग्राम बरैखी उर्फ काजी जोंत थाना-चिल्हिया, सिद्धार्थनगर। भारत छोड़ो आंदोलन में सक्रिय भाग लेने के कारण 29 अगस्त, 1942 से 21 अक्टूबर, 1942 तक जेल में रहे। 1943 में भी 48 दिन तक नजरबंद रहे।

चंदन : आत्मज श्री गणेश। रानीगंज, उस्का सिद्धार्थनगर। भारत छोड़ो आंदोलन में भाग लेने के कारण 1942 तक जेल में 2 मास के कारावास का दंड मिला।

चंद्रमणि यादव : आत्मज श्री विक्रम यादव, ग्राम सजनी उस्का सिद्धार्थनगर। भारत छोड़ो आंदोलन में सक्रिय भाग लेने के कारण 19 अगस्त, 1942 से 23 जुलाई, 1943 तक नजरबंद रहे। सन् 1941 में छह मास का दंड।

चंद्रिका प्रसाद : आत्मज श्री कृष्ण। मदनपुर उस्का, सिद्धार्थनगर। भारत छोड़ो आंदोलन में भाग लेने के कारण 1943 में 2 मास के कारावास का दंड मिला।

छेदी तेली : आत्मज श्री चुन्नी। ग्राम उस्का, सिद्धार्थनगर। भारत छोड़ो आंदोलन में भाग लेने के कारण 1942 में दो मास नजरबंद रहे।

छोटकू : आत्मज श्री करामत। बरया लोटन, सिद्धार्थनगर। भारत छोड़ो आंदोलन में सक्रिय भाग लेने के कारण 1943 में एक मास 3 दिन तक जेल में रहे।

छोट लाल : आत्मज श्री जानकी प्रसाद। परती बाजार ग्राम-उस्का सिद्धार्थनगर। भारत छोड़ो आंदोलन में भाग लेने के कारण 1942 में दो मास नजरबंद रहे।

जगदीश : आत्मज श्री ब्रज मोहन, ग्राम पठानपुर, सिद्धार्थनगर। भारत छोड़ो आंदोलन में भाग लेने के कारण 1942 में सवा वर्ष के कारावास का दंड मिला।

गजलाल : ग्राम-विरहना, चिल्हिया, सिद्धार्थनगर। भारत छोड़ो आंदोलन के दौरान 15 सितंबर, 1942 से 12 जून, 1943 तक जेल में रहे।

जुगुन : आत्मज श्री करिया अहीर। पननी लोटन, सिद्धार्थनगर। भारत छोड़ो आंदोलन में भाग लेने के कारण सन् 1943 से 23 दिन तक जेल में रहे।

जोखन प्रसाद : आत्मज श्री फरसत लोधी, ग्राम-दतरंगवा, उस्का, सिद्धार्थनगर। व्यक्तिगत सत्याग्रह आंदोलन के दौरान सन् 1942 में अदालत उठने तक कैद की सजा पाई। इसी वर्ष पुनः लगभग 3 मास जेल में रहे। भारत छोड़ो आंदोलन में भाग लेने के कारण 1942 में 6 मास के कारावास का दंड मिला।

जोखू राम : आत्मज श्री हरवंश राम। उस्का, सिद्धार्थनगर। भारत छोड़ो आंदोलन के दौरान 1942 में भारत रक्षा कानून के अंतर्गत 18 मास की कड़ी कैद और 100 रुपये जुर्माना न देने पर 2 मास अतिरिक्त कैद की सजा पाई।

जंग बहादुर प्रसाद : आत्मज श्री शिवदत्त मिश्र। ग्राम-सोहास, लोटन, सिद्धार्थनगर। भारत छोड़ो आंदोलन में सक्रिय भाग लेने के कारण 28 अगस्त, 1942 से 28 अक्टूबर 1949 तक नजरबंद रहे।

जंत्री सिंह : आत्मज श्री बलकरन सिंह, सगरा, डुमरियागंज, सिद्धार्थनगर। भारत छोड़ो आंदोलन के दौरान 30 सितंबर, 1942 से 9 नवंबर, 1943 तक नजरबंद रहे।

झगडू : आत्मज श्री पाचू अहीर। अहरोली डुमरियागंज, सिद्धार्थनगर। भारत छोड़ो आंदोलन में सक्रिय भाग लेने के कारण 1943 में 25 दिन तक जेल में रहे।

झिन्नू सिंह : रमवापुर तप्पा, बाँसी, सिद्धार्थनगर। भारत छोड़ो आंदोलन में सक्रिय भाग लेने के कारण 1943 में 25 दिन तक जेल में रहे।

झिज्जू पासी : आत्मज श्री जमुना पासी। ग्राम रेहरा बाजार, डाकखाना उस्का बाजार, सिद्धार्थनगर। व्यक्तिगत सत्याग्रह आंदोलन के दौरान 1941 में एक वर्ष कैद और 25 रुपये जुर्माना की सजा पाई। भारत छोड़ो आंदोलन के दौरान 1942 में 12 मास कड़ी कैद की सजा पाई।

टोड़ी उर्फ प्रभू : आत्मज श्री जगई अहीर। सहिला लोटन, सिद्धार्थनगर। भारत छोड़ो आंदोलन में भाग लेने के कारण 1943 में एक मास 11 दिन तक जेल में रहे।

ठाकुर : आत्मज श्री नाथे। भगीतापुर बाँसी, सिद्धार्थनगर। भारत छोड़ो आंदोलन के दौरान 3 अक्टूबर, 1942 से 9 जून, 1943 तक जेल में रहे।

ढोढ़े गिर बाबा : आत्मज श्री तुलसी गिर। मिठवल, बाँसी सिद्धार्थनगर। व्यक्तिगत सत्याग्रह आंदोलन के दौरान 1941 में 6 मास कैद की सजा पाई। भारत छोड़ो आंदोलन के दौरान 1942 में पकड़े गए और लगभग 17 मास नजरबंद रहे।

तारा प्रसाद सिंह : आत्मज श्री जय नारायण सिंह। ग्राम-गावरपुर उस्का, सिद्धार्थनगर। भारत छोड़ो आंदोलन में भाग लेने के कारण 21 अगस्त, 1942 को पकड़े गए और लगभग सवा वर्ष नजरबंद रहे।

तिरबेनी उर्फ हुब्बा : आत्मज श्री भगवत। ग्राम छतहरी। चिल्हिया, सिद्धार्थनगर। भारत छोड़ो आंदोलन में सक्रिय भाग लेने के कारण 15 सितंबर, 1942 से 12 जून, 1943 तक जेल में रहे।

द्वारिका : आत्मज श्री महाबल बढ़ई। लटेरा, इटवा, सिद्धार्थनगर। भारत छोड़ो आंदोलन के दौरान 23 अगस्त, 1942 से 17 मई, 1943 तक की सजा पाई।

द्वारिका लोधी : आत्मज श्री बद्री। चिल्हिया, सिद्धार्थनगर। भारत छोड़ो आंदोलन में भाग लेने के कारण 1942 में 9 मास कड़ी कैद की सजा पाए।

द्वारिका प्रसाद : आत्मज श्री रिखी राम। डुमरियागंज, सिद्धार्थनगर। असहयोग आंदोलन के दौरान 1922 में एक वर्ष कड़ी कैद की सजा मिली।

द्वारिका प्रसाद : आत्मज श्री अयोध्या यादव। ग्राम तेजगढ़ बाँसी, सिद्धार्थनगर। भारत छोड़ो आंदोलन में सक्रिय भाग लेने के कारण 23 अगस्त, 1942 से 5 नवंबर, 1943 तक नजरबंद रहे।

दुर्गा : आत्मज श्री दुनिया शुक्ला। खानवार डुमरियागंज, सिद्धार्थनगर। भारत छोड़ो आंदोलन में सक्रिय भाग लेने के कारण 27 फरवरी, 1943 से 16 नवंबर, 1943 तक जेल में रहे।

दुधई उर्फ दूधनाथ : आत्मज श्री गकोपी ब्राह्मण। भेलौजी, लोटन, सिद्धार्थनगर। भारत छोड़ो आंदोलन में भाग लेने के कारण 1943 में 29 दिन तक जेल में रहे।

दुनिया मणि शर्मा : आत्मज श्री गौरी शंकर। ग्राम मुनकी उसका, सिद्धार्थनगर। भारत छोड़ो आंदोलन में भाग लेने के कारण 7 सितंबर, 1942 से 15 नवंबर, 1943 तक जेल में रहे।

देवी प्रसाद : आत्मज श्री सूरजबली। ग्राम शोहरतगढ़ थाना चिल्हिया, सिद्धार्थनगर। व्यक्तिगत सत्याग्रह आंदोलन के दौरान 1941 में पहली बार 15 दिन और दूसरी बार 6 मास कड़ी कैद और 10 रुपये जुर्माना न देने पर एक मास कैद की सजा मिली।

देवी सरन : आत्मज श्री बैजनाथ ग्राम पिपरी उस्का, सिद्धार्थनगर। भारत छोड़ो आंदोलन के दौरान 1942 में 9 मास कड़ी कैद की सजा पाई।

धर्मराज उर्फ मनराज : आत्मज श्री हरपाल। ग्राम-जमथरा, ढेबरुआ, सिद्धार्थनगर। भारत छोड़ो आंदोलन में सक्रिय भाग लेने के कारण 11 सितंबर, 1942 से एक फरवरी, 1943 तक जेल में रहे।

धर्मेंद्र कलवार : आत्मज श्री त्रिवेणी। उस्का राजा पो. उस्का राजा बाजार, सिद्धार्थनगर। व्यक्तिगत सत्याग्रह आंदोलन सन् 1941 में एक साल कड़ी कैद और 25 रुपये जुर्माना न देने पर 3 मास अतिरिक्त कैद की सजा पाई। भारत छोड़ो आंदोलन के दौरान सन् 1942 में 6 मास नजरबंद रहे। दिनांक 07.04.1942 तक।

नूर मोहम्मद : आत्मज श्री कजड़ा। बिस्कोहर त्रिलोकपूर, सिद्धार्थनगर। भारत छोड़ो आंदोलन के दौरान सन् 1942 में एक मास 6 दिन तक कैद में रहे।

नौनाथ : आत्मज श्री राम अज्ञान। शोहरतगढ़, चिल्हिया, सिद्धार्थनगर। भारत छोड़ो आंदोलन में सक्रिय भाग लेने के कारण 23 अगस्त, 1942 से 3 नवंबर, 1943 तक कैद में रहे।

पटेश्वरी : आत्मज श्री देवदत्त। ग्राम ढेकहरी खुर्द, ढेवरुआ, सिद्धार्थनगर। भारत छोड़ो आंदोलन में सक्रिय भाग लेने के कारण 21 अगस्त, 1942 में 21 मई, 1943 तक जेल में रहे।

परमेश्वर दत्त पांडे : आत्मज श्री रामचरम पांडे। ग्राम-धर्मसिंहवा थाना उस्का, सिद्धार्थनगर। सविनय अवज्ञा आंदोल में भाग लेने के कारण सन् 1932 में 6 मास के कारावास में 100 रुपये जुर्माना न देने पर एक मास अतिरिक्त कैद की सजा पाई। व्यक्तिगत सत्याग्रह आंदोलन के दौरान सन् 1941 में 6 मास कैद की सजा पाई। पुलिस के टॉप से कुचलवाया गया था।

पारस : आत्मज श्री शिवहटन ब्राह्मण। कलनाखोर, उस्का, सिद्धार्थनगर। भारत छोड़ो आंदोलन में भाग लेने के कारण 1943 में एक मास 20 दिन तक जेल में रहे।

पारस : आत्मज श्री बचन बाजपेई। उस्का, सिद्धार्थनगर। भारत छोड़ो आंदोलन से भाग लेने के कारण 1942 में एक मास 15 दिन तक जेल में रहे।

प्रभु दयाल : आत्मज श्री जोगिया, सिद्धार्थनगर। भारत छोड़ो आंदोलन के दौरान फरार रहे। गांधी जी के कहने पर हाजिर हुए। फलतः आप 24 नवंबर, 1944 से जनवरी, 1946 तक मध्य प्रदेश में नजरबंद रहे।

प्रसाद उर्फ घुरहू : आत्मज श्री गिरिजा अहीर। बरगदवा लोटन सिद्धार्थनगर। भारत छोड़ो आंदोलन में भाग लेने के कारण 1943 में 25 दिन तक जेल में रहे।

प्रेम नाथ : आत्मज श्रीभगवान। ग्राम बाँसी, सिद्धार्थनगर। सविनय अवज्ञा आंदोलन के दौरान 1932 में 3 मास के कठोर कारावास का दंड मिला।

फागू अहीर : आत्मज श्री प्रभुदयाल अहीर। लटेरा इटवा, सिद्धार्थनगर। भारत छोड़ो आंदोलन के दौरान 23 अगस्त, 1942 से 27 अक्टूबर, 1943 तक जेल में रहे।

बदरी : आत्मज श्री झब्बर कुर्मी। गिरधरपुर, इटवा, सिद्धार्थनगर। भारत छोड़ो आंदोलन के दौरान 29 अगस्त, 1942 से 29 अक्टूबर, 1942 तक कैद में रहे।

बंदे : आत्मज श्री हरनाम। ग्राम-मुड़ली थाना चिल्हिया, सिद्धार्थनगर। भारत छोड़ो आंदोलन में सक्रिय भाग लेने के कारण 6 सितंबर, 1942 से 21 अक्टूबर, 1942 तक जेल में रहे।

बनारसी उर्फ जोखू : आत्मज श्री गुप्तार। पटखौली, सोनहा, सिद्धार्थनगर। भारत छोड़ो आंदोलन के दौरान 10 सितंबर, 1942 से 12 जून, 1943 तक जेल में रहे।

बरसाती : आत्मज श्रई मथुरा लोधी। ग्राम सेमरनार, तेतरी, सिद्धार्थनगर। भारत छोड़ो आंदोलन के दौरान 1942 में 9 मास कड़ी कैद की सजा पाई।

बलदेव लाल : आत्मज श्री विशेशर दयाल कायस्थ। कूड़ी, डुमरियागंज, सिद्धार्थनगर। भारत छोड़ो आंदोलन के दौरान 23 अगस्त, 1942 से 16 नवंबर, 1943 तक जेल में रहे।

बलभद्र : आत्मज श्री शीलता प्रसाद। ग्राम बरगवा, ढेबरुवा, सिद्धार्थनगर। सविनय अवज्ञा आंदोलन के दौरान 1930 और 1932 में 6-6 मास के कारावास का दंड और 15 रुपये जुर्माने की सजा मिली। व्यक्तिगत सत्याग्रह आंदोलन के दौरान 1941 में 3 मास कैद की सजा पाई। भारत छोड़ो आंदोलन में सक्रिय भाग लेने के कारण 10 अगस्त, 1942 से 11 जनवरी, 1945 तक जेल में रहे।

बिपत उर्फ संत : आत्मज श्री जोखू। परसा, उस्का, सिद्धार्थनगर। भारत छोड़ो आंदोलन के दौरान 1942 में दो मास के कारावास का दंड मिला।

बुद्धि सागर : आत्मज श्री दशरथ। ग्राम-मलगवा, थाना-चिल्हिया, सिद्धार्थनगर। भारत छोड़ो आंदोलन में सक्रिय भाग लेने के कारण 19 अगस्त, 1942 से 15 अक्टूबर, 1942 तक जेल में रहे।

बुद्ध प्रकाश : आत्मज श्री गंगा। तेतरी बाजार, उस्का, सिद्धार्थनगर। भारत छोड़ो आंदोलन के दौरान 1942 में एक वर्ष कड़ी कैद की सजा पाई।

बेनी माधव मिश्र : आत्मज श्री विंदेश्वरी। ग्राम-इमिलिया, ढेबरुआ, सिद्धार्थनगर। भारत छोड़ो आंदोलन में सक्रिय भाग लेने के कारण 23 अगस्त, 1942 से 19 नवंबर, 1943 तक जेल में रहे। सन् 1941 में कचहरी उठने तक सजा।

बेनी माधो : चकफतवा, डुमरियागंज, सिद्धार्थनगर। भारत छोड़ो आंदोलन के दौरान 1942 में भारत रक्षा कानून के अंतर्गत 18 मास कैद और 50 रुपया जुर्माना या जुर्माना न देने पर दो मास अतिरिक्त कैद की सजा पाई।

बैकुंठ : आत्मज श्री विद्या। ग्राम-नियाँव, चिल्हियाँ, सिद्धार्थनगर। भारत छोड़ो आंदोलन के दौरान 10 सितंबर, 1942 से 30 सितंबर, 1942 तक जेल में रहे।

बोरे : आत्मज श्री मुल्हा अहीर। सोनेरा थाना उस्का, सिद्धार्थनगर। भारत छोड़ो आंदोलन के दौरान 1943 में एक मास 4 दिन तक जेल में रहे।

ब्रजमोहन : आत्मज श्री शम्भू दत्ता। ग्राम डेड़वा, बाँसी सिद्धार्थनगर। भारत छोड़ो आंदोलन में सक्रिय भाग लेने के कारण 6 नवंबर, 1942 से 12 जुलाई, 1945 तक जेल में रहे।

ब्रजमोहन : आत्मज श्री तामेश्वर। थाना-चिल्हियाँ, सिद्धार्थनगर। भारत छोड़ो आंदोलन के दौरान 1942 में 9 मास कड़ी कैद की सजा पाई।

बृज लाल : आत्मज श्री बद्री हज्जाम। उस्का, सिद्धार्थनगर। भारत छोड़ो आंदोलन में भाग लेने के कारण 1943 में एक मास 25 दिन तक जेल में रहे।

भगवान दत्त दुबे : आत्मज श्री दशरथ दुबे। बन्सापार, डुमरियागंज, सिद्धार्थनगर। भारत छोड़ो आंदोलन में भाग लेने के कारण 1942 में एक मास 15 दिन तक जेल में रहे।

भागमल : आत्मज श्री बेचू कुर्मी। चिल्हिया, सिद्धार्थनगर। भारत छोड़ो आंदोलन में सक्रिय भाग लेने के कारण 16 फरवरी, 1943 से 10 नवंबर, 1943 तक जेल में रहे।

मतई : आत्मज श्री गयाखल। सकरौर, ढेबरुबा, सिद्धार्थनगर। भारत छोड़ो आंदोलन में सक्रिय भाग लेने के कारण 1942 में 29 जुलाई 19 दिसंबर, 1942 तक जेल में रहे।

मथुरा प्रसाद : आत्मज श्री इश्लोक पांडे। ग्राम तेतरी बुजुर्ग, उस्का, सिद्धार्थनगर। भारत छोड़ो आंदोलन में भाग लेने के कारण 1942 में नजरबंद रहे तथा इसके बाद पुन: एक साल बाद की सजा पाई। 1952 से 1962 तक सदस्य विधान सभा तथा 1964 से 1986 तक सदस्य विधान परिषद रहे।

मदन पासी : आत्मज श्री कुमकुट। जमोता, डुमरियागंज, सिद्धार्थनगर। भारत छोड़ो आंदोलन के दौरान 1943 में एक मास 24 दिन तक जेल में रहे।

मनोहर : आत्मज श्री बदल चमार। ग्राम-छतहरी, थाना चिल्हिया, सिद्धार्थनगर। भारत छोड़ो आंदोलन 23 अगस्त, 1942 से 24 अक्टूबर, 1942 तक जेल में रहे।

महादेव : आत्मज श्री राम अचल। ग्राम-सोहास। लोटन, सिद्धार्थनगर। भारत छोड़ो आंदोलन में सक्रिय भाग लेने के कारण 1 सितंबर, 1942 से 30, अक्टूबर 1942 तक जेल में रहे।

महादेव प्रसाद शुक्ला : आत्मज श्री बैजनाथ ग्राम चौरासी, महुलानी उस्का बाजार, सिद्धार्थनगर। व्यक्तिगत सत्याग्रह आंदोलन के दौरान 1941 से 8 अप्रैल को अदालत उठने तक कैद और 15 रुपये जुर्माना और 26 नवंबर को तीन मास की कड़ी कैद की सजा पाई। 28.07.1942 को 5 रुपया जुर्माना और अदम अदायगी में 15 दिन की सजा। 13.08.1942 को 14 आदमियों के साथ तार कटाई तथा रेल की पटरी उखाड़ने में गिरफ्तार। दिनांक 31.12.1942 को 09 मास की सजा हुई। दिनांक 17.09.1943 को जेल से मुक्त हुए।

महादेव प्रसाद : आत्मज श्री नागेश्वर ग्राम खैरा, ढेबरुवा, सिद्धार्थनगर। भारत छोड़ो आंदोलन में सक्रिय भाग लेने के कारण 31 अगस्त, 1942 से 8 जून, 1943 तक जेल में रहे। व्यक्तिगत सत्याग्रह में जेल गए।

महादेव सिंह : आत्मज श्री अमरबल सिंह। सगरा, डुमरियागंज, सिद्धार्थनगर। असहयोग आंदोलन के दौरान 1922 में 1 वर्ष कैद की सजा पाई। जुर्माना 25 रुपया। भारत छोड़ो आंदोलन में 23 अगस्त, 1942 से 10 नवंबर, 1943 तक जेल में रहे। व्यक्तिगत सत्याग्रह आंदोलन के दौरान 1941 में 8 मास की सजा पाई।

महावीर : आत्मज श्री महादेव। छिटनयाँ बाँसी, सिद्धार्थनगर। सविनय अवज्ञा आंदोलन के दौरान 1932 में 6 मास कड़ी कैद और 100 रुपये जुर्माना, जुर्माना न देने पर डेढ़ मास कैद की सजा पाई।

महावीर : आत्मज श्री दुक्खी। पेड़ारी इटवा, सिद्धार्थनगर। भारत छोड़ो आंदोलन के दौरान 1942 में 4 मास के कठोर कारावास का दंड मिला।

मताऊ (मनाऊ) : आत्मज श्री रामगरीब कुर्मी। गिरधरपुर, इटवा, सिद्धार्थनगर। भारत छोड़ो आंदोलन के दौरान 1942 में एक मास कैद की सजा काटी।

मुक्ति प्रसाद : आत्मज श्री प्रभादीन। विशुनपुर, थाना चिल्हिया, सिद्धार्थनगर। व्यक्तिगत सत्याग्रह आंदोलन में सक्रिय भाग लेने के कारण 1941 में 6 मास कड़ी कैद और 20 रुपये जुर्माने की सजा मिली। इसी आंदोलन में पहले 15 रुपये सहित अदालत उठने तक कैद की सजा पाई थी।

मुनेश्वर उर्फ विशेश्वर सिंह : आत्मज श्री बलदेव सिंह। सगरा, डुमरियागंज, सिद्धार्थनगर। भारत छोड़ो आंदोलन के दौरान 1942 में 2 मास की कड़ी कैद की सजा मिली।

मोती लाल : आत्मज श्री डूंगरमल। उस्का, सिद्धार्थनगर। भारत छोड़ो आंदोलन में भाग लेने के कारण 1942 में साढ़े तीन मास कारावास का दंड मिला।

मोहम्मद इस्माईल : आत्मज श्री नूर मोहम्मद। शोहरतगढ़, सिद्धार्थनगर। भारत छोड़ो आंदोलन में सक्रिय भाग लेने के कारण 19 जुलाई, 1942 से 27 नवंबर, 1943 तक जेल में रहे।

मोहम्मद सलीम जकी : बाँसी सिद्धार्थनगर। व्यक्तिगत सत्याग्रह आंदोलन के दौरान 1941 में एक मास कड़ी कैद की सजा पाई।

रतन : ग्राम ऋनियांव, थाना-चिल्हिया, सिद्धार्थनगर। भारत छोड़ो आंदोलन में सक्रिय भाग लेने के कारण 7 सितंबर, 1942 से 23 अक्टूबर, 1942 तक जेल में रहे।

रसूल : आत्मज श्री बरसाती। ग्राम सजनर, डाक उदयपुर, थाना उस्का, सिद्धार्थनगर। भारत छोड़ो आंदोलन के दौरान 1942 में 9 मास कड़ी कैद की सजा पाई।

राजाराम : आत्मज श्री शिवबालक। ग्राम रानीगंज, उस्का, सिद्धार्थनगर। भारत छोड़ो आंदोलन में भाग लेने के कारण 1942 में 2 मास नजरबंद रहे।

राम आसरे पांडेय : आत्मज श्री बसंत पांडेय। तेतरी बुजुर्ग, थाना उस्का बाजार, सिद्धार्थनगर। भारत छोड़ो आंदोलन के दौरान 1942 में दो मास के कारावास का दंड मिला।

राम आसरे तिवारी : आत्मज श्री राम उग्रह तिवारी। ग्राम देवियापुर, नरकटहा, बाँसी, सिद्धार्थनगर। भारत छोड़ो आंदोलन में सक्रिय भाग लेने के कारण 10 अगस्त, 1942 से 19 नवंबर, 1943 तक नजरबंद रहे। व्यक्तिगत सत्याग्रह में भी भाग लिया। 29 अप्रैल 1941 को अदालत उठने तक की सजा तथा 15 रुपये जुर्माना हुआ। 20 सितंबर 1941 ई. को सबालक के रूप में गिरफ्तार हुए और 20 रुपये जुर्माना तथा 6 मास कारावास।

रामकृष्ण : आत्मज श्री अनन्त प्रसाद। बाँसी सिद्धार्थनगर। भारत छोड़ो आंदोलन के दौरान 1943 में एक मास चार दिन तक नजरबंद रहे।

राम केवल : आत्मज श्री गोरी सोरास, लोटन, सिद्धार्थनगर। भारत छोड़ो आंदोलन के दौरान 1942 में एक मास 8 दिन तक जेल में रहे।

रामजस दुबे : आत्मज श्री राम दुबे। खोरिया रघुवीर सिंह डुमरियागंज, सिद्धार्थनगर भारत छोड़ो आंदोलन में सक्रिय भाग लेने के कारण 22 अगस्त, 1942 से 30 अक्टूबर, 1943 तक जेल में रहे।

रामनाथ लोहार : ग्राम शोहरतगढ़, चिल्हिया सिद्धार्थनगर। भारत छोड़ो आंदोलन के दौरान 1942 में 3 मास कैद की सजा पाई।

रामनाथ : आत्मज श्री केदार तिवारी। ग्राम ससनी उस्का बाजार, सिद्धार्थनगर। भारत छोड़ो आंदोलन में भाग लेने के कारण 1942 में लगभग 2 मास नजरबंद रहे।

श्रीमती रामरती देवी : पत्नी श्री श्याम लाल। शोहरतगढ़ सिद्धार्थनगर। व्यक्तिगत सत्याग्रह आंदोलन के दौरान 1941 में 6 मास कैद की सजा पाई।

राम प्रसाद जायसवाल : आत्मज श्री नागेश्वर। तेतरी बाजार, उस्का, सिद्धार्थनगर। भारत छोड़ो आंदोलन के दौरान 20 अगस्त, 1942 से 19 अप्रैल, 1943 तक नजरबंद रहे। सन् 1932 में बृजमनगंज से एक साल की सजा पाई और अंग्रेज जमींदार ने इनका मकान और खेत जब्त कर लिये। तब ये तेतरी जेल आए।

राम प्रसाद हलवाई : आत्मज श्री धन्नू उर्फ सूरजबल। हलवाई, डुमरियागंज, सिद्धार्थनगर। भारत छोड़ो आंदोलन के दौरान 1942 में 6 मास कड़ी कैद की सजा पाई।

रामपाल उपाध्याय : आत्मज श्री गोकुल उपाध्याय। सिसरा गौतम, सिद्धार्थनगर। सविनय अवज्ञा आंदोलन के दौरान 1932 में 6 मास कड़ी कैद और 100 रुपये जुर्माना न देने पर 6 मास कैद की सजा पाई। व्यक्तिगत सत्याग्रह आंदोलन के दौरान 1941 में

3 मास कैद और 20 रुपये जुर्माना। पुनः भारत छोड़ो आंदोलन में 1942 में भारत रक्षा की धारा 34/18 के अंतर्गत 18 मास कैद की सजा पाई।

राम बरन : आत्मज श्री कल्लू राम। चिल्हियां, सिद्धार्थनगर। व्यक्तिगत सत्याग्रह आंदोलन के दौरान 1941 में 6 मास की कड़ी कैद की सजा। भारत छोड़ो आंदोलन के दौरान 1943 में 2 मास तक जेल में रहे।

रामबोध लाल : आत्मज श्री रघुवंश लाल। शाहपुर, थाना इटवा सिद्धार्थनगर। व्यक्तिगत सत्याग्रह आंदोलन के दौरान 1941 में 6 मास कड़ी कैद की सजा मिली। 23 अगस्त, 1942 में 16 नवंबर, 1943 तक नजरबंद रहे।

राम लाल : आत्मज श्री कतबारू लोहार। उस्का, सिद्धार्थनगर। भारत छोड़ो आंदोलन में भाग लेने के कारण 1943 में एक मास 5 दिन तक जेल में रहे।

रामशंकर सिन्हा : आत्मज श्री बी.डी. सिन्हा। बींसी, सिद्धार्थनगर। नमक सत्याग्रह आंदोलन के दौरान 1930 में 6 मास कड़ी कैद की सजा पाई।

राम समुझ : आत्मज श्री शिवबालक चमार। शाहपुर, इटवा, सिद्धार्थनगर। भारत छोड़ो आंदोलन में भाग लेने के कारण 1943 में एक मास 4 दिन तक जेल में रहे।

रामसमुझ तिवारी : आत्मज श्री महादेव तिवारी। ग्राम तेतरी खुर्द, उस्का बाजार, सिद्धार्थनगर। भारत छोड़ो आंदोलन में भाग लेने के कारण 1942 में सवा वर्ष नजरबंद रहे।

रामसुख शुक्ल : आत्मज श्री अक्षयवर शुक्ल। ग्राम सिकटा, सिद्धार्थनगर। व्यक्तिगत सत्याग्रह आंदोलन के दौरान 1941 में 4 मास कड़ी कैद की सजा मिली। भारत छोड़ो आंदोलन में भाग लेने के कारण 1942 में सवा वर्ष के कारावास की सजा पाई।

रामानंद : आत्मज श्री भगवानदीन। बर्डपुर नं, 9 थाना लोटन, सिद्धार्थनगर। भारत छोड़ो आंदोलन में भाग लेने के कारण 29 अगस्त, 1942 से 17 अक्टूबर तक जेल में रहे।

रूपई : आत्मज श्री छटा। ग्राम धोबरा ढेबरुआ, सिद्धार्थनगर। भारत छोड़ो आंदोलन के दौरान 18 सितंबर, 1942 से 14 जून, 1943 तक जेल में रहे।

रूप नारायण शुक्ल : आत्मज श्री मुनेश्वर शुक्ल। छितवारा उस्का, सिद्धार्थनगर। भारत छोड़ो के दौरान 1943 में 6 मास की कड़ी कैद की सजा पाई।

लालता शुक्ल : मरवरटिया। भारत छोड़ो के दौरान 1942 में भारत रक्षा कानून के अंतर्गत 2 वर्ष कड़ी कैद की सजा मिली।

लाल बिहारी : आत्मज श्री स्नेही पांडेय। डिबियापुर, त्रिलोकपुर सिद्धार्थनगर। व्यक्तिगत सत्याग्रह आंदोलन के दौरान 1941 में एक मास कैद की सजा पाई तथा भारत छोड़ो आंदोलन के दौरान लगभग साढ़े 8 मास नजरबंद रहे।

वशिष्ठ नारायण : आत्मज श्री मंगल भगत, ग्राम छितरापार, उस्का, सिद्धार्थनगर। भारत छोड़ो आंदोलन के दौरान 1942 में नौ मास के कारावास का दंड मिला।

विश्वनाथ : आत्मज श्री गुप्तार। लोटन, सिद्धार्थनगर, सविनय अवज्ञा आंदोलन के दौरान 1932 में 4 मास के कारावास का दंड और 100 रुपये जुर्माना मिला।

विश्वनाथ पांडेय : आत्मज श्री परमेश्वर पांडेय। भिटिया, सिद्धार्थनगर। भारत छोड़ो आंदोलन के दौरान 24 फरवरी, 1943 से 19 नवंबर, 1943 तक जेल में रहे।

विशम्भर नाथ पाठक : आत्मज श्री राम सूरत पाठक। जोगिया, सोनहा, सिद्धार्थनगर व्यक्तिगत सत्याग्रह आंदोलन के दौरान 1940 में 22 मास कैद की सजा पाई। पुनः आंदोलन के दौरान 1941 में 6 मास की सजा पाई। भारत छोड़ो आंदोलन में भाग लेने के कारण 1942 में भारत रक्षा कानून के अंतर्गत 18 मास कैद और 100 रुपये जुर्माना। जुर्माना न देने पर 2 मास अतिरिक्त कैद की सजा पाई।

विष्णु सहाय पांडेय : आत्मज श्री बोध पांडेय। ग्राम तेजगढ़ बाँसी, सिद्धार्थनगर। भारत छोड़ो आंदोलन में भाग लेने के कारण 1942 में 23 अगस्त से 25 फरवरी, 1943 तक जेल में रहे।

श्याम सुंदर उर्फ छोटकू : आत्मज श्री जानकी ब्राह्मण, भानपुर रानी, डुमिरियागंज, सिद्धार्थनगर। भारत छोड़ो आंदोलन के दौरान 1942 में एक मास 19 दिन तक जेल में रहे।

शिवनाथ : आत्मज श्री आज्ञा। शोहरतगढ़ थाना चिल्हिया, सिद्धार्थनगर। भारत छोड़ो आंदोलन के दौरान 1942 में 2 मास की सजा पाई।

शिवभद्र नाथ तिवारी : आत्मज श्री करिया। ससनी उस्का, बाजार, सिद्धार्थनगर। व्यक्तिगत सत्याग्रह आंदोलन में भाग लेने के कारण 1941 में 2 वर्ष कड़ी कैद और 50 रुपये जुर्माना न देने पर 6 मास कैद की सजा मिली। भारत छोड़ो आंदोलन में सक्रिय भाग लेने के कारण 20 अगस्त, 1942 से 19 जनवरी, 1944 तक जेल में रहे। 6 माह सन् 1922 तथा 1930 में एक साल जेल में रहे।

शिवराज चमार : आत्मज श्री रामबन। लटेर, इटवा, सिद्धार्थनगर। भारत छोड़ो आंदोलन के दौरान 23 अगस्त, 1942 से 1943 तक नजरबंद रहे।

शोभी : आत्मज श्री गुप्तार अहीर महदेवा नानकार डॉ. देवरा बाजार तेतरी थाना चिल्हिया, सिद्धार्थनगर। भारत छोड़ो आंदोलन के दौरान 30 सितंबर, 1942 से 1 फरवरी, 1943 तक नजरबंद रहे तथा 30 जुलाई, 1943 से 23 सितंबर, 1943 तक पुनः नजरबंद रहे।

सत्यनारायन चौबे : ग्राम भिटिया उस्का, सिद्धार्थनगर। व्यक्तिगत सत्याग्रह आंदोलन के दौरान 1941 में अदालत उठने तक कैद की सजा मिली। भारत छोड़ो आंदोलन के दौरान 24 अगस्त, 1942 से 9 अक्टूबर, 1942 तक जेल में रहे।

सत्यनारायण उर्फ छोटकू : आत्मज श्री बद्री पांडेय। ग्राम हरबांनपुर, डुमरियागंज, सिद्धार्थनगर। भारत छोड़ो आंदोलन में सक्रिय भाग लेने के कारण 22 जुलाई, 1942 से 18 मई, 1943 तक नजरबंद रहे।

सत्यनारायण मरवाड़ी : आत्मज श्री जगन्नाथ। ग्राम शाहरतगंज, चिल्हिया, सिद्धार्थनगर। भारत छोड़ो आंदोलन में सक्रिय भाग लेने के कारण 30 सितंबर, 1942 तक जेल में रहे।

समुझ : आत्मज श्री रामबली चमार। गंगापुर इटवा, सिद्धार्थनगर। भारत छोड़ो आंदोलन में भाग लेने के कारण 1942 में एक मास 25 दिन तक जेल में रहे।

सरजू : आत्मज श्री फागू लोधी। मुडिया लोटन, सिद्धार्थनगर। भारत छोड़ो आंदोलन के दौरान 1943 में एक मास 3 दिन तक जेल में रहे।

साबिर : आत्मज श्री नूरमोहम्मद परसिया, चिल्हिया, सिद्धार्थनगर। भारत छोड़ो आंदोलन में सक्रिय भाग लेने के कारण 2 अक्टूबर, 1942 से 16 अगस्त, 1944 तक जेल में रहे।

सुख देव : आत्मज श्री बैजू। ग्राम छतहरी। चिल्हिया, सिद्धार्थनगर। भारत छोड़ो आंदोलन के दौरान में 23 अगस्त, 1942 से 18 मई, 1943 तक नजरबंद रहे।

सुखुआ : आत्मज श्री बेबू। चिल्हिया, सिद्धार्थनगर। भारत छोड़ो, आंदोलन में सक्रिय भाग लेने के कारण 6 सितंबर, 1942 से 21 अक्टूबर, 1942 तक जेल में रहे।

संतराम : आत्मज श्री गयादीन। ग्राम अहरौरा, डुमरियागंज, सिद्धार्थनगर। भारत छोड़ो आंदोलन में भाग लेने के कारण 1944 में 3 मास कठोर कारावास कर दंड मिला।

संतू सिंह : आत्मज श्री नागेश्वर सिंह। उस्का राजा, सिद्धार्थनगर। भारत छोड़ो आंदोलन में भाग लेने के कारण 1942 में 2 मास के कारावास का दंड मिला।

हरनारायन : ग्राम एवं थाना डुमरियागंज, सिद्धार्थनगर। असहयोग आंदोलन के दौरान 1921 में एक वर्ष कैद की सजा पाई।

श्यामलाल बारी : आत्मज श्री महादेव बारी। बाँसी सिद्धार्थनगर। भारत छोड़ो आंदोलन में भाग लेने के कारण 1942 में 2 वर्ष कड़ी कैद की सजा पाई।

श्याम लाल : आत्मज श्री मनोहर लाल वैश्य। शोहरतगढ़, चिल्हिया, सिद्धार्थनगर। भारत छोड़ो आंदोलन के दौरान 1942 में एक मास 13 दिन तक नजरबंद और यहीं मृत्यु हो गई।

हसन मोहम्मद : आत्मज श्री दालू। लोटन, सिद्धार्थनगर। भारत छोड़ो आंदोलन में सक्रिय भाग लेने के कारण 1943 में एक मास 2 दिन तक जेल में रहे।

हीरा लाल : आत्मज श्री द्वारिका। डुमरियागंज, सिद्धार्थनगर। भारत छोड़ो आंदोलन में भाग लेने के कारण 1942 में 18 महीने का कारावास का दंड मिला। व्यक्तिगत सत्याग्रह में एक साल की सजा तथा 100 रुपये जुर्माना। सन् 1942 से 1944 तक नजरबंद रहे।

हुबराज सिंह : आत्मज श्री रामराधे। उस्का, सिद्धार्थनगर। भारत छोड़ो आंदोलन में भाग लेने के कारण 1942 से 1944 तक नजरबंद रहे।

हैसियत : आत्मज श्री इसहाक। ग्राम मनकौरा, बाँसी, सिद्धार्थनगर। भारत छोड़ो आंदोलन में सक्रिय भाग लेने के कारण 22 सितंबर, 1942 से 27 फरवरी, 1943 तक जेल में रहे।

श्री राम लखन त्रिपाठी

राष्ट्रीय चेतना तथा आजादी की ललक जगाने, क्रांति महायज्ञ में फाँसी को गले में और जुबां पर यही आवाज—इंकलाब जिंदाबाद! इंकलाब जिंदाबाद!! का घोष वाक्य से प्रभावित होकर स्कूली शिक्षा छोड़कर जंग-ए-आजादी की लड़ाई में कूद जानेवाले स्वतंत्रता संग्राम सेनानी श्री राम लखन त्रिपाठी का जन्म सन् 1906 ई. में ग्राम जीवा तहसील बाँसी जनपद बस्ती (अब सिद्धार्थ नगर) में एक प्रतिष्ठित परिवार में हुआ था। ग्राम जीवा में उस समय ब्राह्मण ही बड़े जमींदार थे। आस-पास के गाँव में भी ब्राह्मण, भूमिहार, ठाकुर, कुर्मी जमींदार थे। तात्कालिक जमींदार लोगों को एक प्रतिष्ठित ब्राह्मण परिवार का युवक का अंग्रेजों की सत्ता के विरुद्ध खड़ा होना अच्छा नहीं लगता था, परंतु प्रकट रूप में कोई विरोध नहीं था। श्री राम लखन तात्कालिक क्रांतिकारियों के गढ़ शहर कानपुर आए और यहाँ नौघड़ा में रहने लगे। इन्हीं के साथ श्री कालिका प्रसाद बाजपेयी, निवासी ग्राम बभनी अवस्थी तहसील बाँसी जनपद बस्ती सिद्धार्थ नगर भी कानपुर आए परंतु श्री राम लखन कानपुर में अंग्रेजों के विरुद्ध प्रत्येक कार्यक्रम में बढ़-चढ़कर हिस्सा लेने लगे। परिणामस्वरूप नौघड़ा कुली बाजार, बादशाही नाका, कलक्टरगंज आदि में इतने लोकप्रिय हुए कि इनकी एक आवाज पर वहाँ हजारों आदमी इकट्ठा हो जाया करते थे। श्री चंद्रशेखर आजाद से भी इनके गहरे संबंध थे। यही कारण था कि श्री आजाद अपनी मृत्यु से लगभग 1 वर्ष पूर्व गोरखपुर के तत्कालीन अंग्रेज कमिश्नर को मारने के

लिए जब गोरखपुर जा रहे थे, तभी सी.आई.डी. द्वारा भाँप लिए जाने का आभास होने पर खलीलाबाद से ही रास्ता बदल कर ग्राम जीवा में लगभग दस-ग्यारह बजे रात में पधारे और कुछ देर लखन तिवारी के घर पर (जब कि श्री राम लखन कानपुर में ही थे) रुकने के बाद यहाँ से प्रस्थान कर गए। इस पर श्री राम लखन स्वतंत्रता संग्राम सेनानी देश के ऐसे सपूतों में से थे जिन्हें श्री चंद्रशेखर आजाद जैसे महान क्रांतिकारी देशभक्त का साथ मिला।

स्वतंत्रता संग्राम के इस महान सपूत को वर्ष 1940 में धारा 58 (2) डी.आई.आर. में गिरफ्तार कर जिला कारागार कानपुर में कारावासित कर दिया गया और कुछ दिनों के बाद कानपुर जेल से जिला कारागार गाजीपुर स्थानांतरित कर दिया गया। इस प्रकार 1940 से 41 तक जेल में रहे सिटी बम कांड में भूमिगत हो गए और अंग्रेज पुलिस इस वीर क्रांतिकारी श्री राम लखन त्रिपाठी उर्फ लच्छन तिवारी को पकड़ नहीं पाई।

कानपुर सिटी बम कांड में जिसमें श्री कालिका प्रसाद बाजपेयी, मोहनलाल, दुर्गा प्रसाद, बैजनाथ, श्री राम, भगवान दास बैस, अनंतराम श्रीवास्तव, शीतला प्रसाद सुनार जिनके विरुद्ध पुलिस ने दफा 120 (षड्यंत्र) 436 (आग लगाना) 3, 4, 5, 6 विस्फोटक 34, 35, 38, 39 भारत सुरक्षा कानून लगाई गई थी, जिसमें गवाहों द्वारा गलत शिनाख्त की गई, परंतु श्री राम लखन का सुराग अंग्रेज पुलिस नहीं लगा सकी। इनके साथियों में स्वर्गीय उमाशंकर दीक्षित, भगवती प्रसाद सिंह विशारद, रामबालक यादव, (सरासी) उन्नाव गोपीनाथ दीक्षित, श्री कालिका प्रसाद वाजपेयी, भगवानदास वैश्य, अनंतराम श्रीवास्तव, मोहनलाल, दुर्गा प्रसाद, बैजनाथ, श्रीराम, शीतला प्रसाद आदि रहे।

देश स्वतंत्र होने के बाद तत्कालीन कांग्रेस सरकार की ओर से खेती के लिए फार्म, पेंशन आदि के लिए प्रावधान किया परंतु इन्होंने यह कह कर समस्त सुविधाओं को ठुकरा दिया कि हम इसके लिए नहीं, देशवासियों और देश की स्वतंत्रता के लिए लड़े थे। सन् 1962 में उनका देहावसान हो गया। कालांतर में इनकी विधवा श्रीमती रामकली को शासन द्वारा अनुमन्य राजनीतिक पेंशन प्रदान की गई। ग्राम जीवा को स्वतंत्रता के पश्चात् आदर्श गाँव घोषित किया गया था जहाँ प्राइमरी स्कूल, शासकीय अस्पताल भी है। गाँव का विद्युतीकरण भी 25 साल पहले हो चुका है, परंतु कुछ सालों से एक गाँव नए-नए राजनीतिक उठा-पटक का शिकार है। अन्यथा जनपद बस्ती के मानचित्र पर एक गाँव सर्वोपरि माना जाता रहा है। चुनाव के समय अधिसंख्य गाँव के लोग स्वतंत्रता संग्राम सेनानी परिवार के मत से ही अपनी सहमति व्यक्त करते रहे हैं।

द्वारिका प्रसाद यादव

सिद्धार्थनगर जिले के बाँसी तहसील के गाँव तेजगढ़ की माटी में आज भी क्रांति का तेज महसूस होता है। अंग्रेज अधिकारियों की शह पर स्थानीय एक सामंत ने स्वतंत्रता सेनानी द्वारिका प्रसाद यादव और 56 किसानों पर खूब अत्याचार किया। तीन बार पूरे गाँव को फूँका गया। इस अग्नि से विरोध की ज्वाला ऐसी धधकी कि अंग्रेजों के दाँत खट्टे हो गए।

जब महात्मा गांधी ने विदेशी बहिष्कार आंदोलन शुरू किया तो तेजगढ़ गाँव में इन किसानों ने नमक बनाने की भट्ठी शुरू कर दी। स्थानीय सामंत ने इसकी जानकारी अंग्रेजों को दे दी। फिर अपनी फौज और बाँसी थाने की पुलिस लेकर गाँव में स्थापित भट्ठी तुड़वा दी और गाँव फुँकवा दिया। भट्ठी स्थापित करानेवाले द्वारिका प्रसाद यादव भागने में सफल हो गए। लेकिन अंग्रेजों ने उनके पिता अयोध्या प्रसाद को बहुत यातनाएँ दीं। बाद में पुन: गाँव आकर द्वारिका यादव ने विष्णु सहाय पांडेय, जगन्नाथ मुराव, सीताराम बढ़ई आदि को संगठित किया और सामंत के खिलाफ मोर्चा खोल दिया। इस एकजुटता की भनक लगते ही चंगेरा ने तेजगढ़ को दुबारा जलवा दिया और द्वारिका यादव सहित उनके अन्य सहयोगियों को जबरिया घर से निकालकर उनके घर में दूसरे लोगों को बसा दिया। वर्ष 1922 में अंग्रेजी हुकूमत के विरुद्ध असहयोग आंदोलन जोरों पर था। क्षेत्र के तेजगढ़ के अलावा भगौतापुर, अडगड़हवा, मधुकरपुर, हरैया आदि गाँवों के लोग भी आंदोलन में शामिल हो गए। संगठन की मजबूती को देखकर गोरखपुर से 13 कांग्रेसी क्षेत्र में पहुँचे और सामंत राजा चंगेरा के अत्याचार के खिलाफ असहयोग आंदोलन शुरू कर दिया। जिसमें मिठवल ब्लाक क्षेत्र के गिरी बाबा का महत्त्वपूर्ण योगदान था। आंदोलन को समाप्त करवाने के लिए राजा चंगेरा ने सभी को घोड़ों में बाँधकर मीलों घसीटा। 1942 में आर्य समाज मंदिर में कांग्रेसियों ने द्वारिका प्रसाद यादव की अगुवाई में गुप्त बैठक कर तहसील का खजाना लूटने, बाँसी—उसका टेलीफोन लाइन काटने तथा थाने पर कब्जा करने की योजना बनाई। 21 अगस्त, 1942 की रात्रि में इस योजना को अमल में लाया गया। मधुकरपुर गाँव के पास टेलीफोन लाइन काट दी गई लेकिन मुखबिरी के कारण यह योजना सार्थक नहीं हुई और अंग्रेजों ने क्षेत्र के 56 किसानों को गिरफ्तार कर उन्हें जेल में डाल दिया। एक बार फिर राजा चंगेरा ने तेजगढ़ गाँव को जलवा दिया।

चंद्रशेखर आजाद

चंद्रशेखर आजाद ने 1922 से 1942 के बीच इस क्षेत्र में गुप्त प्रवास किया था। स्वतंत्रता संग्राम सेनानी लाला हरनारायण ने किसानों पर हो रहे अत्याचार की बात चंद्रशेखर आजाद तक पहुँचाई थी। इसके बाद आजाद यहाँ राजा चंगेरा को मारने आ पहुँचे। उन्हें तिवारीपुर गाँव में शेषदत्त त्रिपाठी के घर मित्र बनाकर ठहराया गया। वह 14 दिन तक स्थानीय वेशभूषा में यहाँ रहे। राजा चंगेरा को इस बात की जानकारी हो गई और वह मौका देख भाग गए। आजाद भले ही अपने मकसद में सफल न हो सके हों लेकिन अपने प्रवास के दौरान आजाद ने ग्रामीणों में स्वतंत्रता की जो अलख जगाई थी, उसके बलबूते यहाँ के 56 किसान लंबे समय तक अंग्रेजों से मोर्चा लेते रहे।

लाला हरनारायण

स्वतंत्रता संग्राम सेनानी लाला हरनारायण ने किसानों पर हो रहे अत्याचार की बात चंद्रशेखर आजाद तक पहुँचाई थी। इसके बाद आजाद यहाँ राजा चंगेरा को मारने आ पहुँचे। उन्हें तिवारीपुर गाँव में शेषदत्त त्रिपाठी के घर मित्र बनाकर ठहराया गया। वह 14 दिन तक स्थानीय वेशभूषा में यहाँ रहे। राजा चंगेरा को इस बात की जानकारी हो गई और वह मौका देख भाग गए। आजाद भले ही अपने मकसद में सफल न हो सके हो लेकिन अपने प्रवास के दौरान आजाद ने ग्रामीणों में स्वतंत्रता की जो अलख जगाई थी।

जोखूराम पांडेय व जोखू प्रसाद दूबे

स्वतंत्रता सेनानी जोखूराम पांडेय व जोखू प्रसाद दूबे पिकौरा गाँव के रहनेवाले थे। इन्होंने अंग्रेजों के खिलाफ अपनी जान की बाजी लगाते हुए संघर्ष किया था एवं उनकी यातना का शिकार हुए थे। स्वतंत्रता संग्राम सेनानियों के सम्मान में 94.89 लाख की लागत से स्टेट हाईवे 26 भड़रिया से पिकौरा गाँव तक करीब 1.250 किमी. सड़क निर्माण किया गया है।

परमेश्वर दत्त और बुधई

चौरी-चौरा कांड के बाद 25 अप्रैल, 1922 को पुलिस ने आंदोलनकारियों को मारापीटा और उन पर अमानवीय जुल्म किए। 29 अप्रैल को चिल्हिया में पुलिस ने कांग्रेस कार्यालय

को जला दिया था। वहाँ मौजूद कार्यकर्ताओं पर जमकर लाठियाँ बरसाई गईं। स्वतंत्रता सेनानी परमेश्वर दत्त समेत अन्य आंदोलनकारी चुपचाप पिटते रहे। अंग्रेजी जुल्म से अमर शहीद बुधई ने दम तोड़ दिया था, लेकिन आंदोलनकारी हिंसक नहीं हुए।

उन्होंने अहिंसक तरीके से देश की आजादी के लिए संघर्ष जारी रखा। इस घटना की जाँच के लिए महात्मा गांधी ने अपने बेटे देवदास गांधी को भेजा। देवदास गांधी ने अपनी रिपोर्ट में लिखा कि अंग्रेजी दमन के दौरान आंदोलनकारी न तो बदला लेने के लिए हिंसक हुए और न ही उन्होंने दमन से बचने के लिए माफी माँगी। वह अंग्रेजों के जुल्म को सहते हुए अहिंसक तरीके से आजादी के संघर्ष करते रहे।

अध्याय : 7

स्वतंत्रता संग्राम से संबंधित प्रमुख गाँव, उनकी वर्तमान स्थिति, स्मारकों का विवरण

चाँदापार (वर्तमान नाम शोहरतगढ़)

जब भी आजादी का इतिहास पढ़ा जाएगा, उसमें चाँदापार (वर्तमान नाम शोहरतगढ़) का जिक्र जरूर आएगा। आजादी की अलख जब पूरे देश में जल उठी थी तो यह क्षेत्र भी अछूता नहीं रह गया था। क्रांतिकारी चंद्रशेखर आजाद के संगठन 'हिंदुस्तान सोशलिस्ट रिपब्लिकन एसोसिएशन' की केंद्रीय कमेटी में भी क्षेत्र का प्रतिनिधित्व रहा। सेनानियों की बैठक के दौरान पुलिस पहुँचने से मची भगदड़ में दो की मौत व कई घायल हो गए थे। अंग्रेजी हुकूमत ने इन्हें घोड़ों से रौंदा था। दर्जनों आजादी के दीवानों ने अपना सर्वस्व राष्ट्र के नाम पर झोंक दिया था। अंग्रेजी हुकूमत के खिलाफ जंग छेड़ दी थी। शोहरतगढ़ में जगह-जगह बैठक कर योजनाएँ तैयार की गईं और उसे अंजाम भी दिया गया। सक्रिय स्वतंत्रता सेनानियों को अंग्रेजी हुकूमत ने टारगेट पर भी ले रखा था। इसमें कुछ शहीद हो गए तो कुछ को जेलों में ठूँस दिया गया। उसके बाद भी इनके हौसले नहीं टूटे। जनपद के लोग आजादी तक अंग्रेजी हुकूमत से लोहा लेते रहे।

29 अप्रैल, 1930 को शोहरतगढ़ के अंबेडकर नगर मोहल्ला में स्वतंत्रता सेनानी बैठक कर रहे थे। छोटे से मैदान में सैकड़ों कार्यकर्ता मौजूद थे। किसी ने इसकी मुखबिरी अंग्रेज अधिकारी से कर दी। मौके पर पुलिस ने छापा मारा। पुलिस को देख भगदड़ मच गई। पुलिस ने बुधई राम पुत्र गजाधर निवासी अंबेडकर नगर व परमेश्वर दत्त पांडेय पुत्र रामचरन निवासी धरमसहवा को पकड़ लिया। कोतवालसह निवासी कोटिया दीगर व महादेव चौधरी निवासी खैरा बाजार व अन्य साथी फरार

होने में सफल हो गए। पकड़े गए दोनों सेनानियों को अंग्रेज पुलिस अधिकारी ने उसी स्थान पर घोड़े के टापों से रौंदवा दिया। दोनों क्रांतिकारी अंतिम समय तक इंकलाब-जिंदाबाद व भारत माता की जय के नारे लगाते रहे। बुधईराम की मौके पर ही मौत हो गई। घायल परमेश्वर दत्त की मौत लखनऊ जेल में हुई। इसके बाद कोतवालसह, ग्राम छतरा निवासी शीतल प्रसाद त्रिपाठी, अगया निवासी कोदई प्रसाद मिश्र व महादेव चौधरी ने नए सिरे से कार्यकर्ताओं की फौज खड़ी की। कोतवालसह के अगुवाई में बस्ती छावनी में लूट व आग लगाने को अंजाम दिया गया। सेनानियों ने घटना करने के बाद झंडा भी बुलंद किया। इसके बाद अंग्रेज बौखला गए। इनकी गिरफ्तारी कराई, कई महीने जेल में गुजारने पड़े। 1942 के भारत छोड़ो आंदोलन में भी यहाँ के लोगों ने बढ़-चढ़कर हिस्सा लिया, कई सेनानी बस्ती जेल में बंद भी रहे। आज इन अमर शहीदों में कोई भी जीवित नहीं है। लेकिन पूरा जिला व देश इनकी शहादत को याद करता है और याद करता रहेगा। ये गाँव आज भी लोगों के लिए प्रेरणा स्त्रोत है।

पिकौरा (खानतारा गाँव)

पिकौरा गाँव ने देश को दो स्वतंत्रता सेनानी दिए। जोखूराम पांडेय व जोखू प्रसाद दूबे की जन्मस्थली होने के बावजूद यह गाँव वर्षों से उपेक्षित था। अब 94.89 लाख की लागत से स्टेट हाईवे 26 भड़रिया से पिकौरा गाँव तक करीब 1.250 किमी. सड़क निर्माण कराई गई है।

तेजगढ़ गाँव

अंग्रेजी हुकूमत का विरोध करने पर यातनाओं की पराकाष्ठा तेजगढ़ गाँव और यहाँ रहनेवाले हमारे पुरखों की कहानी है। जिले के बाँसी तहसील के इस गाँव की माटी में आज भी क्रांति का तेज महसूस होता है। अंग्रेज अधिकारियों की शह पर स्थानीय सामंत का स्वतंत्रता सेनानी द्वारिका प्रसाद यादव और 56 किसानों पर अत्याचार। उस पर भी मन न भरा तो तीन बार पूरे गाँव को राख कर दिया गया। लेकिन इस अग्नि से विरोध की ज्वाला और भी धधक उठी।

जब महात्मा गांधी ने विदेशी बहिष्कार आंदोलन शुरू किया तब इसकी जानकारी पाकर तेजगढ़ गाँव में नमक बनाने की भट्ठी शुरू की गई। तेजगढ़ गाँव में नमक की भट्ठी चलने की बात सुनकर स्थानीय सामंत इसकी जानकारी अंग्रेजों के पास ले गया। फिर अपनी फौज और बाँसी थाने की पुलिस लेकर गाँव में स्थापित भट्ठी तुड़वा दी और गाँव में आग लगा दी। भट्ठी स्थापित करानेवाले द्वारिका प्रसाद यादव भागने में सफल हो गए। लेकिन अंग्रेजों ने उनके पिता अयोध्या प्रसाद को बहुत यातनाएँ दीं। बाद में पुन: गाँव आकर द्वारिका यादव ने लोगों को संगठित किया और सामंत अष्टभुजा प्रसाद चंगेरा के अत्याचार के खिलाफ आंदोलन शुरू कर दिया। द्वारिका प्रसाद यादव के सहयोगी विशुनसहाय पांडेय, जगन्नाथ मुराव, सीताराम बढ़ई रहे। ग्रामीणों को एकजुटता की भनक लगते ही राजा चंगेरा ने तेजगढ़ को दुबारा जलवा दिया और द्वारिका यादव सहित उनके अन्य सहयोगियों को जबरिया घर से निकालकर उनके घर में दूसरे लोगों को बसा दिया।

वर्ष 1922 में ब्रिटिश हुकूमत के विरुद्ध असहयोग आंदोलन जोरों पर था। क्षेत्र के तेजगढ़ के अलावा भगौतापुर, अडगड़हवा, मधुकरपुर, हरैया आदि गाँवों के लोग भी आंदोलन में शामिल हो गए। संगठन की मजबूती को देखकर गोरखपुर से 13 कांग्रेसी क्षेत्र में पहुँचे और राजा चंगेरा के अत्याचार के खिलाफ असहयोग आंदोलन शुरू कर दिया, जिसमें मिठवल क्षेत्र के गिरी बाबा का महत्त्वपूर्ण योगदान था। आंदोलन को समाप्त करवाने के लिए राजा चंगेरा ने सभी आंदोलनकारियों के पैर घोड़े में बाँधकर मीलों घसीटा। समय बीता। 1942 में करो या मरो नारे का यहाँ व्यापक असर पड़ा। बाँसी आर्य समाज मंदिर में कांग्रेसियों ने द्वारिका प्रसाद यादव की अगुवाई में गुप्त बैठक कर बाँसी तहसील का खजाना लूटने, बाँसी उसका टेलीफोन लाइन काटने तथा बाँसी थाने पर कब्जा करने की योजना बनाई। 21 अगस्त, 1942 की रात्रि में इस योजना को अमल में लाया गया। मधुकरपुर गाँव के पास बाँसी—उसका टेलीफोन लाइन काट दी गई लेकिन मुखबिरी के कारण यह योजना सार्थक नहीं हुई और अंग्रेजों ने क्षेत्र के 56 किसानों को गिरफ्तार कर उन्हें जेल में डाल दिया। साथ ही इनसे मनमाना जुर्माना वसूला गया। लोगों से बदला लेने के लिए एक बार फिर राजा चंगेरा ने तेजगढ़ गाँव को जलवा दिया। आजादी के बाद तेजगढ़ गाँव को अलग पहचान देने के लिए तत्कालीन केंद्रीय पेट्रोलियम मंत्री के. डी. मालवीय की पुत्री आशा सेठ ने गांधी ग्राम के नाम से नवाजा और अंग्रेजों के कहर का शिकार हुए 56 किसानों के सम्मान में सिला पट्टिका भी लगवाई।

तिवारीपुर (चंगेरा को मारने के लिए आए आजाद)

बाँसी के सामंत अष्टभुजा प्रसाद चंगेरा के बढ़ते अत्याचारों को समाप्त करने के लिए स्वतंत्रा संग्राम के महान सेनानी चंद्रशेखर आजाद ने इस क्षेत्र में गुप्त प्रवास किया था, जिससे बहुत कम लोग परिचित हैं। बताते हैं कि 1922 से 1942 के बीच की बात है, बाँसी में अंग्रेजों के पिछलग्गू सामंत राजा अष्टभुजा प्रसाद चंगेरा ने तेजगढ़ गाँव को तीसरी बार जलवा कर किसानों को जेल में बंद करा दिया। तब बाँसी के स्वतंत्रता संग्राम सेनानी लाला हरनारायण ने किसानों पर हो रहे अत्याचार की बात चंद्रशेखर आजाद तक पहुँचाई। इसके बाद आजाद यहाँ राजा चंगेरा को भेष बदलकर मारने आ पहुँचे। उन्हें तिवारीपुर गाँव में शेषदत्त त्रिपाठी के घर मित्र बनाकर ठहराया गया। वह 14 दिन तक स्थानीय भेषभूषा में यहाँ रहे। गुप्तचरों की सूचना पर राजा चंगेरा को इस बात की जानकारी हो गई। राजा मौका देख भाग खड़ा हुआ और आजाद अपने मकसद में सफल नहीं हो सके। आजाद भले ही अपने मकसद में सफल न हो सके हों लेकिन अपने प्रवास के दौरान आजाद ने स्थानीय ग्रामीणों में स्वतंत्रता की जो अलख जगाई थी, उसके बलबूते पर यहाँ के 56 किसान लंबे समय तक अंग्रेजों से मोर्चा लेते रहे। आजादी के बाद वर्ष 2000 में तेजगढ़ गाँव में तत्कालीन उद्यान मंत्री धनराज यादव ने अमर शहीद चंद्रशेखर आजाद की यादों को जिंदा रखने के लिए एक पार्क और स्मारक निर्मित कराया।

स्वतंत्रता सेनानी दिवंगत बुधई राम के बलिदान को आज तक शोहरतगढ़वासी नहीं भुला पाए हैं। तत्कालीन मंत्री दिवंगत दिनेश सिंह ने इनकी स्मृति में सवा तीन लाख की लागत से कस्बे के अंबेडकरनगर वार्ड में स्मृति पार्क का शिलान्यास 11 अक्टूबर, 2005 को किया था। इस स्मृति पार्क को प्रकाशमान रखने के उद्देश्य से हाईमास्ट और बिजली व्यवस्था पर हजारों रुपये खर्च किए गए। पार्क में सुबह-शाम घूमने आनेवाले नागरिकों के बैठने के लिए दस सीमेंट की सीटों का भी निर्माण हुआ। साथ ही विभिन्न प्रजातियों के फूलों के पौधे भी लगाए गए थे। मगर आज यहाँ बदहाली है। आलम यह है कि जनरेटर के अलावा साइकिल रखने के रूप में इस पार्क का इस्तेमाल किया जा रहा है।

स्वतंत्रता आंदोलनों में ग्राम शोहरतगढ़ सेनानियों के लिए सुरक्षित पनाहगार बना था। इस स्थान पर नित्य प्रतिदिन देश को आजाद करने के लिए गतिविधियाँ संचालित होती थीं। पुलिस भी इस स्थान को अतिसंवेदनशील मानते हुए अक्सर इस स्थल पर

छापेमारी करती रहती थी। दिवंगत बुधई राम अपने अभिन्न मित्र दिवंगत परमेश्वर दत्त पांडेय के साथ दर्जनों बार जेल गए। अंग्रेजों को शिकस्त देने की योजनाएँ इसी स्थल से बनाई जाने के कारण अंग्रेजों की कुदृष्टि इस स्थल पर विशेष रूप से रहती थी। 29 अप्रैल, 1930 को क्रांतिकारियों की बैठक होनी थी। किसी मुखबिर ने इसकी सूचना अंग्रेज पुलिस वालों को दी। दिवंगत बुधईराम ने दो घंटे पूर्व ही बैठक समाप्त कर दी थी। जब पुलिस ने दबिश दी तो परमेश्वर दत्त पांडेय और बुधई राम को पुलिस ने पकड़ लिया। इन दोनों सेनानियों को अंग्रेज पुलिस ने बर्बरतापूर्वक घोड़े के टापों से रौंदा। इसमें बुधईराम के सिर में गंभीर चोटें आईं और मौके पर ही इनकी मौत हो गई। जबकि परमेश्वर दत्त का देहांत जेल कैंप लखनऊ में हुआ। इनके देशभक्ति के कारनामों को जिंदा रखने के लिए मंत्री दिवंगत दिनेश सिंह ने वर्ष 2005 में अंबेडकरनगर में स्मृति स्मारक पार्क का निर्माण कराया। नगर पंचायत को इसकी देखरेख की जिम्मेदारी सौंपी गई।

अमरगढ़

अमरगढ़ शहीदों का योगदान कभी भुलाया नहीं जा सकता है। इस शहीद-स्थल का इतिहास काफी पुराना है, जिसे समझने व पढ़ने की आवश्यकता है। डुमरियागंज मुख्यालय से 1 किलोमीटर दूर अमरगढ़ स्थल पर अंग्रेजों के विरुद्ध ऐसी लड़ाई लड़ी गई थी जिससे अंग्रेजों के पसीने छूट गए थे। इस जंग में 80 भारतीयों को अंग्रेजों द्वारा क्रूरता के साथ शहीद कर दिया गया था और न जाने कितने स्वतंत्रता संग्राम सेनानी नदी में डूब कर वीरगति को प्राप्त हो गए थे। इस लड़ाई को याद करते हुए यहाँ पर अमरगढ़ महोत्सव का आयोजन किया जाता है।

चिल्हिया

महात्मा गांधी के आह्वान पर चल रहा असहयोग आंदोलन चार फरवरी, 1922 को चौरी-चौरा कांड के बाद स्थगित कर दिया गया था। इसके बाद शोहरतगढ़ समेत पूरे क्षेत्र में अंग्रेजों ने लोगों पर जुल्म ढाया, जिसका जिक्र महात्मा गांधी ने अपने पत्र नवजीवन में भी किया था। चौरी-चौरा कांड के बाद 25 अप्रैल, 1922 को पुलिस ने आंदोलनकारियों को मारापीटा और उन पर अमानवीय जुल्म किए। 29 अप्रैल को चिल्हिया में पुलिस ने कांग्रेस कार्यालय को जला दिया था। वहाँ मौजूद कार्यकर्ताओं पर

जमकर लाठियाँ बरसाई गईं। स्वतंत्रता सेनानी परमेश्वर दत्त समेत अन्य आंदोलनकारी चुपचाप पिटते रहे। अंग्रेजी जुल्म से अमर शहीद बुधई ने दम तोड़ दिया था, लेकिन आंदोलनकारी हिंसक नहीं हुए।

उन्होंने अहिंसक तरीके से देश की आजादी के लिए संघर्ष जारी रखा। इस घटना की जाँच के लिए महात्मा गांधी ने अपने बेटे देवदास गांधी को भेजा। देवदास गांधी ने अपनी रिपोर्ट में लिखा कि अंग्रेजी दमन के दौरान आंदोलनकारी न तो बदला लेने के लिए हिंसक हुए और न ही उन्होंने दमन से बचने के लिए माफी माँगी। वह अंग्रेजों के जुल्म को सहते हुए अहिंसक तरीके से आजादी का संघर्ष करते रहे।

अध्याय : 8

आजादी के बाद स्वतंत्रता की रक्षा करनेवाले विशिष्ट जनों की भूमिका

भारत बहुत सारे संघर्षों का गवाह रहा है और स्वतंत्रता के बाद भारत द्वारा लड़े गए युद्ध की एक लंबी सूची है। हमारी इतिहास की किताबें उन युद्धों से जुड़ी कहानियों से भरी हैं, जो भारतीय सैनिकों ने आंतरिक और बाह्य दुश्मनों से लड़ी हैं। पानीपत की पहली लड़ाई से लेकर अंग्रेजों के साथ आजादी के लिए 300 साल लंबा अहिंसक संघर्ष! भारत ने एक लंबा सफर तय किया है। भौगोलिक रूप से एक देश के रूप में, भारत उन अनुकूल पड़ोसियों के साथ धन्य नहीं है जिनके परिणामस्वरूप अब और फिर छोटे संघर्ष होते हैं।

भारतीय सेना ने हमारे विदेशी समकक्षों के साथ जो युद्ध किए हैं, उन्होंने सेना को दुनिया की सबसे शक्तिशाली सेनाओं में से एक के रूप में स्थापित करने में मदद की है। कुछ सबसे अधिक आइकॉनिक युद्ध, जिन्होंने विश्व के लोगों को आकृष्ट किया है, वे हैं भारत-पाकिस्तान युद्ध और भारत-चीन युद्ध। स्वतंत्रता के बाद भारत द्वारा लड़े गए सभी युद्धों के बारे में बहुत सारे विवरण हैं जो हर भारतीय को पता होना चाहिए।

भारत-पाकिस्तान और चीन सहित कई देशों के साथ अपनी सीमा साझा करता है, फिर भी दोनों देश भारतीय सेना के साथ टकराव में हैं! आजादी के बाद भारत द्वारा लड़े गए सभी युद्ध भारत के इन दो पड़ोसियों के साथ हैं। ये दोनों देश, पश्चिम में एक जबकि उत्तर में अन्य, सीमाओं के साथ अशांति पैदा करने के लिए कोई भी स्वतंत्र पोस्ट नहीं छोड़ते हैं।

कश्मीर युद्ध का अवलोकन नीचे दिया गया है। कश्मीर विभाजन के बाद, डोगरा राजवंश के महाराजा हरि सिंह, जो उस समय कश्मीर राज्य के शासक थे, ने एक स्वतंत्र राज्य के रूप में रहना चुना। हालाँकि, पाकिस्तान द्वारा कश्मीर को देश का

अभिन्न हिस्सा बनाने के लिए तनाव और दबाव बनाया गया था। इस दावे के लिए पाकिस्तान द्वारा कारण सामने रखा गया था कि कश्मीर की 3/5वीं आबादी मुस्लिम बहुल थी और वह भारत सरकार से खुश नहीं थी। कश्मीर के क्षेत्र पर कब्जा करने के लिए पाकिस्तान के लगातार कदमों के बाद, डोगरा के महाराजा को 2 अक्टूबर, 1948 को भारत में शामिल होने के लिए कोई विकल्प नहीं बचा था। कश्मीर घाटी को आधिकारिक तौर पर भारत सरकार को हस्तांतरित कर दिया गया था। हालाँकि, हरि सिंह ने कुछ शर्तें रखीं। इस प्रकार, राजा की भावनाओं का सम्मान करने के लिए, पीएम नेहरू ने विशेष आदेश पारित किए, जिसके अनुसार कश्मीर को भारत के राज्य के रूप में घोषित किया गया था, लेकिन एक स्वायत्त स्थिति के साथ। इससे आहत होकर पाकिस्तान ने भारत पर युद्ध की घोषणा कर दी जो थोड़े समय के लिए जारी रही। यह स्वतंत्रता के बाद भारत द्वारा लड़े गए सभी युद्धों में से पहला था। हालाँकि, संयुक्त राष्ट्र द्वारा खींची गई भारत और पाकिस्तान के बीच युद्ध विराम रेखा की स्थापना के साथ युद्ध समाप्त हो गया।

इस युद्ध के बीज तब बोए गए थे जब चीन, भारत और चीन की सीमा के रूप में मैकमोहन रेखा को स्वीकार करने के लिए अपने शब्दों से पीछे हट गया था। 20 जुलाई, 1962 को चीनी सैनिकों ने सीमा पार कर तिब्बत पर कब्जा कर लिया। भारत को भरोसा नहीं था कि एक युद्ध हो सकता है और इसलिए वे सैनिकों की तैनाती के बारे में बहुत गंभीर नहीं थे। हालाँकि, चीनी सेना ने सभी प्रकार के संचारों को काट दिया और भारतीय सेना पर हमला करके बादलों को साफ कर दिया कि यह एक 'युद्ध' है। एक लंबा युद्ध हुआ, जिसमें चीनी पक्ष के 80,000 सैनिक और भारतीय पक्ष के 20,000 सैनिक थे, चीन विजयी रहा।

दूसरी बार भी, पाकिस्तान ने युद्ध की शुरुआत की जब लगभग 33,000 पाकिस्तानी सैनिकों ने भारतीय सीमा में प्रवेश किया। यह पोस्ट, भारतीय सेना ने अपनी योजना को निष्प्रभावी करने के लिए संघर्ष विराम रेखा को पार किया। इसके बाद, दोनों देशों के बीच एक गंभीर युद्ध हुआ और यह आजादी के बाद भारत द्वारा लड़े गए सभी युद्धों में से दूसरा था। पहले युद्ध के बाद, भारत और पाकिस्तान के बीच तनाव को रोकने का कोई रास्ता नहीं मिला। अब और फिर दोनों देशों के बीच नियमित विवाद थे। इस प्रकार इस मुद्दे को संबोधित करने के लिए, ताशकंद में एक भारत-पाकिस्तान शिखर सम्मेलन आयोजित किया गया था। भारत के प्रधानमंत्री लाल बहादुर शास्त्री और पाकिस्तान के राष्ट्रपति अयूब खान ने बैठक में भाग लिया। उनके साथ ही प्रीमियर कोश्यिन थे जिन्होंने

सोवियत संघ की ओर से काम किया और देशों के बीच तनाव को सुलझाने के लिए मध्यस्थ के रूप में काम किया। बैठक ताशकंद घोषणा पत्र पर हस्ताक्षर के साथ समाप्त हुई। यद्यपि दोनों देशों के नेताओं ने ताशकंद घोषणा पत्र पर हस्ताक्षर किए, लेकिन इसका कोई मूल्य नहीं था।

तत्कालीन प्रधानमंत्री, इंदिरा गांधी पूर्वी कश्मीर या वर्तमान बांग्लादेश से पाकिस्तान की सेना को हटाने के लिए थीं। इसके परिणामस्वरूप बांग्लादेश मुक्ति युद्ध 15 दिनों तक लड़ा गया था। यह युद्ध पाकिस्तानी सेना के हाथों बहुत अधिक रक्तपात और मानव अधिकारों के उल्लंघन का गवाह था। इस युद्ध में भारतीय सेनाओं का ऊपरी हाथ था क्योंकि उन्होंने पाकिस्तान की सेना, नौसेना बल और वायु सेना को पूरी तरह से नष्ट कर दिया था। वास्तव में, कुल 90,000 पाकिस्तानी सैनिकों को भारतीय बलों द्वारा POW के रूप में लिया गया था। INS विक्रांत जैसे कई युद्धपोतों ने भी भारत में ऑपरेशन पाइथन और ऑपरेशन ट्राइडेंट के नाम पर PNS गजनी, PNS खैबर, PNS मुहाफिज, PNS शाहजहाँ का सफाया करने में महत्त्वपूर्ण भूमिका निभाई। पाकिस्तानी सेना द्वारा शिमला समझौते पर हस्ताक्षर करने और आधिकारिक रूप से भारतीय सेना के सामने आत्मसमर्पण करने के साथ युद्ध समाप्त हो गया।

कारगिल युद्ध का प्रमुख कारण पाकिस्तानी सेना द्वारा भारत की आगे की जमीन पर कब्जा करना था। इसके चलते भारतीय सेना ने ऑपरेशन विजय शुरू किया, जबकि पाकिस्तानी सेना ने ऑपरेशन बद्र को लॉन्च किया। इसके अतिरिक्त, भारतीय वायु सेना ने ऑपरेशन सफेद सागर का शुभारंभ किया। इस युद्ध में भारतीय वायु सेना द्वारा मिराज 2000 विमानों को शामिल करना भी देखा गया। IAF ने पाकिस्तानियों की तैनाती पर भारी बमबारी की और उनके आपूर्ति मार्ग और बंकरों को नष्ट कर दिया। लंबी लड़ाई के बाद, पीएम अटल बिहारी बाजपेयी ने 11 जुलाई, 1999 को कारगिल युद्ध में भारत को विजयी घोषित किया।

भारत आजादी के शुरुआती दौर से युद्धों का शिकार रहा है। भारतीय सेना ने हमेशा आजादी के बाद भारत द्वारा लड़े गए सभी युद्धों में अपना 100% योगदान दिया है। लेकिन युद्ध कभी भी किसी भी देश या उसके लोगों या सैनिकों के लिए खुशी नहीं लाते हैं। धन, समय और संसाधनों को नष्ट करने के अलावा सबसे अधिक मूल्यवान मानव संसाधन है जिसकी तुलना किसी भी अन्य चीज से नहीं की जा सकती है। इन युद्धों में विपक्षी सेना के साथ-साथ हमारी सेना ने भी अपने सैनिकों को खोया है वह हमारे लिए बहुत ही कीमती थे।

कारगिल विजय दिवस यानी 26 जुलाई स्वतंत्र भारत के लिए एक खास दिन है। लगभग 60 दिनों तक चलनेवाला कारगिल युद्ध 26 जुलाई को समाप्त हुआ और इसमें भारत की विजय हुई। इस दिन को कारगिल युद्ध में शहीद हुए जवानों के सम्मान के रूप में मनाया जाता है। देश के मान और सम्मान में महराजगंज के सपूतों ने भी अपना सर्वस्व न्यौछावर कर दिया। हर महराजगंज वासी अपने शहीद जवानों के बलिदान पर गर्व करता है।

देश की स्वतंत्रता के पश्चात् सिद्धार्थनगर के अनेक बीरों ने देश की सेना में विविध युद्धों में अपना योगदान दिया तथा बहादुरी से लड़े। परंतु सौभाग्यवश यहाँ का कोई भी बेटा शहीद नहीं हुआ।[1]

75 वर्ष में विशिष्ट कार्यों वाले महानायक

बाबू उमाशंकर लाल

गोरखपुर एवं आस-पास के क्षेत्रों में शिक्षा के प्रचार-प्रसार के लिए समर्पित, शिक्षाविद् बाबू उमाशंकर लाल का व्यक्तित्व अप्रतिम था। वे जीवनपर्यंत शिक्षा के केंद्रबिंदु विद्यालयरूपी पौधे को सींचते, संजोते व पल्लवित करते रहे। बाबू उमाशंकर लाल का जन्म 8 दिसंबर, 1908 को भाटपार के पास उनके ननिहाल ग्राम कुकुरघाटी में हुआ था जबकि उनका पैतृक गाँव देवरिया, जनपद अंतर्गत सलेमपुर तहसील का ग्राम रूच्चापार था। उनके पिता श्री श्याम नारायण लाल सरकारी सेवा में मुंशरिम थे, जिनकी देख-रेख में उनकी शिक्षा-दीक्षा संपन्न हुई। उनकी प्रारंभिक शिक्षा देवरिया के लार कस्बे में तथा माध्यमिक शिक्षा बस्ती जिला सिद्धार्थनगर अंतर्गत बाँसी नगर में संपन्न हुई। सन् 1932 ई. में वे गोरखपुर के सेंट एंड्रूज कॉलेज से बी.ए. की डिग्री प्राप्त करने के उपरांत महाराणा प्रताप हाई स्कूल में अध्यापक बन शिक्षा क्षेत्र में उतर गए। कालांतर में उन्होंने उच्च शिक्षा आगरा विश्वविद्यालय से पूर्ण की।

11 अप्रैल, 1932 में आर्य समाज के आदर्शों पर आधारित एक विद्यालय की स्थापना अपने विश्वसनीय साथियों सर्वश्री माता बाबू, कौशल कुमार सिंह, ख्याल बहोरी और विशम्भर नाथ ओझा के साथ जनसेवा के रूप में करने का निश्चय किया। इस संकल्प को पूर्ण करने के लिए न तो धन था न कोई रूपरेखा या योजना ही बनाई गई थी। पाँच पांडवों की भाँति अदम्य उत्साह, निश्चय एवं अद्वितीय साहस के साथ जगह-जगह से

चंदा एकत्र कर स्कूल का कार्य आगे बढ़ने लगा। प्रारंभ में यह विद्यालय कृष्णा सिनेमा के पास खुला। सभी लोग विद्यालय में शिक्षण-कार्य करने लगे। कालांतर में यह विद्यालय अन्यत्र स्थानांतरित हो गया।

सन् 1938 में बाबू उमाशंकर लाल महाराणा प्रताप हाई स्कूल से त्यागपत्र देकर 19 सितंबर, 1938 से डी.ए.वी हाई स्कूल में सहायक अध्यापक के पद पर कार्य करने लगे। सन् 1929 में स्थापित डी.ए.वी. (दयानंद एंग्लो वैदिक) स्कूल उस समय आठ कमरों का बना हुआ था जिसमें हाई स्कूल तक की शिक्षा दी जाती थी। बाबू उमाशंकर लाल की लगन, सूझ-बूझ व कठिन परिश्रम को देखते हुए उन्हें 1942 में कार्यवाहक (डी.फैक्टो) प्रधानाचार्य बनाया गया। इस पद पर कार्य करते हुए 13 जुलाई, 1946 को उन्हें डी.ए.वी. स्कूल का स्थायी प्रधानाचार्य का कार्यभार सौंपा गया। 14 शिक्षकों तथा 250 छात्रों को लेकर जब उमाशंकर चले तो चलते ही गए, कभी पीछे मुड़कर नहीं देखा। विद्यालय की ख्याति इस प्रकार बढ़ी कि विद्यार्थियों की बढ़ती संख्या के कारण स्कूल को दो शिफ्ट में चलाना पड़ा। श्री उमाशंकर जी के प्रयास से 1951 ई. में स्कूल इंटर कॉलेज के रूप में परिवर्तित हो गया। बाबू उमाशंकर अति अनुशासनप्रिय थे और वह अपने छात्रों को भी सदैव अनुशासित रखते थे, जिसके कारण अपने कार्यकाल में वे 'योधा' के नाम से छात्रों एवं अन्य सभी के बीच चर्चित थे। कॉलेज के विकास में सहयोग के लिए उन्होंने चौरहिया गोला (गल्ला मंडी) के व्यवसायियों से अन्न दान भी लिया था तथा मदन मोहन मालवीय से प्रेरणा लेकर गोरखपुरवासियों से चंदा जुटाकर सदैव आर्यन एजुकेशनल ट्रस्ट के अंतर्गत निरंतर विद्यालयों के विस्तार कार्य में भी लगे रहे। शिक्षा के प्रचार-प्रसार की इच्छा सदैव उनके मन में प्रज्वलित रहती थी। सर्वप्रथम उन्होंने डी.ए.वी. इंटर कॉलेज के मुख्य द्वार के सामने बालिका शिक्षा को समर्पित शिशु सदन प्रारंभ कराया जो सन् 1966 ई. में दयानंद बालिका इंटर कॉलेज के रूप में परिवर्तित हो गया तथा दयानंद शिशु सदन समीप ही स्थित विद्यालय की भूमि पर एक विशाल भवन में 1971 में स्थानांतरित कर दिया गया। सन् 1967 में उन्होंने गोरखपुर-देवरिया मार्ग पर खोराबार ब्लाक कार्यालय के समीप जंगल सिकरी के तत्कालीन ग्राम प्रधान स्व. श्री दर्प नारायण सिंह से ग्यारह एकड़ भूमि दान स्वरूप प्राप्त की। वहाँ पर विद्यालय की स्थापना उनके गाँव के लड़के-लड़कियों के अध्ययनार्थ शिक्षा की समुचित सुविधा प्राप्त हुई। बाबू उमाशंकर लाल ने उस जमीन पर डी.ए.वी. इंटर कॉलेज, खोराबार, गोरखपुर नाम से विद्यालय स्थापित किया, जहाँ वर्तमान समय में प्राइमरी से इंटर तक की शिक्षा दी जाती है। कुछ समय पश्चात् उन्होंने

बलरामपुर के समीप मनकापुर के आई.टी.आई. कैम्पस में डी.ए.वी. इंटर कॉलेज, मनकापुर की स्थापना करायी।

इसी बीच आर्यन एजूकेशनल ट्रस्ट के सचिव एवं उसके द्वारा संचालित विद्यालयों के प्रबंधक बाबू आद्यानंद वर्मा मुख्तार की मृत्यु हो गई। बाबू उमाशंकर की लगन एवं कार्यक्षमता को देखते हुए ट्रस्ट ने उन्हें स्व. आद्यानंद के स्थान पर नियुक्त करने का निर्णय लिया। फलस्वरूप 05 जनवरी, 1970 को वे प्रधानाचार्य पद से कार्य मुक्त होकर प्रबंधक के रूप में शिक्षण संस्थाओं की व्यवस्था देखने में लग गए।

गोरखपुर नगर में जनता के सहयोग एवं उमाशंकर जी की प्रेरणा से नए-नए विद्यालय एक के बाद एक खुलते गए। वह गोरखपुर शहर में डी.ए.वी. के नाम से एक डिग्री कॉलेज भी खोलना चाहते थे। उन्होंने इसके लिए तत्कालीन झंकार सिनेमा के सामने दान-स्वरूप जमीन कुछ लोगों से प्राप्त की थी। इसी बीच डी.ए.वी. इंटर कॉलेज के उप प्रधानाचार्य स्व. एस.एन. श्रीवास्तव, जो मृत्युशय्या पर थे, श्री उमाशंकर जी को 1001.00 रुपये दान देकर डी.ए.वी. डिग्री कॉलेज खोलने के लिए वचनबद्ध कर लिया एवं बाबू उमाशंकर के सपने की नींव रख दी। आर्यन एजूकेशनल ट्रस्ट अन्तर्गत उच्च शिक्षण संस्थान के लिए बाबू उमाशंकर ने 1969 में डी.ए.वी. डिग्री कॉलेज की नींव रखवाई थी। वर्ष 1970 में इस कॉलेज में पढ़ाई प्रारंभ हो गई। यद्यपि इस विद्यालय का प्रारंभ डी.ए.वी. इंटर कॉलेज परिसर से ही हुआ परंतु शिक्षकों एवं जनता से अपार सहयोग मिलने के कारण शीघ्र ही इसे झंकार सिनेमा के सामने स्थित परिसर में स्थापित कर दिया गया। आज यह महाविद्यालय कला संकाय में परास्नातक एवं विज्ञान संकाय में स्नातक तक शिक्षा का प्रमुख केंद्र है।

बाबू उमाशंकर लाल ने शोहरतगढ़ (जनपद सिद्धार्थनगर) में शिवपति इंटर कॉलेज खोलने के लिए पूर्व राजा शिवपति सिंह को न केवल प्रेरित किया बल्कि सहयोग भी दिया। जिसका आगे चलकर शिवपति डिग्री कॉलेज में विस्तार हुआ, जो आज भी सफलतापूर्वक चल रहा है। श्री लाल इन विद्यालयों के कार्य समिति के सदस्य भी थे। इसी प्रकार उन्होंने थबईपार में श्यामकृष्ण इंटर कॉलेज को खुलवाया और पूरा सहयोग दिया तथा उसके अध्यक्ष रहे।

बाबू उमाशंकर लाल जनसहयोग, दृढ़ इच्छाशक्ति व संकल्प के बल पर निःस्वार्थ भाव से धन का अभाव होने पर भी अपनी याचक प्रवृत्ति के कारण कभी रुके नहीं। वे पूर्वांचल में शिक्षा के प्रसार व गति देने में जीवनपर्यंत लगे रहे। उनके बारे में जब चर्चाएँ होती थीं तो लोग उन्हें पूर्वांचल का मालवीय कहने में नहीं चूकते थे। ऐसे महान शिक्षाविद्

को गोरखपुर के प्रबुद्धजनों ने गोरखपुर विश्वविद्यालय के कोर्ट एवं कार्यकारिणी समिति का सदस्य निर्वाचित कर गौरवान्वित किया। बाबू उमाशंकर लाल आजीवन शिक्षा के उत्थान के बारे ही सोचते रहे। उन्होंने अपना संपूर्ण जीवन आर्यन एजूकेशनल ट्रस्ट द्वारा संचालित सात विद्यालयों के साथ अन्य कई विद्यालयों के विकास में ही लगा दिया और अंततः 26 नवंबर, 1988 को उनका स्वर्गवास हो गया। गोरखपुर की धरती ऐसे मनीषी के प्रति कृतज्ञ एवं ऋणी है। हम उन्हें सभी गोरखपुरवासियों की ओर से नमन करते हैं।

पं. रमाशंकर मिश्र

ब्रिटिशकालीन तेतरी बाजार व नौगढ़ रेलवे स्टेशन नामक छोटे कस्बे को आधुनिक सिद्धार्थनगर जनपद तक की यात्रा में यदि किसी का सबसे अधिक योगदान है तो वह नींव के पत्थर की भाँति पं. रमाशंकर मिश्र ही हो सकते हैं। उनके बिना सिद्धार्थनगर जनपद की कहानी अधूरी ही रहेगी। सिद्धार्थनगर को उसकी पहचान दिलानेवाले पं. रमाशंकर मिश्र का जन्म 01 नवंबर, 1928 को बर्डपुर नम्बर बारह के टोला आमा, जनपद सिद्धार्थनगर (तत्कालीन बस्ती) में हुआ था। पिता पं. रामप्यारे मिश्र के एकमात्र संतान होने के बावजूद परिवार की गरीबी के कारण उनका बचपन काफी अभावों में बीता। पारिवारिक विपत्रता का प्रभाव बालक को अधिक न सहना पड़े इसलिए माता-पिता ने उन्हें ननिहाल लुचइया भेज दिया। परंतु यहाँ भी विपत्रता और आर्थिक तंगी कुछ कम नहीं थी। किसी प्रकार ननिहाल में ही शिक्षा प्राप्त करने के लिए उन्हें गाँव के प्राथमिक विद्यालय तक पहुँचा दिया और प्राथमिक शिक्षा पूरी करने के बाद आर्थिक स्थिति में कोई परिवर्तन नहीं होने के कारण गाँव के एक व्यक्ति के साथ भाग कर गोरखपुर चले गए जहाँ दैवयोग से उन्हें पं. गौरीशंकर मिश्र का संरक्षण प्राप्त हो गया। उनके यहाँ रहकर 1942 में उन्होंने रावत संस्कृत पाठशाला से मिडिल पास किया। सात वर्षों तक जीवनयापन का संघर्ष करते हुए किसी प्रकार 1949 में मिश्र जी मैट्रिक पास करने में सफल हो गए। इसके पश्चात् उन्हें चौरी-चौरा के एक जूनियर हाई स्कूल में अंग्रेजी अध्यापक की नौकरी प्राप्त हो गई।

मिश्र जी अध्यापक की नौकरी से संतुष्ट नहीं थे। कुछ समय पश्चात् 1952 में पं. गौरीशंकर मिश्र जिला परिषद, गोरखपुर के अध्यक्ष निर्वाचित हो गए। उनके प्रयास से रमाशंकर मिश्र जी को जिला परिषद गोरखपुर में लिपिक की नौकरी प्राप्त हो गई। इस नौकरी से उनकी पारिवारिक स्थिति में सुधार हुआ तो उन्होंने पुनः अपनी शिक्षा को और

आगे बढ़ाने का प्रयास प्रारंभ किया। उस समय ग्रेजुएट होना एक बड़ा पद पाने जैसा था, उसका समाज में बहुत क्रेज था। अपनी इच्छाशक्ति से श्री मिश्र जी गोरखपुर के सेंट एंड्रूज कॉलेज से 1955 में ग्रेजुएट की डिग्री प्राप्त करने में सफल हो गए।

गाँव की प्राथमिक शिक्षा से स्नातक तक की यात्रा की कठिनाइयों भरा जीवन उन्हें कभी विस्मृत नहीं हुआ। वे यहाँ पीढ़ी के कष्टों का अनुभव भी करते रहे जो उन्हें चैन से सोने नहीं देता था तथा नौगढ़/तेतरी बाजार व बर्डपुर क्षेत्र में शिक्षा की कमी दूर करने के लिए आगे बढ़कर कुछ करने के लिए प्रेरित करता था, जिसके कारण वे तत्कालीन बस्ती जनपद का वह भू-भाग जो कभी भगवान बुद्ध का गृहक्षेत्र, जो कभी राजकुमार सिद्धार्थ की बाल-क्रीड़ाओं एवं युवावस्था की गतिविधियों का केंद्र था। इस क्षेत्र में घर-घर में शिक्षा की ज्योति जगाने, प्रत्येक बच्चे को उसका पढ़ने का संकल्प पूरा करने के उद्देश्य से पं. रमाशंकर मिश्र पुनः अपने जन्मस्थान की ओर वापस लौट आए। जिस प्रकार जन समुदाय की पीड़ा से द्रवित हो राजकुमार सिद्धार्थ अपना सब कुछ त्याग कर संसार के दुःखों को समाप्त करने के लिए निकल पड़े थे उसी प्रकार की पीड़ा शिक्षा के क्षेत्र में पिछड़े इस सिद्धार्थ नगरी के लिए उनके मन में भी थी।

भगवान बुद्ध यहीं पैदा हुए किंतु उनका महल खँडहर में बदल चुका था। उनकी यहाँ की पहचान विलुप्त सी हो गई थी। इस स्थान को लोग शताब्दियों की पराधीनता में भूल से गए थे परंतु इस कपिलवस्तु को संसार के समक्ष पुनः चिह्नित करनेवाले पुरातत्वविद डॉ. के.एम. श्रीवास्तव का जितना श्रेय है उससे कहीं ज्याता श्रेय पं. रमाशंकर मिश्र का है। श्री मिश्र ने यहाँ वापस लौटने पर 'बुद्ध मेमोरियल ट्रस्ट' की स्थापना कर सबसे पहले बुद्ध को यहाँ की भूमि पर पुनर्स्थापित कर जनमानस को जगाने का कार्य किया। इतना ही नहीं, इस ट्रस्ट के माध्यम से जूनियर हाई स्कूल से लेकर 'बुद्ध विद्यापीठ महाविद्यालय' तक लगभग एक दर्जन शिक्षण संस्थाओं की स्थापना कर अपने बचपन की कहानी इस क्षेत्र के किसी बच्चे पर नहीं पड़ने दीया। यदि देखा जाय तो पं.रमाशंकर मिश्र तत्कालीन नौगढ़/तेतरी बाजार (आधुनिक सिद्धार्थ नगर जनपद) के लिए मदन मोहन मालवीय की प्रतिमूर्ति थे। इस अशिक्षित क्षेत्र के लिए शिक्षा के अनेक अवसर जैसे बुद्ध शोध-संस्थान, अभियंत्रण विद्यालय एवं बाल विश्वविद्यालय को स्थापित करने के लिए भी वे प्रयत्नशील थे।

शिक्षा के प्रति संपूर्ण जीवन समर्पित करनेवाले श्री मिश्र को विभिन्न संस्थाओं ने सम्मानित किया। इस क्षेत्र के पिछड़ेपन को दूर करने के लिए वे पूर्वी उत्तर प्रदेश में अलग राज्य का गठन हो, इसका विकल्प मानते थे। इस क्षेत्र के सांस्कृतिक तथा भौगोलिक

समानता को महत्त्व देते हुए वे इस क्षेत्र को 'शाक्य प्रदेश' बनाये जाने के पक्षधर थे। ऐसे मनीषी, कर्मयोगी एवं समाज के प्रति निष्ठावान श्री मिश्र 06 जुलाई, 2010 को अपने नश्वर शरीर को त्याग अनन्त में विलीन हो गए।

बौद्धकालीन शाक्य वंश की धरोहरों के संरक्षण एवं उनकी सांस्कृतिक संवर्द्धन की दिशा में कपिलवस्तु के आस-पास के घनघोर तराई वाले क्षेत्र में शिक्षा के प्रचार-प्रसार की दिशा में सिद्धार्थ नगर जनपद के गठन हेतु जब किसी महापुरुष की तलाश होगी पं.रमाशंकर मिश्र का नाम सबसे ऊपर होगा।

माताप्रसाद पांडेय

सिद्धार्थनगर के विकास में इटवा के माता प्रसाद पांडेय का भी योगदान रहा है। वे अनेक बार विधायक चुने गए तथा सपा सरकार में विधानसभा अध्यक्ष के पद को भी सुशोभित कर चुके हैं। इनके ही विशेष प्रयास से सिद्धार्थनगर में विश्वविद्यालय की स्थापना की गई।

सतीश चंद्र द्विवेदी

सिद्धार्थनगर की इटवा सीट से विधायक रहे श्री सतीश चंद्र द्विवेदी ने उत्तर प्रदेश में बेसिक शिक्षा मंत्री के रूप में प्रदेश में अनेक सुधार किए। इन्हीं के समय में विद्यालयों का विशेष कायाकल्प अभियान सहित प्रेरणा एवं कम्पोजिट ग्राटं के द्वारा प्राथमिक विद्यालयों में आमूल
चूल सुधार किया गया। ये स्वयं महाविद्यालय के शिक्षक हैं।

संदर्भ

1. जिला सैनिक कल्याण एवं पुनर्वास कार्यालय सिद्धार्थ नगर के अनुसार।

संदर्भ ग्रंथ सूची

1. अक्षय कुमार : राघव दास स्मृति ग्रंथ, सेवापुरी, वाराणसी, 1963
2. अबुल फजल : आईन-ए-अकबरी
3. अब्दर्रहमान गोहुआँसागरी : गोरखपुर का इतिहास, 2012
4. अभ्युदय (मासिक) : जोन्हिया ट्रेन डकैती
5. अमर उजाला-गोरखपुर, 21.01.2008 एवं 04.02.2008
6. अयोध्या सिंह : भारत का मुक्ति संग्राम, प्रकाशन संस्थान, नई दिल्ली
7. अरुण कुमार त्रिपाठी : कथा नाथपंथ की, सं. 2022
8. अरुण कुमार त्रिपाठी : नवनाथ, सं. 2022
9. अरुण कुमार त्रिपाठी : नाथ संप्रदाय के सिद्धयोगी, सं. 2020
10. अर्ली हिस्ट्री ऑफ इंडिया बी.ए. स्मिथ
11. आर्केओलॉजिकल सर्वे ऑफ इंडिया रिपोर्ट के कई जिल्द
12. उत्तर प्रदेश डिस्ट्रिक्ट गजेटियर्स, आजमगढ़ (डी.एल.ब्रोकमैन-सं.), 1911
13. उत्तर प्रदेश डिस्ट्रिक्ट गजेटियर्स, गोरखपुर (ओम प्रकास-सं.), 1987
14. उत्तर प्रदेश डिस्ट्रिक्ट गजेटियर्स, गोरखपुर, सप्लिमेंट्री नोट्स 1931-32, 1935
15. उत्तर प्रदेश डिस्ट्रिक्ट गजेटियर्स, बस्ती (इलाहाबाद), 1907
16. उत्तर प्रदेश डिस्ट्रिक्ट गजेटियर्स, बस्ती (कैलाश नारायण पांडेय-सं.), 1988
17. उत्तर प्रदेश डिस्ट्रिक्ट गडेटियर्स, आजमगढ़ (बलवंत सिंह-सं.), 1989
18. उत्तर प्रदेश हिंदुस्तान (दैनिक), गोरखपुर 12 नवंबर 2013
19. उदयभान मिश्र : रामग्राम से कामाख्या तक, साक्षी प्रकाशन दिल्ली, 2007
20. कन्हैया लाल मिश्र : उत्तर प्रदेश स्वतंत्रता संग्राम की झाँकी
21. किंग इम्परर बनाम जामिन अली वगैरह, मुकदमा नं. 17/28 (जी) 1939 पिपरीडीह ट्रेन डकैती केस, फैसला दिनांक 18.12.1939
22. कैम्ब्रिज हिस्ट्री आफ इंडिया, जिल्द 1, 3, 4, 5, 6
23. जगदीश नारायण श्रीवास्तव : पूर्वी उत्तर प्रदेश का साहित्यिक परिद भाग-1 एवं भाग-2, अमरसत्य प्रकाशन, दिल्ली, 2011

24. जनवार्ता-बनारस : स्वतंत्रता की लड़ाई और गोरखपुर
25. जार्ज वेस्टन ब्रिग्स : गोरखनाथ एंड दी कनकटा योगीज, कलकत्ता सं. 1938
26. टाइम्स ऑफ इंडिया : 19.08.1942 एवं 29.08.1942
27. ठाकुर प्रसाद सिंह : स्वतंत्रता संग्राम के सैनिक, जिला आजमगढ़, सूचना एवं प्रकाशन विभाग, उत्तर प्रदेश, लखनऊ
28. डॉ. अनील कुमार श्रीवास्तव : चौरी-चौरा का स्वातंत्र्य समर, लीला प्रकाशन, गोरखपुर, 1986
29. डॉ. अर्जुन सिंह : बाबा राघवदास, शिल्पी प्रकाशन, इलाहबाद, 1993
30. डॉ. कृष्ण कुमार पांडेय : सरयूपार के युगपुरुष, नमन प्रकाशन, नई दिल्ली, 2020
31. ड़ॉ. कृष्णकुमार पांडेय : पूर्वांचल में स्वाधीनता संघर्ष, राधा पब्लिकेशन, नई दिल्ली 2021
32. डॉ. दानपाल सिंह : गोरखपुर परिक्षेत्र का इतिहास, गोरखपुर, 2006
33. डॉ. दिवाकर प्रसाद तिवारी : गोरखपुर परिक्षेत्र का इतिहास, प्राच्य अध्ययन मंडल, देवरिया, 2004
34. डॉ. पी. एन. चोपड़ा : हू इज हू ऑफ इंडियन मार्टेयर्स, 1857, खंड-3, गवर्नमेंट ऑफ इंडिया, मिनिस्ट्री ऑफ एजुकेशन सोशल वेलफेयर एंड कल्चर, 1973
35. डॉ. पी.एन. चोपड़ा : हू इज हू ऑफ इंडियन मार्टेयर्स 1857, खंड-3, गवर्नमेंट आफ इंडिया, मिनिस्ट्री आफ एजूकेशन सोशल वेलफेयर एंड कल्चर, 1973
36. डॉ. महेंद्र प्रताप सिंह : 1857 का महा समर और पूर्वी उत्तर प्रदेश, इतिहास दृष्टि, गोरखपुर, 2013
37. डॉ. रविंद्र श्रीवास्तव : गोरखपुरियत के बहाने, नमन प्रकाशन, नई दिल्ली, 2015
38. डॉ. राजबली पांडेय : गोरखपुर जनपद और उसकी क्षत्रिय जातियों का इतिहास : ठाकुर महातम राव, पब्लिशर और बुकसेलर, गोरखपुर, 1946
39. डॉ. राधेश्याम तिवारी : संक्षिप्त जीवन परिचय पूज्य महन्त दिग्विजय नाथ जी महाराज, उ.प्र. हिंदू महासभा, लखनऊ
40. डॉ. वेद प्रकाश पांडेय, शहरनामा गोरखपुर : वाणी प्रकाशन, नई दिल्ली, 2017
41. डॉ. सुरति नारायण मणि त्रिपाठी, ए कामनर्स स्ट्रगिल इन लाइफ, एजुकेशनल एंड सोशल ट्रस्ट, गोरखपुर, 2013
42. दिग्दर्शक (साप्ताहिक, देवरिया) : बाबा राघव दास जयंती विशेषांक, 1969
43. दीनानाथ व्यास : 1942 का महान विप्लव
44. दैनिक जागरण, गोरखपुर : 16.08.2001, 06.04.2005, 06.04.2006 एवं 14.08.2020
45. पं. गंगाधर मिश्र : भारतवर्ष में ब्रिटिश साम्राज्य
46. पं. सुंदरलाल : भारत में अंग्रेजी राज
47. पी.के. लाहिड़ी एवं डॉ. के. के. पांडेय : आईने-गोरखपुर, सुधा संस्मृति संस्थान, गोरखपुर, 2018
48. प्रो. शिब्बन लाल सक्सेना : प्रो. शिब्बन लाल सक्सेना का संक्षिप्त जीवन-चरित, शारदा प्रेस, गोरखपुर, 1977

49. फूल बदन सिंह : आमगढ़ का स्वाधीनता संग्राम, खंड-1, आजमगढ़, 1974
50. बाबू कुँवर बहादुर : श्री अयोध्या दास जी की संक्षिप्त जीवनी-सं., 1940
51. भगवती प्रसाद सिंह (सं.) राष्ट्रीय स्वाधीनता-संघर्ष और गोंडा जनपद, शिवम् प्रिंटर्स प्रेस, वाराणसी, 1993
52. भारतीय इतिहास की रूपरेखा—जयचंद्र विद्यालंकार
53. मन्मथ नाथ गुप्त : आजादी के सौ वर्ष
54. मन्मथ नाथ गुप्त : भारतीय क्रांतिकारी आंदोलन का इतिहास
55. महाभारत
56. मार्क्स एंगेल्स, द फर्स्ट इंडियन वार ऑफ डिपेंडेंस, 1857-58, प्रौग्रेस पब्लिशर्स, मास्को, 1978
57. यशवंत राव : श्रीनेत राजवंश सतासी, विजय बहादुर संस्कृति निधि, लखनऊ, 2015
58. रघुवंश—कालिदास कृत
59. राजश्री तिवारी : स्वतंत्रता आंदोलन में गोरखपुर का योगदान (1880-1947), शोध-प्रबंध, इलाहाबाद, विश्वविद्यालय, इलाहाबाद, 1988
60. राजेश चौहान : 1857 के क्रांतिकारी, राजा पाकेट बुक्स, दिल्ली, 2014
61. राजेश त्रिपाठी : जहाँ चरन पड़े रघुवर के, किताब घर प्रकाशन, नई दिल्ली, 2015
62. रामदेव शुक्ल (सं.) : सुधाबिंदु त्रिपाठी ग्रंथावली, सुधा संस्मृति संस्थान, गोरखपुर, 2012।
63. रामप्रसाद पांडेय : गोरखपुर जनपद का इतिहास
64. राष्ट्रीय सहारा, गोरखपुर, 20.09.2000, 13.07.2001, 25.08.2001, 20.07.2002, 15.08.2002 एवं 11.12.2002
65. रुचि अग्रवाल : तालुक्केदार्स ऑफ अवध एंड द रिवोल्ट ऑफ 1857, एस.आर. साइंटिफिक पब्लिकेशन, आगरा, 2013
66. वाल्मीकि रामायण
67. विश्वामित्र उपाध्याय : 1857 के भूले-बिसरे शहीद, भाग-2, प्रकाशन विभाग, भारत सरकार, नई दिल्ली
68. श्यामानंद श्रीवास्तव एवं रमेश चंद महिपाल : क्रांति की ज्वाला, बिस्मिल भवन, बिस्मिल पार्क, गोरखपुर, 2005
69. संसार : सिसई कांड—30.08.1942
70. सरनाम सिंह सूर्यवंशी : लखनऊ की सत्तावनी क्रांति, जन कल्याण समिति प्रकाशन, लखनऊ, 2008
71. सेंसस ऑफ इंडिया रिपोर्ट, 1865 ई.
72. सेंसस ऑफ इंडिया रिपोर्ट, 1881 ई.
73. सेंसस ऑफ इंडिया रिपोर्ट, 1901 ई.
74. सेंसस ऑफ इंडिया रिपोर्ट, 1911 ई.
75. सेंसस ऑफ इंडिया रिपोर्ट, 1931 ई.

76. सेंसस ऑफ इंडिया रिपोर्ट, 1941 ई.
77. सेशन जज, गोरखपुर बनाम शिब्बन लाल सक्सेना एवं अन्य। दफा 120 बी, मुकदमा नं. 116/53, फैसला दिनांक 10.08.1944
78. सैयद अतहर अब्बास रिजवी, फ्रीडम स्ट्रगल इन यूपी—वा, -4, लखनऊ
79. सैयद अहमद अली शाह, कश्फुल-बगावत, गोरखपुर, आरफिन प्रेस, मिर्जापुर, 1860
80. सैयद नजमुल रजा रिजवी : 1857 का विद्रोही जगत—पूर्वी उत्तर प्रदेश, ओरियंट ब्लैक स्वान, हैदराबाद, 2018
81. सैयद नजमुल रजा रिजवी : अठारहवीं सदी के जमींदार, पीपुल्स पब्लिकेशन हाउस, नई दिल्ली, 1988
82. हिंदू राष्ट्र क्यों? : महन्त दिग्विजयनाथ, अखिल भारतीय हिंदू महासभा, गोरखपुर
83. जनपद महराजगंज के बौद्ध स्थल—डॉ. परशुराम गुप्त
84. स्वतंत्रता संग्राम के सैनिक (संक्षिप्त परिचय) जिला—बस्ती, सूचना विभाग, उत्तर प्रदेश लखनऊ सं. 1972 ई.
85. बस्ती मंडल का स्वतंत्रता संग्राम
86. चौरी-चौरा जनक्रांति : डॉ. कृष्ण कुमार पांडेय
87. दैनिक जागरण समाचार पत्र
88. हिंदुस्तान समाचार पत्र
89. अमर उजाला समाचार पत्र।

चित्रावली

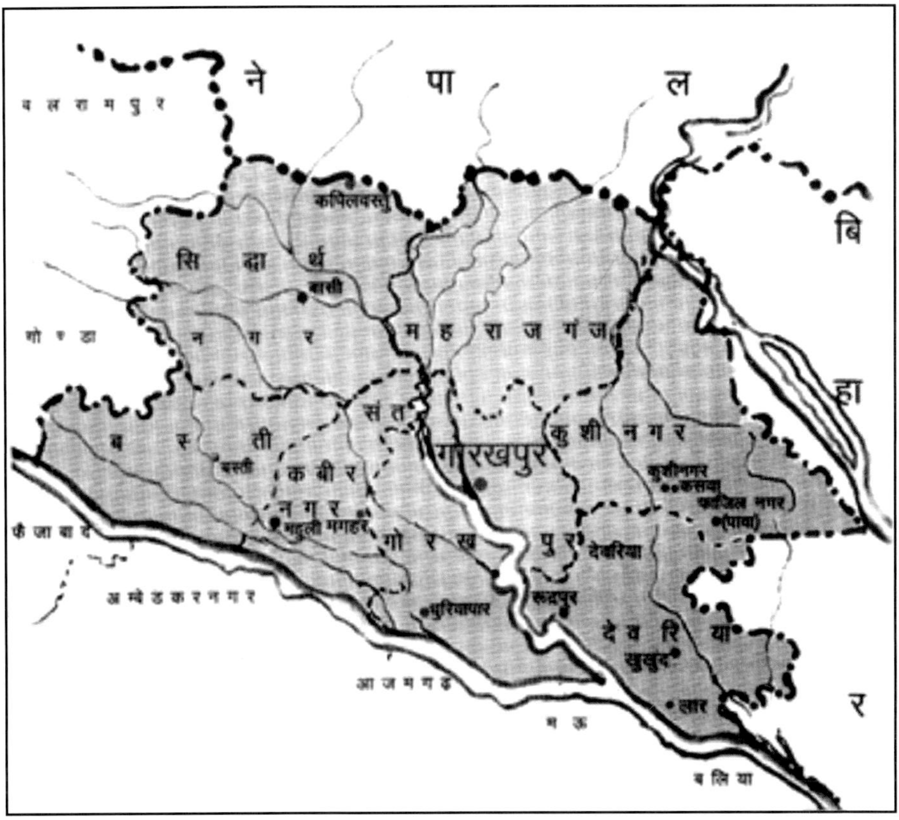

यशवन्त राव के अनुसार 1857 का गोरखपुर का मानचित्र

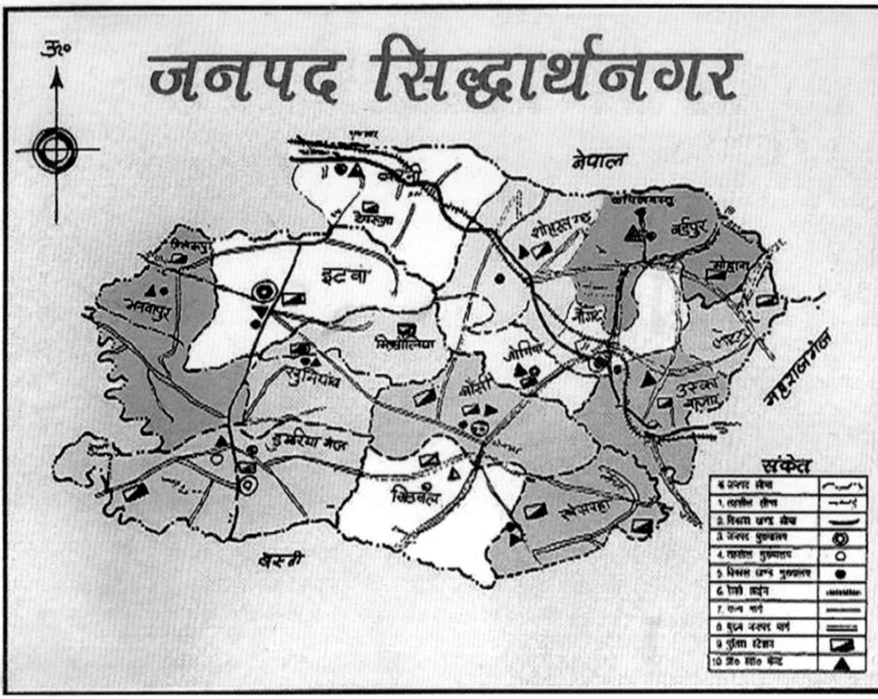

जनपद सिद्धार्थनगर
उ०
नेपाल
इटवा
भनवापुर
खुनियांव
डुमरिया गंज
बस्ती
नौगढ़
जोगिया
बर्डपुर
उस्का बाजार
महराजगंज
संकेत

वर्तमान मानचित्र

पिपरहवा स्तूप

स्तूप

भारतभारी मंदिर

गनवरिया पुरातत्त्व स्थल
GANWARIA ARCHEOLOGICAL SITE

सालारगढ़ पुरातत्त्व स्थल
SALARGARH ARCHEOLOGICAL SITE

जोगिया स्थित योगमाया मंदिर